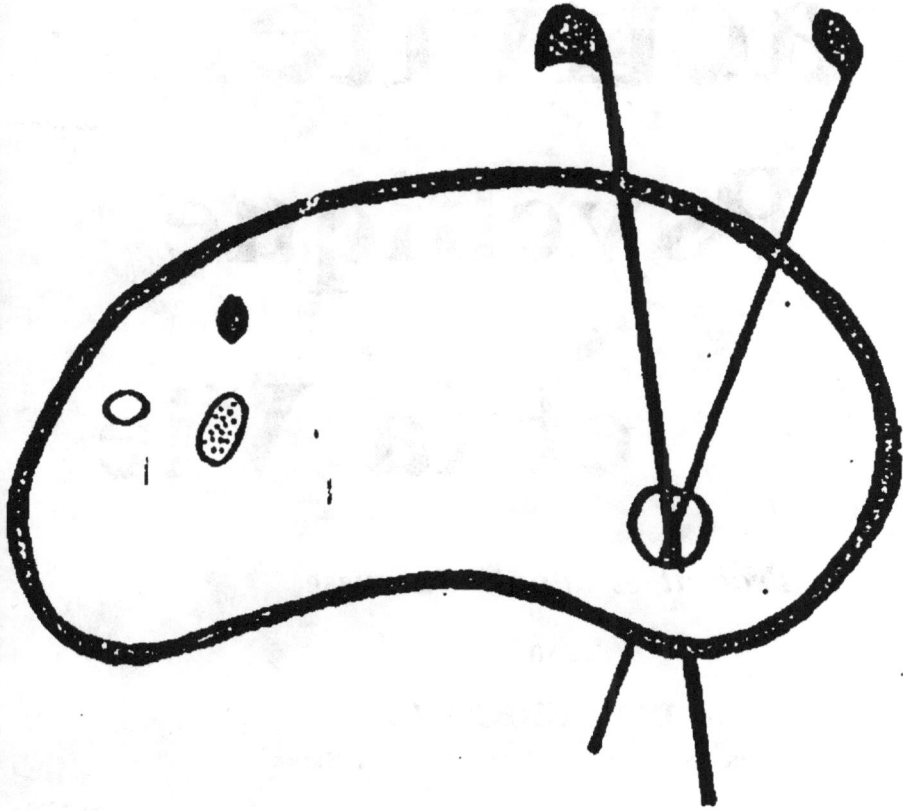

**DEBUT D'UNE SERIE DE DOCUMENTS
EN COULEUR**

Professeur BECHTEREW
DE SAINT-PÉTERSBOURG

L'activité Psychique et la Vie

Traduit et adapté du russe

PAR

Le Dr P. KERAVAL

MÉDECIN EN CHEF DES ASILES DE LA SEINE

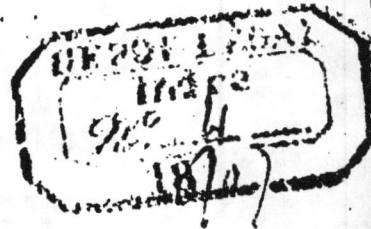

———•———

PARIS
LIBRAIRIE ALEX. COCCOZ
CH. BOULANGÉ, SUCCESSEUR
11, RUE DE L'ANCIENNE COMÉDIE, VIe

1907

IMP. F. DEVERDUN — BUZANÇAIS (Indre)

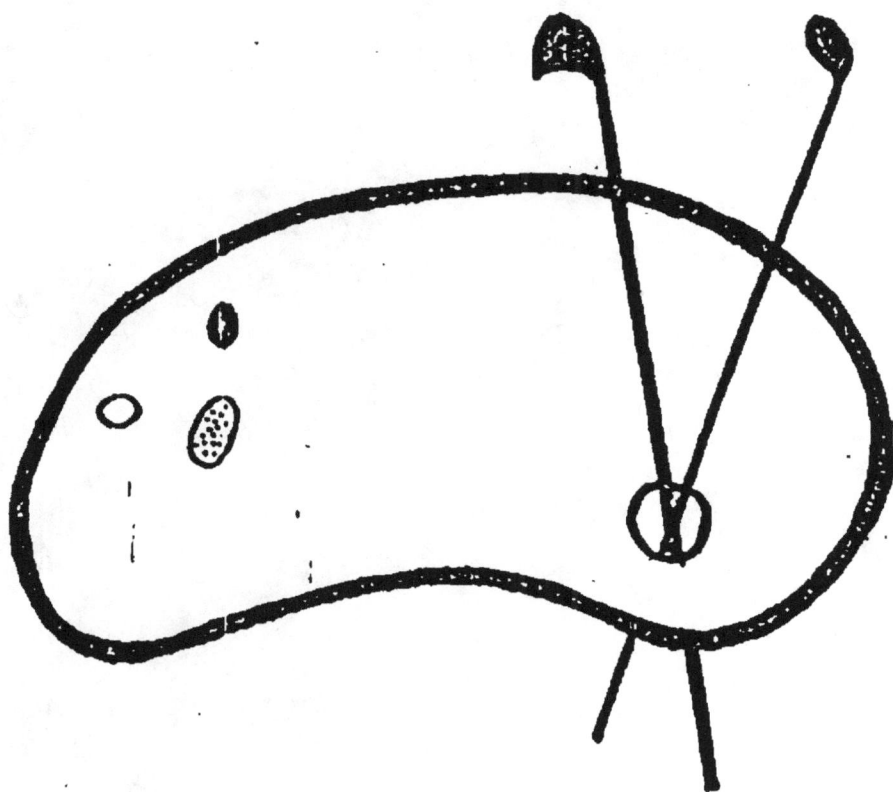

FIN D'UNE SERIE DE DOCUMENTS
EN COULEUR

L'ACTIVITÉ PSYCHIQUE

ET LA VIE

L'activité Psychique et la Vie

PAR

W. BECHTEREW

PROFESSEUR A L'ACADÉMIE IMPÉRIALE DE MÉDECINE MILITAIRE
DIRECTEUR DE LA CLINIQUE DES MALADIES NERVEUSES ET MENTALES
DE ST-PÉTERSBOURG

Traduit et adapté du russe

PAR

Le Dr P. KERAVAL

MÉDECIN EN CHEF DES ASILES DE LA SEINE

PARIS
LIBRAIRIE ALEX. COCCOZ
CH. BOULANGÉ, SUCCESSEUR
11, RUE DE L'ANCIENNE COMÉDIE, VIᵉ

1907

PRÉFACE DE L'AUTEUR

Pendant longtemps et jusqu'à une époque qui n'est pas éloignée de nous, le psychique a constitué pour le naturaliste un phénomène inaccessible à toute recherche exacte.

Par suite, les questions se rattachant à son étude n'étaient point entrées dans le domaine de la biologie ; les biologistes se confinaient dans l'examen des phénomènes mécaniques de la vie. Par contre, la psychologie, faisant une large application de la méthode de l'auto-observation, était devenue la science exclusive de la conscience, la science des phénomènes subjectifs, rigoureusement séparés des processus matériels de l'organisme. La biologie et la psychologie suivaient par conséquent des voies divergentes. Aussi les problèmes les plus essentiels de la vie étaient-ils jusqu'alors demeurés insolubles.

Et cependant les processus psychiques ne sont pas purement subjectifs ; ils présentent tous un côté objectif. L'étude objective du psychique, que j'ai traitée en détail dans mon travail « La psychologie objective et son but (1) », incarne en réalité un pro-

---

(1) Wiestnik psichologii, hipnotizma i criminalnoi antropologii, 1905. *Revue scientifique*, 1906.

blème d'une importance considérable ; elle élève la psychologie à la hauteur d'une science naturelle dans la véritable acception de ce mot ; elle en fait une branche de la biologie.

La psychologie objective ne rapetisse nullement la valeur des manifestations subjectives du psychique en tant que base des mobiles intérieurs des actes ; mais elle met en évidence le rôle de l'énergie de l'organisme dont tout acte est la manifestation, dont toute action procède du dégagement de l'énergie en force vive. Elle montre que les provisions de l'énergie organique résident principalement dans le cerveau et partiellement dans les muscles et les glandes. D'ailleurs muscles et glandes ne sont que des organes subalternes, sous la complète dépendance du système nerveux ; la preuve en est que lorsqu'ils sont séparés du système nerveux ils dégénèrent et meurent. Il s'en suit que le système nerveux est l'accumulateur de l'énergie de réserve de l'organisme, qui se convertit en force vive ; il l'emprunte aux organes récepteurs qui, eux, sont les véritables transformateurs des énergies extérieures de la nature. Sans doute la vie des organismes les plus simples qui, à l'intérieur de leur protoplasma de même que dans l'embryon phylogénétique, contiennent les linéaments du développement futur des êtres organisés complexes, est possible sans l'intervention du système nerveux, ce qui du reste n'évolut pas chez eux la possibilité de manifestations psychiques ; mais il n'en est pas moins indubitable que es organismes supérieurs, qui bénéficient du principe de la division du travail, de sa répartition entre les divers organes, ne peuvent vivre que grâce au système nerveux. C'est lui qui, cumulant les fonctions de volant coordinateur du jeu des organes de l'économie et d'accumulateur suprême de l'énergie de réserve, tient sous sa dépendance les relations de l'organisme avec le monde ambiant, l'opportunisme pratique de son activité, lui assurant ainsi les conditions les plus favorables à son existence. Laisserions-nous même de côté les questions du psychique des organismes rudimentaires, qui d'ailleurs s'évanouissent quand nous apprenons à étudier les manifestations du psychique sous leur angle objectif, que nous serions malgré tout contraints d'avouer l'extrême intimité des corrélations qui unissent entre eux la vie et le psychique, dérivés qu'ils sont de la provision d'énergie.

C'est à l'éclaircissement des diverses questions concernant les rapports réciproques des phénomènes biologiques et des processus psychiques de l'organisme, dans la mesure où ces derniers peuvent être évalués par leur face objective, qu'est consacré le présent ouvrage.

Deux mots maintenant de l'édition française. En 1903 paraissait la première édition russe et sa traduction en allemand (1) ; moins d'un an après elle exigeait une seconde édition en langue russe considérablement augmentée et même en certains passages corrigée, parce que, par malheur, dans les deux textes russe et allemand, il s'était glissé des inexactitudes dans l'exposé des idées de l'auteur,

(1) Die Energie des lebenden Organismus und ihre psychologische Bedeutung.

*permettant une interprétation erronée de ses opi-
nions.*

*L'édition française actuelle complète elle-même et
rectifie les développements de la seconde édition
russe ; très clairement rédigée par le Dr KERAVAL,
elle laisse par conséquent bien loin derrière elle
l'édition allemande dénuée désormais de toute
valeur scientifique, je tiens à le proclamer.*

W. BECHTEREW.

Saint-Pétersbourg.
Octobre 1906.

CHAPITRE PREMIER

Opinions philosophiques sur la nature de l'activité mentale.

Le monde intérieur de l'homme, qu'on désigne en philosophie sous le nom d'âme ou d'esprit, que les philosophes appellent conscience ou communément sphère psychique, constitue un des phénomènes qui ont toujours eu le privilège de captiver la curiosité de l'intelligence humaine en quête d'investigation. C'est ainsi qu'on peut expliquer la multiplicité des opinions qui, depuis les temps les plus reculés jusqu'à nos jours, se sont sans cesse créées sur la nature de l'âme et sur ses rapports avec le corps ; elles s'appuient presque exclusivement sur la méthode spéculative.

Toutes ces opinions se ramènent en somme à deux principales ; l'une que l'on peut qualifier de dualistique ou en un seul mot de *dualisme* ; l'autre qui mérite le nom de monistique ou de *monisme* tout court.

Le dualisme suppose l'existence de deux substances indivisibles subordonnées l'une à l'autre, qui représentent l'esprit et la matière. Le monisme dit qu'il n'existe qu'une seule substance qui se manifeste, soit comme esprit, soit comme matière, soit encore à l'état d'esprit et de matière simultanément. En ce dernier cas, l'esprit et la matière fusionnent indissolublement unies, ne forment qu'une seule substance insécable.

Ces distinctions entre la substance fondamentale de l'âme et du corps ou matière dissocient finalement la théorie du monisme en trois acceptions cosmiques séparées : l'une devient le monisme spiritualiste ou *spiritualisme* au sens étroit du mot ; la seconde, c'est le *matérialisme* ; la troisième est représentée par le *monisme pur* ou proprement dit.

———

Le dualisme, connu sous la dénomination de *spiritualisme dualistique*, considère l'esprit et la matière comme deux substances dont la nature est opposée. Le corps possède l'extensibilité, mais il n'est pas doué de connaissance. L'âme au contraire, privée d'étendue, est la substance sentante. Le corps est subordonné aux lois mécaniques ; l'âme obéit aux lois psychologiques. Ces deux substances, qui n'ont entre elles rien de commun, ne sont liées que par la forme extérieure, et, sous cette forme, le corps est subordonné à l'âme, maîtresse de la volonté, qui, en tant qu'élément supérieur, indépendant, disposant de lui-même, gouverne le corps.

PLATON apparaît comme le premier créateur de cette théorie ; il doit être en même temps regardé comme le premier maître qui, s'affranchissant des opinions matérialistes de l'antiquité, professa pour la première fois que l'âme était un principe immatériel, dirigeant le corps.

Parmi les représentants les plus en vedette, à une époque bien plus tardive, de cette doctrine, DESCARTES mérite une attention particulière, en ce sens qu'au xviie siècle il l'éleva à la hauteur d'un système philosophique rigoureux.

Non seulement le système de Descartes fut ultérieurement développé par ses successeurs immédiats, mais il reçut par la suite un inappréciable appui de l'école de WOLF qui le propagea largement dans les classes cultivées.

Le spiritualisme émané du monisme dont il constitue une des variétés n'admet, nous l'avons vu, l'existence que d'une substance connue de nous composant l'âme ou esprit. La matière et le corps sont des apparences que nous ne percevons qu'en vertu d'états particuliers de notre conscience ou esprit. La matière, d'après cette manière de voir, n'est, par suite, que le produit de la création de la pensée ou de l'esprit ; elle est le fruit de notre observation intérieure ; elle ne nous apparaît, ne se manifeste à nous qu'en vertu d'une sorte d'illusion dont nous sommes le jouet.

Cette théorie s'appuie principalement sur le caractère immédiat de notre aperception ; nous obtenons immédiatement, directement, la connaissance de phénomènes, d'aspects que nous trouvons en nous-mêmes, et qui seuls, si l'on en croit les spiritualistes, peuvent être acceptés comme dignes de foi.

Quelques-uns des représentants de cette opinion, comme LEIBNITZ, HERBART, et les successeurs de KANT, FICHTE et HEGEL, se sont efforcés de développer la notion

de l'essence ou substance, démontrant par là la réalité
du monde incorporel en dehors de nous, d'une 'part, et
d'autre part, la complète indépendance du monde intérieur de chaque individu. A les entendre, l'univers a dû
être composé d'un nombre déterminé de substances simples indivisibles qu'ils ont nommées *monades*. Parmi ces
monades ou substances simples qui constituent le monde
extérieur, l'âme forme une monade à part.

Le représentant le plus marquant de cette modalité du
spiritualisme fut LEIBNITZ ; pour lui, l'âme, en tant que
monade, est incomparablement au-dessus des monades
du corps qui lui sont subordonnées.

En ce qui concerne les rapports de l'âme et du corps,
ce fut, parmi les spiritualistes, HERBART qui s'occupa le
plus de cette question. De même que LEIBNITZ, il admit
que l'âme occupe la première place entre les autres substances simples. Il expliqua en outre toutes les manifestations phénoménales du monde extérieur par l'action réciproque des substances simples, chacune d'elles tendant à
sa propre conservation, en même temps qu'elle s'efforce
d'agir sur les autres. De cette lutte entre l'âme qui s'efforce de maintenir son intégrité et les autres monades qui
agissent sur elle résulteraient les conceptions, les représentations mentales. Des rapports affectés par les concepts entre eux, HERBART a déduit tous les phénomènes
de notre monde intérieur.

L'âme, d'après cette théorie, constituant une substance
indivisible, il n'est pas difficile de s'imaginer pourquoi,
sous l'influence d'une telle doctrine, a surgi l'idée que
l'âme devait être placée en quelque point du cerveau auquel se rendraient toutes les fibres de l'organe, et qui
recevrait ainsi toutes les excitations parties de la périphérie du corps. Par suite d'on ne sait quelle étrange faveur,

on la localise à une certaine époque dans la glande pi-
néale (théorie de DESCARTES), pour, à un autre moment,
non moins étrangement lui affecter le domicile de la glande
pituitaire.

Les recherches anatomiques et physiologiques ayant
ultérieurement révélé l'absolue contradiction de cette
localisation avec les résultats scientifiques, on adopta
une manière de voir tout aussi bizarre : l'âme selon les
besoins passait d'un endroit à un autre, prenant ainsi
part aux diverses opérations qui s'accomplissaient en
telle ou telle région du cerveau.

KANT, taxant d'innées ou de transcendantales certaines
idées qui forment pour lui la propriété inaliénable de notre
esprit, fit de leur association dériver les autres idées
abstraites.

Bien que KANT ne puisse être regardé comme un représentant du spiritualisme au sens strict du mot, quelques-
uns de ses disciples, comme FICHTE qui tire le « non moi »
ou objet de la pensée de la nature du « moi » ou sujet,
comme aussi HEGEL qui identifie la cogitation, l'action
de penser à l'existence, sont de purs spiritualistes. Sous
l'influence de ces philosophes, la doctrine spiritualiste
atteint son apogée ; non seulement alors elle cesse d'em-
prunter la matière de ses spéculations aux données de
l'observation et de l'expérience, mais elle en arrive à
considérer tous les faits puisés à la source de l'observation et de l'expérience comme un lest inutile tout simplement nuisible à la méditation, qui, par suite, empêche
de comprendre correctement les choses.

Le professeur ZIEHEN (1) caractérise très justement les

---

(1) Ziehen. Otnoschénié mosga k douschewnoï diéiatelnosti.
Saint-Pétersbourg. 1902. Traduction russe. Rapport du cerveau
avec l'activité mentale.

adeptes de cette philosophie. « Ce sont, dit-il, dès philosophes qui actuellement encore se perdent en rêveries fantaisistes sur l'absolu et qui, par les tours de passe-passe de leurs raisonnements spécieux, tirent de leur absolu le monde entier et quelque chose encore. Ce sont les dignes héritiers d'HEGEL qui de ses spéculations avait déduit que les astres sont non des corps célestes, mais des points lumineux abstraits « une grandeur mathématique éclairante » ; que les tœnias résultent d'un « relâchement » de l'organisme dont une partie se détache pour vivre indépendante ; que les hématies sont de pures inventions des physiologistes ; que la sensibilité n'est que le « frissonnement intérieur du principe vital » ; que la reproduction est un élément négatif en tant que simple accident momentané de la sensibilité... et *tutti quanti*.

« De telles tendances rendent superflue toute polémique scientifique ; elles s'évanouiront au souffle de la vulgarisation des sciences naturelles. Il serait du reste injuste d'en faire remonter la responsabilité à KANT ; l'histoire des étapes de la philosophie ne le permettrait pas. Elles n'ont avec lui rien de commun. C'est ce qu'a splendidement représenté une vieille gravure : KANT est mort et monte au ciel en ballon, tandis que HEGEL et consorts, contemplant le ballon qui s'élève, tendent vers lui leurs mains suppliantes. Mais KANT ne leur jette rien que sa perruque, sa canne etc... et en effet c'est là tout ce qu'ils ont retiré de la théorie de KANT. »

———

Il est indispensable de rappeler en cet endroit une émanation particulière du spiritualisme qui mérite le nom *d'idéalisme*. Comme le spiritualisme proprement dit, la doctrine idéaliste part de ce principe que nous n'avons été dotés que d'opérations, de processus psychiques, c'est-à-dire de sensations dont le produit ultérieur a été le concept, la représentation mentale. Nous sommes, d'après cette doctrine, incapables d'aller plus avant dans la représentation du monde extérieur. En admettant « l'existence de choses matérielles » qui constitueraient la base des phénomènes ou aspects manifestés, KANT commettait une faute de logique, puisqu'il acceptait comme cause de ces phénomènes un élément sis en dehors d'eux, alors que le mental est dans l'impossibilité de constituer quoi que ce soit d'absolument distinct de lui, c'est-à-dire de matériel. Cette théorie exige donc que nous « restions » toujours et uniquement dans la sphère psychique ; aussi la philosophie de ce genre a-t-elle reçu le hom d'immanente. L'idéalisme repousse également la localisation de nos sensations dans le cerveau, l'hypothèse de l'intrajection, comme disent les philosophes. D'après cette théorie, nos sensations et représentations ne dépendent de certaines parties du cerveau que sous le rapport de leurs propriétés, sans y occuper un espace matériel localisé ; point n'est besoin d'admettre que la sensation a lieu dans l'écorce cérébrale d'où elle doit être de nouveau projetée dans l'espace, c'est-à-dire en dehors de nous. Il suffit de reconnaître que la sensation est toujours située en dehors de nous, à l'endroit même où se trouvent les objets visibles, sonores, palpables. Nous vivons par conséquent dans la sphère de sensations qui, tout en dépendant exclusivement du cerveau, sont situées en dehors de nous ; on est ainsi obligé d'admettre la réalité des mêmes sensations que la philosophie moderne soumet à l'analyse. Leur dépendance cérébrale a pu même être taxée de réaction, d'action en retour de l'écorce du cerveau sur la sphère des sensations. « Cette action en retour suit, d'après ZIEHEN, des lois définies, aussi absolues certainement que les lois naturelles. Mais elles se distinguent des lois naturelles en ce qu'elles échappent aux procédés d'enregistrement de la vitesse dans le temps et l'espace. »

« La théorie idéaliste, dit à un autre endroit ZIEHEN (1), n'accepte pas sans réserves qu'il y ait opposition entre la matière et l'esprit. Elle pose la question préjudicielle que voici en manière de critique. A-t-on jamais surpris à l'état primordial une série matérielle et une série psychique à côté l'une de l'autre ? L'idéalisme répond négativement, et il a grandement raison... C'est au demeurant une doctrine simpliste que celle qui, quand elle parle de feu, de bois ou de tout autre objet, conçoit toujours ce qu'elle voit et sent, en un mot des sensations ; et a par suite des choses une, intuition vraiment bien plus étendue que ne veut l'avouer la métaphysique ». La paternité de cette théorie doit être attribuée au philosophe anglais BERKELEY ; son représentant moderne est SCHOUPPE ; la psychiatre ZIEHEN doit être compté parmi ses adeptes.

———

A côté du spiritualisme s'est développée une école qui en est tout le contraire ; c'est l'école *matérialiste*, pour laquelle il n'y a pas d'esprit, pas d'âme ; il n'existe dans l'univers que matière ou substance pondérable.

Le matérialisme est en somme une des vieilles opinions philosophiques. Les philosophes de l'antiquité tels

(1) Professeur Th. Ziehen. *Loco citato*, p. 56.

qu'Anaximène, Anaxagore, Diogène d'Apollonie, Héraclite, etc. comprenaient sous le nom d'âme une matière
subtile qui, contenue dans la poitrine, pénétrait dans les
poumons avec l'air au moment de la naissance. D'après
cette théorie, l'air chaud qui est renfermé dans la poitrine
ou *pneuma* constitue la base non seulement de la vie, mais
de l'âme. Quant au siège de l'âme, on a admis tantôt les
poumons, tantôt le cœur (Aristote) ; on l'a aussi fixé,
soit dans les cavités cérébrales (Héraclite et après lui,
Galien), soit dans les couches superficielles du cerveau
(Erasistrate et autres). Il convient au surplus de ne pas
oublier qu'entre le matérialisme de l'antiquité et les théories matérialistes postérieures il existe une différence
considérable. Tandis que les anciens comprenaient sous
le nom d'âme une matière subtile spéciale qu'ils ne distinguaient de la matière brute ou substance que par la
quantité, et qui, pour eux, était unie à celle-ci d'une manière toute extérieure, le matérialisme moderne revendi-
dique essentiellement l'existence d'un lien étroit entre les
domaines corporel et incorporel de l'organisme ; le
second serait entièrement redevable au premier de son
origine.

L'âme dans cet ordre d'idées devient une des manifestations de la matière organisée, voire le produit direct de
l'activité cérébrale. Quant à sa nature, elle est le résultat
du mouvement moléculaire des particules de la matière,
de même que le son résulte des vibrations d'une corde.

Au xviie siècle, le matérialisme trouve en la personne
de Hobbs un de ses représentants avoués, il n'admettait
de réel dans l'univers que les corps artificiels et naturels.
Au xviiie siècle, c'est, comme l'on sait, De la Mettrie (1),

---

(1) De la Mettrie. *Histoire de l'âme*, 1745. Voy. aussi son ouvrage
sur l'*Homme machine*.

HELVÉTIUS, et HOLBACH, qui en sont les metteurs en scène.
Enfin au XIX° siècle, avec les derniers progrès de la physiologie moderne, le matérialisme fait de nouvelles recrues autorisées, notamment en Allemagne, avec BUCHNER, MOLESCHOTT, VOGT, ainsi qu'en d'autres pays civilisés.

Il convient d'envisager que pour quelques matérialistes, le psychique, dérivant du physique, n'ajoute rien à ce dernier ; le déterminisme des phénomènes dépend en effet exclusivement de lois physiques, tandis que les phénomènes psychiques se contentent d'accompagner les phénomènes physiques sans leur rien ajouter de nouveau, sans y rien changer. Par suite, en l'espèce, le psychique est tout bonnement un épiphénomène du physique.

Pour J. SOURY (1), par exemple, « Descartes avait en somme raison : tous les êtres vivants ne sont que des automates. Son erreur a été de tirer l'homme de la foule innombrable de ses frères inférieurs. Les processus psychiques inconscients ou conscients n'en sont pas moins toujours automatiques. La conscience quand elle existe n'ajoute rien à ces processus, pas plus que l'ombre au corps. »

Le *monisme* enfin, *au sens propre du mot*, admet l'existence de l'esprit comme de la matière ; ce ne sont pas des principes opposés, comme l'enseigne le dualisme, au contraire, ils se montrent unis entre eux. Cette déclaration de l'unité, de l'union de l'esprit et de la matière implique que la nature entière est imprégnée par l'esprit et c'est à ce titre que le monisme a parfois été appelé panthéisme.

C'est SPINOSA qui au XVII° siècle a le mieux rendu cette opinion en prêchant l'unité de l'essence ou de la substance.

---

(1) J. Soury. *Le système nerveux central*. Paris, 1809, p. 1778.

On la retrouve au xviiie siècle dans les doctrines des déistes anglais et français qui divinisent la nature ; elle réapparaît au xixe siècle dans l'enseignement de quelques philosophes de l'école de KANT, tels que SCHELLING avec son « sujet-objet », SCHOPENHAUER, HARTMANN et autres.

Parmi les naturalistes, HAECKEL avec ses « âmes cellulaires » incarne le monisme pur. D'après lui, il n'existe que des atomes qui, doués d'extensibilité et de mémoire, contiennent par conséquent en eux l'élément du physique et celui du psychique.

Ces idées se réfléchissent sur bien d'autres auteurs et, parmi eux, sur J. SOURY (1). « La question de l'origine et de la nature des phénomènes psychiques est, suivant lui, au fond réductible à celle de l'origine et de la nature de la vie. » Le monisme a eu, d'après SOURY, le grand mérite d'avoir cherché à supprimer l'opposition traditionnelle du corps et de l'âme, de la matière et de l'esprit, pour les considérer comme les deux aspects d'un seul et même fait, comme l'apparence subjective et objective d'un seul et même événement, comme les modes d'une seule et même substance qui ne nous paraissent autres que parce que nous les connaissons différemment.

« Pour expliquer l'origine de la vie et celle de ses propriétés psychiques, on a dû étendre aux derniers éléments de la matière considérée comme la substance, comme l'être unique et universel, les propriétés supérieures que manifestent les êtres composés précisément des mêmes éléments. Si l'agrégat est sensible, cela signifie que la sensibilité était en puissance dans les parties qui le constituent. On incline donc à admettre que toute matière serait au moins en puissance capable de sentir et que,

(1) J. Soury. Loc. citat., p. 1783.

dans certaines conditions, cette sensibilité latente passe à l'acte. » « Cette obscure tendance à sentir et à se mouvoir d'après certains choix inconscients se manifesterait dans les atomes, dans les molécules, et surtout dans les plastidules du protoplasma. »

« C'est ainsi que, en outre des propriétés mécaniques, physiques et chimiques, les dernières particules de la matière possèderaient aussi des propriétés d'ordre biologique telles que la faculté de sentir, de percevoir, de se mouvoir. »

Il faut remarquer que les opinions sus-désignées, encore qu'elles aient actuellement leurs représentants au sein de la philosophie pure, entrent sans exception, refoulées par une sévère critique, dans le domaine de l'histoire, car chacune d'elles se heurte à des obstacles insurmontables.

Ainsi le dualisme ou spiritualisme dualistique éprouve un embarras majeur à expliquer l'action de l'âme sur le corps et réciproquement. Il est évident que, si l'on professe que la nature de l'esprit est opposée à celle de la matière, il est impossible d'admettre qu'ils puissent agir l'un sur l'autre, qu'il puisse y avoir réciprocité d'action entre eux. C'est pour cela que les spiritualistes à tendances dualistes ont édifié sur ce thème les hypothèses les plus bizarres. Par exemple, les Cartésiens ont dû aboutir à cette conclusion paradoxale que chaque acte de l'action réciproque de l'âme sur le corps et inversement s'accomplit par l'intervention de puissances surnaturelles ou de Dieu (*occasionnalistes*). Grâce au dualisme est

apparue la singulière hypothèse de LEIBNITZ sur *l'harmonie préétablie*, d'après laquelle en nous-mêmes est
tracée d'avance une marche parallèle des opérations physiques et des opérations psychiques.

Quant au monisme spiritualiste ou à l'idéalisme, nous
avons déjà vu les innombrables difficultés que l'on rencontre quand, à raison de l'impossibilité de localiser
l'âme, il s'agit d'admettre son déplacement. On a de plus
émis des objections de poids contre la thèse que l'âme
constitue une substance simple.

D'autre part, la théorie spiritualiste qui ne reconnaît
l'existence dans la nature que du seul spirituel et nie
l'existence des choses matérielles, d'après laquelle toutes
nos représentations mentales sur le monde matériel seraient de pures illusions résultant d'erreurs sensorielles,
cette théorie est en telle contradiction avec les données
fournies par l'observation et l'expérience qu'elle a toujours
semblé erronée à l'immense majorité de ceux qui ne possèdent point un grand penchant à philosopher.

En effet, de ce que nous ne percevons le monde extérieur que par des intermédiaires, il est assurément impossible de déduire l'idée que ce monde n'existe point;
il serait plus acceptable de penser que nous ne percevons
pas les manifestations du monde extérieur telles qu'elles
sont en réalité.

En ce qui concerne l'idéalisme immanent, si l'on s'en
tient à l'assertion que les sensations sont situées en dehors de nous et qu'elles ne dépendent que du cerveau,
cette théorie laisse sans réponse la question de savoir
comment et en quoi les sensations dépendent du cerveau.
Il est n'est-ce pas impossible de s'imaginer cette dépendance sans une action exercée directement ou indirectement sur le cerveau d'une façon quelconque par les objets

extérieurs ; si les objets extérieurs arrivent à opérer une action sur le cerveau, cette opération constitue un mode quelconque de l'intrajection. Enfin, si les sensations gisent en dehors de nous, où donc se passent les autres produits de la pensée ? Franchement, il n'est pas possible de se représenter que l'activité complexe de notre pensée, notre spéculation cogitative y compris celle de la philosophie, ne se passe pas à l'intérieur de nous, qu'elle se passe en dehors de nous, alors qu'elle dépend exclusivement de notre cerveau. En rejetant l'hypothèse de l'intrajection, cette théorie ne tient du reste nul compte des démonstrations de la psychophysique contemporaine qui a prouvé que les processus de perception exigent un temps déterminé, employé à conduire l'impression au cerveau et à développer en cet organe la sensation consciente ; loin de là, elle prétend que la dépendance cérébrale de la sensation ou que la loi de l'action en retour se distinguent des lois naturelles en ce qu'elles « échappent aux procédés d'enregistrement de la vitesse dans le temps et l'espace » (Ziehen). Cette théorie, pour tout dire, ne s'occupant que des sensations, ne peut en substance parler ni de la matière, ni de l'énergie qui se révèle en réalité non dans les sensations, mais en dehors d'elles ; en ce cas, elle équivaut à l'annulation du monde extérieur.

————

Le matérialisme moderne a, nul ne l'ignore, pour argument capital que les phénomènes psychiques sont invariablement associés à des opérations somatiques. Mais d'autres auteurs lui objectent avec justesse qu'en fait les phénomènes psychiques ne sont aucunement la conséquence des phénomènes corporels ; autrement dit, entre

les processsus physiques ou matériels et les processus
psychiques ou spirituels il est radicalement impossible
de surprendre des rapports de cause à effet permettant de
dire qu'entre ces deux phénomènes naturels l'un est la
conséquence de l'autre et *vice versa*, que le premier est
la cause génératrice du dernier.

Les matérialistes allèguent couramment que les processus psychiques ne sont rien d'autre que des processus
du mouvement moléculaire.

Il faut avouer que cette allégation ne fait pas le moins
du monde avancer la question, car des opérations physiques, fussent-elles les opérations moléculaires les plus
menues, il est impossible de faire sortir les phénomènes
de conscience, sans accorder à la matière privée de vie
quelque élément de phénomène psychique. Or, reconnaître
à la matière la faculté d'engendrer l'esprit, lui imputer
des propriétés spirituelles, incorporelles, c'est déjà cesser
d'être une théorie purement matérialiste (1).

D'autre part, le bourgeon du matérialisme qui, faisant
dériver l'élément psychique de l'élément matériel, considère le premier comme un simple épiphénomène du
second, se heurte à l'insurmontable obstacle d'être forcé
d'admettre dans le psychique une chose absolument superflue, inutile. Et cependant la même opinion matérialiste pose comme pierre de base la thèse qu'il n'existe

(1) A propos de ces entraînements plus qu'étranges du matérialisme, le fameux professeur GRIESINGER, dans un élan de noble
indignation, s'écrie : « Que dire du matérialisme banal et super-
ficiel qui nie les faits les plus généraux et les plus précieux de la
conscience humaine parce qu'il est impossible de les sentir dans
le cerveau avec les mains ? » Griesinger. *Douschewnya boliezni*
(maladies mentales) ; traduct. russe de F. OwSIANIKOW. Saint-Pétersbourg, 1875, p. 6.

absolument pas dans l'organisation animale, vivante, en principe, de choses superflues, inutiles. Les organes superflus dont on a signalé l'existence n'ont jamais été qu'une amorce au développement ; ils sont les survivants de périodes passées de la vie auxquelles ils étaient provisoirement nécessaires et profitables. Par conséquent, en qualifiant le psychique d'épiphénomène du physique, on serait obligé de créer pour le psychique seul une exception contredisant à tout ce que l'on professe sur le développement des organismes, sur la loi d'évolution.

Beaucoup pensent que la théorie de Spinosa sur l'union de l'esprit et de la matière en une entité ou substance supérieure l'emporte sur les autres opinions. C'est une grande erreur. D'abord la substance supérieure admise par cette théorie, dont les manifestations procèdent simultanément à la révélation du monde intérieur et du monde extérieur, est à nos yeux pleine d'obscurité. N'est-elle pas, cette entité supérieure qui unit l'esprit à la matière ensemble, la merveille génératrice de l'harmonie préétablie qui était indispensable au développement de la théorie de Descartes ? En tous cas cette hypothèse formule sans base suffisante un dogme tout à fait inaccessible à notre connaissance et nous oblige à nous demander par quels moyens nous convaincre de l'existence dans la matière inorganisée d'un élément psychique ou spirituel et quel rôle il y joue ? A moins d'être spirite, personne n'est en état assurément de fournir de réponse à cette question. Les mêmes réflexions s'appliquent à l'hypothèse d'Haeckel, qui ne prête en outre aucune attention à d'autres processus psychiques qu'à la mémoire.

L'esquisse qui vient d'être tracée des théories et doctrines permet aisément de voir qu'en dépit de l'immense
labeur intellectuel fourni par les penseurs les plus autorisés de tous les temps, la question des rapports entre le
principe spirituel ou psychique et le principe physique n'a
pas avancé d'un pas. Aujourd'hui même, comme il y a
mille ans, nous nous trouvons en suspens en face des
énigmes insolubles de l'univers, nous demandant ce qu'est
l'esprit et la matière, quels sont leurs rapports réciproques ? Toutes les opinions sus-exprimées ont commis la
faute de rechercher théoriquement la nature, l'essence
des choses, alors que le vrai savoir consiste à élucider les
corrélations entre tels et tels phénomènes et non à chercher le fond des choses. Malheureusement, il n'est pas si
facile de renoncer à la solution de l'essence du psychique
ou spirituel, car cette question se rattache par les liens
les plus étroits aux questions religieuses, politiques et
juridiques. C'est par là sans doute qu'il convient d'expliquer l'obsession troublante qu'elle exerce sur l'intelligence
des philosophes et des psychologues, même à notre époque, le vif intérêt qu'elle provoque dans les esprits cultivés
en général.

Il n'y a pas si longtemps, nous avons traversé une période en laquelle le matérialisme, recevant une nouvelle
impulsion des progrès des sciences naturelles et de la
physiologie contemporaine semblait s'apprêter à célébrer
sa victoire sur toutes les opinions philosophiques. A cette
époque d'entraînement, on disputa beaucoup sur les connexions existant entre les phénomènes mentaux et les
phénomènes physiques ; on fit de nombreuses expériences
des plus concluantes pour prouver que, de même que le
foie produit la bile, le cerveau irrigué par le sang et contenant des phosphites albumineux dégage la pensée. Et

c'est ainsi que surgit de nouveau la question de la nature du psychique et de son union avec le corps, qui jadis avait alimenté les investigations de la philosophie théorique. Naturellement les efforts des penseurs modernes demeurèrent tout aussi stériles que les essais antérieurs en ce sens.

Il est d'ailleurs impossible de nier que le matérialisme moderne ne nous ait rendu un immense service. Bien que, pour éclairer le fond de la question sur l'origine et la nature du psychique, il se soit borné à des considérations grossières et même naïves, il a donné une puissante impulsion au développement des sciences naturelles contemporaines ; il a notamment dirigé les esprits vers l'étude des questions qui se rattachent aux fonctions du cerveau et aux conditions matérielles concomitantes de l'activité psychique. En s'appuyant sur les données de l'anatomie et de la physiologie, il a aussi appelé l'attention des chercheurs sur l'étude des corrélations entre l'activité psychique et les *modifications physicochimiques qui s'opèrent dans le cerveau même.* C'était ouvrir une voie étendue à des recherches pleinement scientifiques, intéressantes au dernier point ; elles donnèrent une assise solide à l'idée de l'intimité des liens entre les processus psychiques et les processus corporels ou matériels de notre organisme et suscitèrent en outre des études fort détaillées sur les *conditions et les expédients physiques ou matériels capables de modifier notre sphère mentale.*

Il est hors de doute que l'étude de ces côtés de la question avait une importance énorme pour l'humanité, non seulement en ce qui concerne la compréhension générale de nos opérations psychiques, mais encore en matière d'éducation, et aussi au point de vue du traitement des désordres psychiques ou mentaux. Sous l'influence de ces recherches, la pédagogie dut rejeter les vieilles idées scolastiques sur les principes d'instruction ; elle reconnut la nécessité de développer régulièrement le corps ; étayée sur les données de la physiologie, elle s'engagea dans une voie complètement neuve et certainement des plus fécondes.

Un autre domaine des connaissances humaines, celui de la psychiatrie, subit une révolution non moins, sinon plus, considérable. La psychiatrie moderne se rapprocha de la manière la plus étroite des autres branches de la médecine ; de même que les autres sections de la clinique, elle prit *les documents anatomiques et physiologiques*, pour guides de ses raisonnements ainsi que les faits puisés à la source de la *psychologie physiologique*.

L'impulsion donnée au développement de la psychiatrie retentit à son tour sur la psychologie, à laquelle, en tant que science s'occupant des troubles morbides de l'activité mentale, elle rendit d'immenses services. Les progrès les plus récents de la psychiatrie, dont elle est à un notable degré redevable à l'étude clinique des désordres psychiques au lit du malade, ont en effet servi à fonder une branche à part de connaissances sous le nom de *psychologie pathologique* ; elle a déjà permis de résoudre un très grand nombre de problèmes de psychologie et l'on peut sûrement attendre d'elle davantage encore à ce point de vue dans l'avenir.

En même temps que progressait la psychologie contemporaine, on constatait qu'elle faisait une large application de l'*expérimentation chez l'homme et des mathématiques* ; par elles a vu le jour une autre branche de la psychologie appelée *psychophysique et psychologie expérimentale* qui a imprimé à nos observations d'ordre psychique le cachet d'exactitude des expériences de physique. Dans ce champ de recherches on compte déjà nombre de noms illustres ; citons : WEBER, FECHNER, WUNDT, HELMHOLTZ, PREYER, BINET. Les investigations de ces savants ont à la psychologie contemporaine rendu des services hors de pair ; elles en assurent pour longtemps le développement et les progrès.

Enfin le développement de la psychologie contemporaine a été dans une certaine mesure tributaire de *l'expérimentation sur les animaux*, basée sur la destruction des diverses régions de l'écorce cérébrale. S'il est vrai que la sphère mentale des animaux présente un développement relativement faible, les phénomènes et opérations psychiques élémentaires tels que l'élaboration des sensations et représentations, la manifestation des impressions sensibles et des impulsions motrices, sont identiques chez les animaux supérieurs et chez l'homme ; aussi dans certaines limites et sous le bénéfice de quelques restrictions, les résultats des *vivisections* peuvent-ils être rapportés à l'homme.

Evidemment les *observations de malades atteints de lésions anatomopathologiques* en telles ou telles régions de l'écorce cérébrale ont encore plus de prix pour la psychologie, surtout quand elles ont été complétées par la *vérification nécroscopique*. Ces observations confirmatrices des expériences chez les animaux, y ajoutent l'appoint de faits nouveaux, en particulier en ce qui touche le langage, ses troubles variés, et les fonctions psychiques supérieures.

L'ensemble des conditions sus-énoncées a permis de mettre en lumière que l'activité psychique suppose constamment deux ordres de phénomènes : 1° Des phénomènes proprement psychiques ou subjectifs ; 2° des phénomènes matériels ou physiques qui s'effectuent en des parties déterminées du cerveau.

CHAPITRE II

Rapports réciproques du monde psychique et du monde physique. Parallélisme psychophysique.

Le dernier pas qu'ait fait la question dans la voie des considérations scientifiques a consisté à expliquer les rapports qui existent entre le psychique et le physique.

Deux théories principales sont nées.

La théorie moderne de l'action réciproque ou *Wechselwirkung* des Allemands. La théorie contemporaine du parallélisme.

La première, qui au fond a pris naissance au temps de Descartes, considère l'âme et le corps comme deux substances indépendantes l'une de l'autre, mais en étroite relation. D'après cette manière de voir, dont Rehmke est un des représentants contemporains manifestes, l'âme peut sur le monde extérieur, et par suite sur notre cerveau, exercer des modifications matérielles, de même que le monde extérieur, et par suite les modifications matérielles du cerveau, exercent sur l'âme une influence.

Cette opinion admet donc une causalité psychophysique : les processus matériels du cerveau deviennent la cause de phénomènes psychiques, et ces derniers, à leur tour, réagissent sur les processus physiques du cerveau.

Mais les phénomènes psychiques et les phénomènes physiques du système nerveux central marchent toujours parallèlement. Cela veut dire que dans la sphère psychique le même phénomène se compose de deux parties : une partie intérieure et une partie extérieure.

C'est en somme une opinion très ancienne. Nous en trouvons le principe chez Leibnitz et les occasionnalistes ; maintenu et notablement développé par les psychologues postérieurs, il est accepté par un grand nombre des représentants avérés de la psychologie expérimentale contemporaine : Fechner, Ebbinghaus et beaucoup d'autres.

Cette assertion se heurte d'abord à la loi généralement admise de la conservation de l'énergie. Afin de sortir d'embarras, on a eu recours à une hypothèse : on a prétendu que la loi de la conservation de l'énergie ne concernait pas les phénomènes psychiques, qu'elle ne pouvait s'appliquer qu'à un système fermé, que les phénomènes physiques qui se passent dans le cerveau et sont en corrélation avec les phénomènes psychiques ne constituent pas un système organique fermé (1).

Il va de soi que ce raisonnement n'élucide rien ; il ne fait qu'écarter la solution du problème ; il introduit une hypothèse qui réclame elle-même des preuves.

Voilà pourquoi la théorie du parallélisme dont Fechner est l'aïeul moderne, et qui est soutenue par Ebbinghaus (2), Paulsen (3), Heymans (4), a sur la première un certain

(1) L. Busse. Die Wechselwirkung zwischen Leib und Seele und das Gesetz der Erhaltung der Energie. Philosoph. Abhandlungen.

(2) Ebbinghaus. Grundzüge der Psychologie I.

(3) Paulsen. Einleitung in die Philosophie, 1901.

(4) Heymans. Zur Parallelismusfrage. *Zeitschr. f. Psychologie*, t. XVII.

avantage. En effet, elle ne préjuge pas de la question des causes de notre activité et de son origine ; se séparant également du matérialisme grossier et de l'idéalisme pur, elle fixe les lois qui régissent les relations entre les phénomènes intérieurs ou mentaux et les processus matériels qui s'accomplissent au sein du tissu nerveux au moment de l'activité mentale. Cette théorie reçoit un renfort évident des corrélations directes, établies par la clinique, qui existent entre les désordres des fonctions psychiques et les modifications matérielles définies du tissu du cerveau. Elle laisse du reste aussi de côté la question de la cause de ces corrélations et n'effleure même pas l'hypothèse de leur parallélisme. Et cependant, quelque féconde qu'ait été cette méthode, par le plan qu'elle a fourni aux recherches scientifiques ultérieures, il est indubitable qu'elle ne résout nullement la question de la nature intime des relations entre le monde physique et le monde psychique.

La vieille conception spiritualiste est en l'espèce tout à fait impuissante, car il lui est impossible de s'imaginer que des opérations psychiques puissent être produites par les opérations matérielles que nous découvrons dans le cerveau. Non moins impuissante est à cet égard la conception matérialiste. Il est vrai que quelques matérialistes se sont efforcés d'interpréter les choses comme suit : le psychique serait engendré par le physique, en d'autres termes, les processus matériels seraient la cause des processus psychiques. Cette manière de voir présuppose que la pensée, et d'une manière générale, le psychique entier est le produit de l'activité cérébrale ; elle semble avoir pour elle ce fait que le psychique ne peut exister ou du moins qu'on ne peut prouver qu'il existe sans le physique, tandis que les opérations physiques de l'organisme s'effectuent souvent, comme l'on sait, sans que l'activité psychique entre en jeu.

L'erreur originelle de cette opinion tient à une notion fausse du mot : cause. De ce que l'on a établi la constance des relations entre deux phénomènes, cela ne veut pas dire que l'on ait découvert une relation de cause à effet entre eux. Pour trouver celle-ci il faut que l'on montre que l'un est réellement la conséquence directe de l'autre. Or qui ne voit clairement qu'il est impossible de tirer un principe psychique d'un élément matériel, pas plus que d'une énorme quantité de zéros il n'est possible de créer l'unité ou quelque autre grandeur définie. C'est pour cela que le matérialisme ne s'est pas maintenu au-delà de la période d'engouement qu'il avait d'abord provoquée.

En présence de l'avortement de l'idée des relations de cause à effet entre le physique et le psychique, quelques-uns des représentants de la philosophie empirique tels qu'Avenarius et Mach ont tenté de lui substituer celle de la corrélation fonctionnelle. Elle consiste en ce que deux grandeurs sont entre elles en une relation telle que toute modification de l'une entraîne nécessairement une modification de l'autre. D'après Avenarius, il faut appliquer termes pour termes, le principe de la fonction mathématique qui veut que dans deux fonctions dénommées il y ait une variable dépendante et une variable indépendante. Si nous prenons le physique comme variable indépendante, le psychique deviendra variable dépendante ; inversement, le psychique est-il admis pour variable indépendante, le physique devra être considéré comme variable dépendante. Ainsi se trouve établi du même coup que le psychique dépend du physique et que le physique dépend du psychique.

Il est facile de voir que cet expédient ne fournit qu'une

formule commode pour exprimer la simultanéité des phénomènes psychiques et physiques, pour donner du corps
à l'idée du parallélisme. En admettant une telle relation
fonctionnelle entre le physique et le mental, nous nous
forgeons un argument nous permettant de soutenir que
lorsque dans notre cerveau s'effectuent des opérations
physiologiques déterminées, il faut obligatoirement
qu'aient lieu en même temps des opérations psychiques
définies, et qu'inversement, quand nous exécutons quelque travail intellectuel, quand nous pensons, notre cerveau doit forcément exécuter des opérations matérielles
qui correspondent à l'activité psychique. On comprend
sans peine que cela n'explique pas la simultanéité des processus psychiques et physiques de notre cerveau, que ce
n'est qu'une nouvelle interprétation du fait.

Ces difficultés ont entraîné certains représentants du
parallélisme à expliquer la constante harmonie des processus physiques et des processus psychiques dans le
sens du monisme, à admettre l'identité du physique et du
mental. Déjà FECHNER soutenait cette opinion ; il préten-
dait que le mental et le physique constituent deux aspects
d'un seul et même événement, qu'il ne s'agissait que d'une
seule et même manifestation considérée sous deux points
de vue différents. Autrement dit, les processus psychiques
et les processus physiques ne sont point d'essence distincte, car tout élément matériel en passant à travers le
prisme de la conscience se traduit par une association de
représentations mentales tout aussi bien que les processus
conscients eux-mêmes.

Ainsi les processus physiologiques du cerveau et notre
pensée ne sont que deux aspects d'un seul et même phénomène. La différence qui les sépare vient de ce que ce
seul et même phénomène est contemplé par nous sous

deux points de vue différents, le point de vue intérieur et le point de vue extérieur. Le psychologue, par exemple qui emploie la méthode d'auto-observation, d'introspection, examine la pensée par son aspect intérieur, tandis que le physiologiste explore le même processus par son aspect extérieur. Le processus de la pensée ne peut être contemplé simultanément sous ces deux points de vue. Ril (1) est à cet égard formel : « Nous avons tort, dit-il, de décréter que la volonté correspond uniquement à l'innervation cérébrale ; il nous faut au contraire affirmer que la volonté est un seul et même processus qui s'exhibe à la contemplation objective sous la forme d'innervation centrale et à la contemplation subjective ou introspection sous celle d'impulsion volontaire. »

De toutes les comparaisons par lesquelles les partisans du parallélisme moniste ont visé à commenter leurs idées, celle de TAINE nous semble la plus heureuse. Il compare le psychique et le physique à un livre écrit en deux langues ; celle dans laquelle est écrit l'original représenterait le psychique, l'autre, celle de la traduction, personnifierait le physique. Seulement, à notre avis, il serait plus correct de dire que nous possédons deux originaux identiques écrits en deux langues distinctes, mais disposés de telle sorte que chacun d'eux constitue la traduction interlinéaire de l'autre.

D'autres auteurs ont usé d'autres comparaisons. FECHNER (1), par exemple, s'adresse à la sphère. Quand nous nous trouvons à l'intérieur de celle-ci, la circonférence nous paraît concave ; sommes-nous en dehors d'elle,

---

(1) Ril. Théorie de la science et métaphysique. Téoria naouki i métaphizika (en russse) p. 23].
(1) Fechner. Elemente der Psychophysik, t. I, p. 3.

la circonférence nous semble convexe. Le système solaire
vu de la terre nous fournit le schéma de PTOLÉMÉE,
tandis que vu du soleil il prend l'aspect figuré par KOPER-
NIK.

EBBINGHAUS, au lieu de la sphère de FECHNER, choisit
deux calottes mathématiques sphériques, placées l'une
dans l'autre, intérieurement accolées, sortes de sosies,
existant en quelque sorte l'une pour l'autre, chacune pouvant fournir l'image de l'autre. Par suite, ces calottes
seront l'une pour l'autre simultanément concaves et con-
vexes ; mais elles ne donneront à l'observateur qu'une
seule et même image, la représentation mentale d'un seul
et même objet.

Tels sont les exemples, sans compter d'autres semblables, au moyen desquels les philosophes prétendent faire
ressortir que nous ne pouvons en même temps percevoir
le physique et le psychique en un tout ; nous ne pouvons
percevoir cet ensemble que tour à tour par ses deux faces
la face intérieure et la face extérieure. C'est pourquoi
le même phénomène nous semble consister en deux
processus dont chacun est perçu par nous isolément, séparément.

Il s'en faut néanmoins de beaucoup que, sous cette
forme, le parallélisme moniste soit unanimement accepté,
car il s'agit de comparaisons plus ou moins heureuses
plutôt que d'une explication véritable. En effet, quand
nous disons que deux processus d'essence différente sont
les deux faces d'un seul et même processus, ce n'est
là qu'une assimilation, ce n'est pas une identification.

Ecoutons sur ce point ZIEHEN auquel nous nous rallions :
« Quelle idée scientifique pouvons-nous bien rattacher
ici aux mots : intérieur et extérieur, alors qu'il ne s'agit
aucunement de rapports d'étendue ? Qu'est-ce donc que

cet agent qui se manifeste soit comme psychique, soit comme matériel ; comment l'envisager ? Voici qu'il nous faut inventer une troisième substance, .ou attribuer aux calottes physiques la remarquable propriété de fournir *ad libitum*, l'une pour l'autre, une même image, d'exister l'une pour l'autre, afin de faire avaler l'hypothèse de l'identité. Franchement, ce résultat nous paraît infiniment plus douteux que n'importe quelle hypothèse occasionnaliste (1). »

En face de l'évidente banqueroute de l'explication précédente, certains parallélistes, comme, par exemple, AVÉNARIUS, rejettent tout rapprochement, toute identité entre le monde physique et le monde psychique. Dans le monde physique, nous ne rencontrons que phénomènes matériels ; le matériel provient exclusivement du matériel tandis que tout psychique ne se développe que de psychique et non de matériel. Ainsi, de même qu'entre les phénomènes physiques il existe des relations de cause à effet, de même les phénomènes psychiques sont reliés entre eux par des causes. Il n'existe point de corrélations causales entre les phénomènes physiques et les phénomènes psychiques.

Dans ces conditions, bien que les phénomènes suivent un cours parallèle dans le monde physique et dans le monde psychique, les deux mondes possèdent chacun son individualité. Ce sont deux mondes séparés, quoiqu'entre les deux catégories de phénomènes il existe une complète correspondance, et que, en vertu si l'on veut de l'harmonie préétablie de LEIBNITZ ou, si l'on préfère, de quelque action inexplicable pour nous d'un principe supérieur comme l'enseignent les occasionnalistes, les phénomènes

(1) Ziehen. *Loc. citat.*, p. 45.

physiques en chaque cas séparé concordent avec des phénomènes psychiques.

Evidemment l'hypothèse du parallélisme n'apporte aucune contribution à l'explication de la réciprocité du monde physique et du monde psychique ; elle se borne à établir le fait de la constante corrélation entre le physique et le psychique. Cette corrélation était supposée depuis longtemps déjà ; la théorie du parallélisme lui a simplement donné une formule scientifique définie.

Cependant, en admettant cette corrélation constante en nos centres des phénomènes psychiques ou intérieurs et des phénomènes matériels ou extérieurs, l'hypothèse du parallélisme n'élimine pas au fond l'opposition, constituée en philosophie depuis DESCARTES entre le psychique ou incorporel et le matériel. Bien plus, elle maintient cette opposition, et elle maintient en même temps la théorie de LEIBNITZ sur l'harmonie préétablie, étant donné qu'actuellement il n'est pas probable que personne soit disposé à adhérer à celle des occasionnalistes.

Il ne faudrait pas croire d'ailleurs que cette opposition traditionnelle entre le psychique ou spirituel et le physique ou matériel ait cessé d'être une opinion dominante en psychologie. Il suffit, pour en constater la vitalité, de se reporter aux idées exprimées par W. WUNDT, il y a peu de temps, à propos de la causalité psychique et du parallélisme psychophysique dans ses *Aperçus de psychologie* (1).

Pour WUNDT, « la détermination d'une grandeur physique s'opère en mesurant des quantités objectives, des forces, des énergies ; la détermination d'une quotité psy-

---

(1) Wundt. Otcherk psichologii. Traduct. russe de D.-W. Victorow. Moscou, 1897, p. 22-23.

2.

chique se fait par des valeurs et finalités subjectives. »
Wundt complète plus loin son opinion en ces termes :
« Les mouvements des muscles sous l'action extériorisée
de la volonté et les processus physiques qui accompagnent les perceptions sensibles, les associations mentales
et les fonctions d'aperception obéissent invariablement au
principe de la conservation de l'énergie ; mais pour une
même même quotité d'énergie les valeurs et finalités mentales
qu'on y trouve peuvent être de grandeurs différentes. »
Poursuivons : « Toute modification physique procède de
grandeurs quantitatives dont les gradations dépendent de
rapports quantitatifs entre les phénomènes mesurés ; par
contre la totalisation d'une modification psychique est
toujours donnée par des grandeurs qualitatives. Par conséquent, à la faculté de produire un effet purement quan-
titatif que nous définissons la grandeur de l'énergie physique, on peut opposer la grandeur de l'énergie psychique,
qui est la faculté de produire des valeurs qualitativement
différentes. La continuité de l'énergie physique doit, dans
ces conditions, être la base de nos calculs et examens
scientifiques ; l'accroissement de l'énergie psychique doit
être regardé comme impliquant la constance de la première ; bien mieux, pour établir le bilan de nos expériences, ces deux éléments doivent nous servir d'échelles se
complétant réciproquement. L'accroissement de l'énergie
psychique n'apparaît nettement qu'autant qu'il constitue
le revers de la continuité de l'énergie physique. En revanche, la disparition des valeurs psychiques indubitablement constatée dans nos expériences contraste avec
la continuité des processus physiques. »
Il est facile de voir que Wundt a de l'énergie psychique
une conception toute différente de celle de l'énergie physique ; la première est directement opposée à la seconde,

puisqu'elle se traduit en valeurs qualitatives qui disparaissent par moments, tandis que l'énergie physique est continue et fournit des grandeurs quantitatives.

Il tombe sous le sens que, d'après la conception de W. Wundt, l'énergie psychique ajoute bien peu de chose à la théorie cosmogonique ordinaire qui oppose l'esprit à la matière. L'énergie psychique y prend simplement la place de l'esprit ; l'énergie physique y remplace la matière. En fait, ces deux notions, l'énergie psychique et l'énergie physique, sont des grandeurs tout aussi incommensurables que l'esprit et la matière des philosophes de jadis.

CHAPITRE III

La théorie de l'énergie en physique.
Conception de l'énergie psychique.

Nous rencontrons en physique un dualisme absolument analogue dans la façon de concevoir la force ou énergie et la matière ; mais le développement de la théorie de la conservation de l'énergie ayant permis de soumettre tous les phénomènes physiques au calcul mathématique, ce dualisme n'a pu faire ici autant de mal qu'en a produit le dualisme dans l'étude de l'activité psychique. Malgré cela, dans ces derniers temps, de vigoureuses protestations ont retenti contre le dualisme qui se dissimule sous les idées de force et de matière. La tentative de MAYER et celle toute récente du professeur OSTWALD (1) méritent à ce point de vue une attention toute particulière ; ils ont essayé d'appliquer à tout le monde visible la notion de l'énergie, écartant complètement la matière de la cosmogonie scientifique.

Pour OSTWALD, on ne peut admettre de réel dans la nature que l'énergie ; elle représente une grandeur uni-

_____

(1) W. Ostwald. Die Ueberwindung des wissenschaftlichen Materialismus. Leipzig, 1895 (traduit en russe dans la *Revue scientifique russe* de 1896). Voyez aussi son ouvrage Natour philosophia. Traduction russe de G. A. Kotliare.

que, que nous découvrons dans la nature, alors que la matière est simplement une invention de notre pensée. Toutes les propriétés de ce qu'on appelle la matière peuvent être considérées comme des manifestations de l'énergie ; ainsi la masse n'est autre chose que la faculté inhérente à l'énergie motrice de remplir l'espace, c'est autrement dit, l'énergie du volume (*Volumenenergie*) ; le poids, c'est l'expression de l'énergie de position (*Lagenenergie*) ; les propriétés chimiques du corps se ramènent à l'énergie chimique.

En somme, tout ce que nous savons du monde extérieur peut être réduit à des rapports de l'énergie. Il n'y a plus de raison d'admettre de vecteur particulier de l'énergie, c'est-à-dire la matière, parce que de cette matière nous ne pouvons rien connaître ; par les différentes manifestations de l'énergie se peut expliquer tout ce que nous savons.

« Partout il ne s'agit que d'énergies, dit textuellement Ostwald ; si l'on fait table rase de la notion des diverses espèces de matière, il ne reste rien, il ne reste même pas l'espace occupé par la matière, car nous ne connaissons cet espace que par la dépense d'énergie nécessaire pour pénétrer dans l'espace et s'y mouvoir. La matière au fond n'est que l'arrangement dans l'espace, en étendue, des différentes énergies ; tout ce que nous disons de la matière se rattache au fond à ces énergies. »

Un coup du bâton ne provoque en nous de sensation correspondante que grâce à l'énergie du coup ; le bâton lui-même n'y est pour rien. Au moment où le bâton revient à l'état de repos, nous ressentons encore les effets d'une énergie dont l'intensité, variable, dépend de celle des organes de la sensibilité. En général, nos organes sensoriels ne réagissent que quand il y a différence d'éner-

gie entre eux et le milieu qui nous entoure. Pour Ostwald toute la réalité de notre monde est réductible aux
différentes formes et quantités de l'énergie, de là vient
le nom d'*énergétisme* donné à cette théorie, pour la distinguer de l'opinion généralement admise qui professe
l'existence de la matière à l'état d'atomes, ou *ato-
misme.*

Prenant position et réagissant contre le dualisme en-
combrant qui, jusqu'en ces derniers temps, avait dominé
en physique, l'hypothèse d'Ostwald eut le sort de toute
tentative audacieuse faite pour renverser une vieille doctrine qui, sur les débris de celle-ci, reconstruit une nouvelle manière de voir ; elle ne pouvait pas ne pas se heurter à de nombreuses et substantielles objections.

Nous n'entrerons pas dans le détail de ces objections ;
nous nous bornerons à faire remarquer que le caractère
spécial de l'hypothèse d'Ostwald consiste à doter d'indépendance l'énergie dans laquelle on ne voit habituellement en physique que l'aptitude au travail, et qui, en cette
qualité, suppose l'existence d'un autre élément réel dans
le monde qui nous entoure.

Son défaut capital est, en supprimant la matière et en
la remplaçant par l'énergie dont l'essence est tout aussi
inconnue, de multiplier le nombre des diverses formes de
l'énergie en des proportions extraordinaires ; il est peu
probable que cela puisse servir à l'intérêt de la science.
Toutes les propriétés externes et tous les rapports des
corps entre eux provoquent l'admission de nouvelles
énergies, telles l'énergie de volume, l'énergie de distance,
l'énergie de surface. Mais comment prouver dans la nature l'existence de ces énergies, auxquelles, en se guidant
sur le même principe, on pourrait en ajouter une foule

d'autres ? Ne servent-elles pas à nous masquer plus ou moins ce qui se dérobe à nos regards ?

Autre remarque qui n'est pas de trop : OSTWALD, comme du reste MAYER le premier fondateur de l'*énergétique*, s'élève contre les hypothèses. Mais l'énergie de la forme ou de la surface n'est-elle pas une pure hypothèse qui n'est appuyée par aucun fait ?

Voilà pourquoi, décrétant l'incorrection radicale de la vieille opinion qui oppose la matière, substance lente ou inerte, à l'idée de force, principe actif, nous dirons tout bonnement que, dans la nature, partout et en tout lieu, nous n'avons qu'un milieu actif, qui recèle à sa base l'énergie. Que ce milieu ne se présente pas à nous en son état primaire, sous la forme en laquelle nous nous représentons d'ordinaire la matière, que ce milieu même soit privé des propriétés dont nous gratifions habituellement la matière et qui au fond sont redevables de leur origine à l'énergie, nous n'en pouvons pas moins nous représenter dans le monde que l'énergie seule en dehors d'un milieu quelconque.

Mais l'intelligence de l'homme ne peut généralement se faire à l'idée que le monde qui nous entoure ne représente que l'aspect de l'énergie seule dans le vide. Sous ce rapport, en écartant la matière à l'*instar* de la philosophie spiritualiste, la théorie d'OSTWALD se heurte à une série d'obstacles logiquement infranchissables.

Ainsi, nous ne voyons pas la nécessité de maintenir, en dernière analyse, la conception hâtive de la matière avec les propriétés qui lui sont inhérentes, mais nous croyons que l'énergie est inséparable du milieu, nous ne pouvons éliminer l'idée de ce milieu, car on ne saurait s'imaginer que, l'énergie étant une grandeur immatérielle pût se manifester dans le vide.

Evidemment, il est impossible de se sentir entraîné par la théorie de l'énergie, sous la forme que nous lui trouvons dans le système d'OSTWALD.

Quel rôle en effet pourrait bien jouer un principe actif, en l'espèce celui de l'énergie, s'il était seul au monde, s'il n'y avait pas un milieu immense, infini, dans lequel pût se manifester l'action de cette énergie ?

Aussi, l'opposition de l'énergie comme principe actif et de la matière comme principe inerte disparaissant à nos yeux, nous admettons que l'énergie est inséparable du milieu, de même que le milieu est inadmissible sans l'énergie.

Dans le monde qui nous entoure partout et en tout lieu nous rencontrons le milieu actif qui renferme simultanément l'énergie et la masse ; ce n'est que par la pensée que nous pouvons le décomposer en substance ou principe matériel inerte, et en énergie ou principe actif immatériel.

A ce point de vue, le monde entier accessible à nos sens constitue un milieu actif. Autrement dit, il n'y a pas dans le monde de matière, considérée comme principe inerte, séparée, isolée de l'énergie, pas plus qu'il n'y a au fond d'énergie considérée comme principe actif particulier, indépendant.

La matière et les aspects sous lesquels elle nous est accessible, c'est-à-dire sous la forme de corps physiques, est tout simplement la forme extérieure de la manifestation du milieu actif ; la cause interne de l'état d'activité de ce milieu, nous l'appelons : énergie. Nous distinguons quelques aspects de cette énergie, bien qu'au fond dans la nature il n'y ait partout qu'une seule et même énergie cosmique, homogène, une dans son essence, sous l'aspect d'un seul milieu actif universel.

Nous n'avons par conséquent pas besoin de créer, comme OSTWALD, de nouvelles formes de l'énergie. Il nous suffira de dire que telle ou telle forme de corps qui nous apparaît, cristalline ou autre, sa pesanteur ou poids, sa composition intérieure ou chimique, sont le résultat de l'aspect revêtu par des parties séparées du milieu actif ; cet aspect, en certains cas à part, nous pouvons, suivant sa forme extérieure, et sous conditions, le qualifier d'énergie, d'attraction, d'énergie chimique, d'énergie électrique, d'énergie calorique, d'énergie lumineuse, etc..., bien qu'au fond il ne s'agisse jamais, répétons-le, que du seul et même milieu actif dont les manifestations diffèrent.

Nous avons vu plus haut qu'au dire d'OSTWALD, nous obtenons la connaissance des diverses formes d'énergies du monde extérieur par les corrélations réciproques qui s'établissent entre elles et l'énergie de nos organes des sens.

Il devait tout naturellement s'en suivre que la théorie d'OSTWALD aboutit à une théorie de l'énergie psychique de nos organes des sens et de notre système nerveux en général. C'est ce qui est arrivé.

———

Nous devons au philosophe LASSWITZ (1) l'essai d'établir une théorie de l'*énergie psychophysique*, conforme à l'hypothèse d'OSTWALD, la première constituant le dernier développement de la seconde.

Pour LASSWITZ, si toutes les modifications physiques

---

(1) Lasswitz. Ueber psychophysische Energie und ihre Factoren. *Arch. f. syst. Philosophie*, 1895, t. 1, cah. 1.

dépendent d'un échange d'énergie, si toutes les modifications psychiques conscientes sont liées à des modifications physiques qui ont lieu au sein de notre système nerveux, nous sommes autorisés à rattacher tous les changements de la conscience individuelle à des modifications dans les états d'énergie qui s'opèrent dans l'intimité de l'appareil nerveux correspondant. Dans l'esprit de Lasswitz, le terme d'énergie psychophysique s'applique à la partie de l'énergie du système nerveux dont les modifications provoquent des changements dans l'état de conscience; en d'autres termes, l'énergie psychophysique, c'est la partie de l'énergie de la cellule nerveuse dont les fluctuations se traduisent par l'état de conscience individuel. Les processus de métamorphose de l'énergie psychophysique formeraient le corrélatif physiologique des phénomènes psychiques.

Nos sensations et leurs complexions tiennent à un échange d'énergie entre les foyers où elles se forment, dont le système relève aussi du cerveau. Si les facteurs de l'énergie psychique échappent aux procédés de mesure alors que, pour les potentiels des autres formes de l'énergie, on possède des échelles connues et fidèles, il faut simplement en conclure qu'il est impossible de leur acclimater les mathématiques, mais cela ne signifie nullement que ces facteurs soient inadmissibles en théorie. Le fond de l'hypothèse de l'auteur consiste, d'après ses propres paroles en ceci : le facteur de l'aptitude au travail de l'énergie psychophysique, ou, pour nous servir de son expression, l'*empathie* constitue le corrélatif physiologique de la sensibilité.

De ce qui vient d'être exposé, il ressort clairement que pour Lasswitz, l'énergie psychophysique constitue le corrélatif physiologique des processus psychiques, que les oscillations de cette énergie sont senties par nous sous la forme de conscience individuelle.

Mais il faut remarquer, d'après le même auteur, que les notions habituelles de la psychologie telles que sentiment, sensations, représentations mentales, ne sont pas du tout en corrélation fonctionnelle avec l'énergie psychophysique, car elles ne se présentent point à l'état de grandeurs définies quelconques ; elles constituent des notions abstraites, conventionnelles, que nous avons adoptées en analysant notre monde intérieur. Lasswitz signale même l'impuissance de toutes les écoles jusqu'ici existantes à trouver les corrélatifs physiologiques des états mentaux ; il n'est pas un seul de leurs efforts qui n'ait été inspiré par la théorie moléculaire ou atomique. Ceci légitimerait pour lui, au moins la tentative d'expliquer à quels résultats les méthodes de l'énergétique 'sont capables de conduire.

Celle-ci l'emporterait sur la théorie mécanique et moléculaire, à raison des nouvelles formes de l'énergie qu'elle reconnaît. Elle ouvre ainsi à ses recherches de nouveaux domaines dont les processus échappent, à cause de leur complexité, à la théorie atomique. La question se doit poser comme suit. En quelle mesure les faits de l'activité psychique peuvent-ils être conciliés avec l'état général de l'énergie cérébrale ou psychophysique, lui-même subordonné aux lois communes de l'énergie ?

Il est clair que, de même qu'Ostwald écarte la matière du monde extérieur, de même Lasswitz réduit toute activité psychique à l'énergie psychophysique séparée ; il laisse tout à fait de côté ou ignore les modifications physiques ou matérielles qui, nous le savons maintenant, accompagnent notre activité mentale.

Il n'est pas difficile de découvrir tout ce que la tenta-

tive de LASSWITZ renferme, sous le couvert de l'hypothèse
d'OSTWALD encore à démontrer, d'artificiel et de forcé;
elle ne mérite certainement pas, après tout ce qui a été
exposé, les honneurs de la critique.

L'existence d'une énergie psychique particulière, et sa
métamorphose en énergie physique ou inversement, est
également acceptée par quelques auteurs.

EIGWART et STURMEK notamment se défendent de regarder l'énergie comme un mouvement de particules moléculaires. Ils soutiennent que la transformation d'une
énergie en une autre, par exemple, de l'énergie électrique
en énergie éclairante ou en énergie calorique, ne doit
point être interprétée mécaniquement, dans le sens d'un
changement de caractère du mouvement des particules
moléculaires. Pour eux, elle n'est pas suffisamment fondée l'opinion courante d'après laquelle la chaleur résultant de la collision de deux masses tient à la métamorphose du mouvement de la masse en celui des molécules
composantes; il ne serait pas prouvé que la chaleur soit
une espèce de mouvement moléculaire. Il faudrait nous
contenter de déclarer que la chaleur est une des formes de
l'énergie, sans préjuger de sa nature.

Assurément cette façon de comprendre les choses laisse
un accès facile à l'énergie psychique et à sa transformation
possible en énergie physique ou inversement, car l'énergie en ce cas, n'est que l'aptitude au travail. Cette énergie, sera-t-elle psychique ou physique? l'image de cette
distinction est déjà *floue* sinon nulle.

Cette manière de voir pourrait certainement prendre
corps à la condition que l'on arrivât à supprimer la diffé-

rence originelle qui sépare les phénomènes physiques des
phénomènes psychiques, dont nous avons déjà parlé plus
haut, et qui, pour tout le monde, apparaît comme une
vérité incontestable. En attendant, il faut bien confesser
qu'elle n'a pas d'objet ; elle n'atteint pas son but.

————————

Pour Stumpf (1) *la loi de la conservation de l'énergie*
est tout simplement une loi de *transformation*.

Si l'énergie kinétique ou force vive du mouvement se
transforme en une autre forme d'énergie, si cette dernière
énergie peut à son tour se transformer inversement en
énergie kinétique, on obtiendra à la fin de l'opération la
somme de l'énergie qui aura été employée au début.
C'est ce qui a lieu. Comme la loi ne dit point en quoi doivent consister les diverses formes de l'énergie, on serait
donc en droit de considérer le psychique comme la sommation d'une énergie d'un genre particulier qui pourrait
avoir son équivalent mécanique. Il appert donc que tout
se ramène à ceci : la physique n'a pas besoin de concevoir dans l'énergie forcément quelque chose de physique.
Cette conclusion nous permet alors de parler de la transformation des formes de l'énergie que nous connaissons
en énergie psychique et *vice versa*.

Cette opinion, pour parler net, laisse simplement de
côté ou élude la notion du psychique ; autrement dit, elle

(1) Stumpf. Die Rede zur Eroeffnung d. III. Internation. Con-
gress. f. Psychologie. Cité d'après Tchelpanow. Otcherk sovré-
ménennych outchénii o douschié. Woprossy philosophii i psichologii. Mars-avril 1900 (en russe). Esquisse des théories contemporaines sur l'âme. in *Questions de philosophie et de psychologie*.

forme les yeux sur l'objet propre et obligatoire de l'ana·
lyse scientifique.

D''ailleurs, certains auteurs ne trouvent point que la
possibilité de la transformation du physique en psychique
soulève de contradiction.

« Depuis Descartes, on dit que la *causalité* ne peut
exister qu'entre des *phénomènes de même nature*, mais
cette assertion est vicieuse et voici pourquoi. Cela ne
serait correct que dans le cas où par cause on entendrait
ce qui crée l'effet, ou si nous visions quelque lien intime
entre la cause et l'effet. Or, en réalité, ce n'est pas cela
du tout que nous devons comprendre par le mot de : cau·
salité.

« Par le terme de causalité nous voulons simplement
indiquer que, lorsque nous 'avons constaté que B se
manifeste immédiatement après A, toute modification
de A provoque une modification de B. Il n'est, par suite,
aucunement besoin qu'entre la cause et son conséquent il
existe *unité de nature*. Les phénomènes les plus hétérogènes peuvent affecter entre eux des rapports de causalité. D'ordinaire les relations causales du monde physique nous semblent des plus simples et des plus intelli-
gibles, tandis que les relations du même ordre entre le
psychique et le physique demeurent pour nous lettre
morte. Prenons pour exemple une boule qui roule ; elle
rencontre sur son chemin une autre boule qu'elle met en
mouvement ; nous disons, sans hésiter, que le mouvement
de la première boule est la cause du mouvement de la
seconde. Nous y saisissons un lien qui nous paraît sim·
ple et clair. Par contre, qu'aussitôt après une décision
notoire de ma volonté se produise un mouvement de ma
main, il semble que les relations causales entre les deux
phénomènes soient incompréhensibles. En réalité, la

première espèce de relations n'est pas plus concevable
que l'autre; peut-être même la seconde est-elle plus com-
préhensible que la première; peut-être la première ne
devient-elle claire, que parce que nous sommes déjà fami-
liarisés avec la seconde (1). »

Il n'est cependant pas difficile de remarquer qu'en l'espèce la notion de causalité repose sur celle des relations
de fonctions déjà mentionnée *supra*. Mais il est peu probable que ce sophisme puisse satisfaire beaucoup de
gens. Quoi qu'il en soit, acquiesçât-on à l'opinion exposée, nous nous trouverions simplement en présence de la
conversion du fait de l'impulsion volontaire en mouvement, nous ne serions pas en possession de l'explication
de l'essence du mouvement lui-même.

Il existe néanmoins d'autres acceptions de la conception de l'energie psychique. C'est ainsi que le philosophe
russe N. I. Grote a essayé d'introduire en psychologie
la notion de l'énergie psychique.

Grote fixe de la manière suivante les éléments du problème qu'il se propose de résoudre.

« Il s'agira en dernière analyse exclusivement de rechercher s'il existe une *énergie psychique* particulière
présidant aux processus psychiques et à l'activité mentale et si elle est subordonnée à la loi de la conservation
de l'énergie au même titre que les énergies physiques en
sa qualité de membre du système général des énergies
naturelles; celles-ci alors, y compris l'énergie psychique
incluse dans le système, ne sauraient plus être, sans

(1) Tchelpanow. *Loc. cit.*, p. 360.

exception aucune, qualifiées de purement physiques, toutes se révéleraient pour ainsi dire comme des *énergies psychophysiques*, c'est-à-dire aptes à se convertir en la forme psychique, ou simplement comme des *formes de l'énergie cosmique unique*. »

Passant ensuite à l'analyse de la première question, l'auteur glisse sur les distinctions que les philosophes ont tenté d'établir entre les phénomènes spirituels et les phénomènes corporels, dont il fait remarquer la complète faillite. Il relève à bon droit que, dans ces derniers temps, « la *dépendance* réciproque entre le monde psychique et le monde physique, entre la conscience et le milieu, entre les idées et les éléments du processus naturel, est passée du domaine des *problèmes* dans celui des *faits. L'action réciproque continue entre les* facteurs empiriques de l'existence intérieure psychique et de l'existence physique extérieure est indubitable ». « Pour expliquer, continue GROTE, cette action réciproque, il est indispensable... de trouver une conception scientifique et un principe qui sans violer ni rejeter l'indépendance et l'originalité du processus psychique comparé au processus physiologique et au processus physique en général, fonderaient un terrain commun propre à les mettre en regard et à déterminer exactement leurs liens et dépendance réciproques. »

GROTE convient avec LASSWITZ qu'il est impossible de trouver ce terrain commun par l'entremise de la *théorie moléculaire de la matière* ; elle n'est applicable à l'analyse psychologique qu'en se pliant au joug de la brutale et monstrueuse métaphore de KARL VOGT : « La pensée est secrétée par le cerveau comme la bile par le foie ». Mais on peut et on doit le chercher, ce terrain, à l'aide des *méthodes de l'énergétique*. Nous sommes en effet autorisés à nous poser la question ainsi :

« Si tout processus physique et, en particulier physiologique, est soumis à la loi de la conservation de l'énergie, s'il s'explique par les théories de l'énergie et de sa transformation, si la science exige impérieusement que l'on fixe avec précision les corrélations et la réciproque dépendance des processus physiques et des processus psychiques, est-il impossible d'espérer réussir à solutionner le problème posé plus haut précisément au moyen de la conception de l'énergie et de la loi de sa conservation ? »

« On ne saurait à brève échéance prévoir d'autre terrain que celui de la théorie de l'énergie pour juxtaposer l'idée du processus psychique et celle du processus physique, c'est-à-dire pour résoudre la question du caractère de la dépendance réciproque entre l'activité psychique et le travail physique. La théorie de l'énergie est effectivement propre à introduire un principe uniforme dans l'analyse des processus psychiques et physiologiques. »

Abordant après cela l'explication de l'énergie psychique et de ses rapports avec les énergies physiques, le philosophe russe formule en huit propositions la loi de la conservation de l'énergie telle qu'elle est énoncée dans les traités de physique. Il les commente en ces termes :
« Ainsi présentées, les *propositions fondamentales de l'énergie physique* donnent communément l'impression que cette théorie est radicalement *inapplicable au travail purement psychique* où il semble qu'il ne puisse être question ni de « corps » vecteurs de l'énergie, ni de « configurations », ni de « masse », ni du « carré de la vitesse du mouvement. »

Mais, tantôt s'appuyant sur les champions de la théorie de l'énergie au point de vue mental, tantôt analysant ou critiquant quelques-unes des propositions de la loi de la conservation de l'énergie, GROTE fait les remarques subséquentes qui caractérisent sa façon de voir sur le sujet.

« Il est hors de doute que l'énergie psychique se répand dans l'espace avec une certaine vitesse quand elle prend une forme physique, et inversement quand celle-ci passe à l'état mental. Quand les *idées d'une personnalité en renom* se répandent, au moyen de ses ouvrages plus ou moins *rapidement à travers le monde*, et pénètrent ainsi des centaines de milliers d'individus en différents pays ou réagissent sur eux (c'est ce qui a lieu sous nos yeux pour la théorie de L. N. TOLSTOÏ), quand ces idées, au moyen des lettres de l'alphabet ou signes physiques perçus par l'œil à l'aide des rayons lumineux, augmentent ou diminuent l'énergie psychique d'une multitude d'organismes humains, transforment même les manifestations et les modalités de la décharge de leur énergie mentale, — n'est-ce point là un *fait* qui prouve que l'énergie psychique doit aussi posséder ses équivalents dans le mouvement expansif qui s'accomplit avec une certaine vitesse, et est doué d'une certaine accélération dans le temps ? »

De ce raisonnement il se dégage clairement comment GROTE comprend l'énergie psychique. Du reste, s'expliquant, à un autre passage, sur ce point, il insiste positivement sur ses caractères différentiels. Son énergie psychique ne peut être identifiée à l'énergie psychophysique de LASSWITZ ; elle ne peut non plus être confondue avec l'énergie nerveuse.

« L'énergie neuro-physique ou neuro-cérébrale est une indubitable réalité ; reconnue par la science, c'est un pos-

tulat nécessaire de l'énergétique et de la « physique organique » qui, du reste, en tant que science séparée n'est
encore qu'à l'état fœtal. Mais, sur la même ligne que
l'énergie neuro-cérébrale, existe, sans plus de doute, une
énergie psychique au titre de forme particulière des
énergies naturelles ; elle se manifeste, quand elle réalise
l'*aperception* ou épreuve de l'introspection, par les
symptômes spéciaux des phénomènes de conscience, sensation, sentiment, penchants moraux et *tutti quanti*,
exactement comme les énergies physiques et mouvements
se manifestent *à notre conscience* par des symptômes
divers et originaux qui sont déterminés par leur *perception* dans l'épreuve de l'extrospection, c'est-à-dire par
nos *sensations* de lumière, de couleur, de son, de pression,
de goût, d'odeur etc. »

Substituant dans la formule de la loi de la conservation
de l'énergie, la notion physique de « corps » à celle
plus abstraite d' « agents » qui convient mieux au point
de vue philosophique, Grote arrive à se demander si l'on
peut attacher à l'*énergie psychique* un sens aussi rigoureusement scientifique que celui que nous attachons à
l'énergie physique ?

« Pour cela, il est indispensable de montrer (c'est
Grote qui parle) que l'énergie psychique ressortit à une
évaluation quantitative, qu'elle constitue une forme de
conversion des autres énergies naturelles en lesquelles
elle se *transforme* elle-même *incessamment*; que, tout
comme les énergies dites physiques, elle a la faculté de
passer de l'état *potentiel* à l'état *actif* ou kinétique, et
inversement, sans probablement rien perdre de sa quotité
totale ; en un mot, que la *loi de conservation n'est pas le
moins du monde transgressée* si nous accordons que

l'énergie psychique particulière est un élément calculable entrant dans la somme totale des énergies naturelles. »

Les dissertations ultérieures de cet auteur tendent en effet à prouver que l'énergie psychique, qui est, de toute évidence, pour lui, la force qui préside aux facultés intellectuelles en général ou à l'activité volontaire consciente, est passible d'une estimation quantitative ; il invoque les aptitudes plus ou moins grandes des personnes diverses, la force de leur talent, etc., et le système des notes scolaires pour mesurer le travail intellectuel...

L'existence d'une « aptitude psychique à produire du travail » serait incontestable, car toute notre vie mentale, toute notre activité psychique n'est-elle pas un travail continu ? Quand l'énergie psychique est épuisée, l'organisme et le milieu par la nutrition et la respiration, par l'action de la lumière, de la chaleur, de l'électricité, et même des impulsions mécaniques reconstituent des forces psychiques intarissables. La matière se transforme donc par la respiration et la nutrition en forces spirituelles ; les énergies physiques de la matière se convertissent par un processus physiologique complexe en énergies neuro-cérébrales, puis, par l'intermédiaire de celles-ci, en énergies psychiques.

« D'autre part, de même que toutes *les énergies physiques*, par l'entremise de notre organisme se transmutent sans cesse en *énergies psychiques* qu'elles restaurent ; de même, réciproquement, les énergies *psychiques* s'épuisent en se métamorphosant en énergies physiques. »

« Tout travail psychique en définitive a pour expression les mouvements des muscles et l'activité physique, qui, à leur tour, mettent en mouvement de multiples façons les corps physiques du milieu ambiant. »

Quels sont les vecteurs ou le milieu de cette énergie

mentale ? A cet égard, M. Grote penche pour l'hypothèse plus d'une fois émise dans la science d'un *milieu éthéré impondérable* qui serait le substratum mécanique des phénomènes psychiques ou de l'énergie psychique.

Il développe enfin que l'énergie psychique est soumise à la loi commune de la conservation de l'énergie. En vertu de certaines considérations il arrive à conclure que la mutabilité réciproque des énergies psychiques et physiques, les unes en les autres, existe bien et se traduit par une balance exacte, conformément à la loi de la conservation de l'énergie. »

La preuve de ces transformations, on l'a dans les processus végétatifs qui accompagnent le rêve et restaurent les énergies psychiques, les énergies créatrices du cerveau du rêveur en particulier ; on l'a encore dans les modifications de l'état physique concomitantes d'une énergie psychique intense, notamment d'une excrétion cérébrale exagérée sous l'influence d'un travail intellectuel ou d'émotions tendant vivement l'esprit.

Reproduisons les *conclusions* de Grote qui photographient pour ainsi dire les opinions de l'auteur et leur esprit.

1° Comme nous ne connaissons directement qu'un seul agent dans la nature, notre propre « Moi » ou *sujet*, vecteur de la conscience, source immédiate de notre énergie psychique et de notre travail mental, nous pouvons légitimement penser que tous les agents de la nature ou toutes les sources d'énergie sont *individuellement et dans leur intimité* des espèces de moi ou sujets.

2° Jusqu'ici on a appelé ces agents ou sujets des *âmes* ; mais la spiritualité exprimée par cette idée n'est rien moins qu'un *foyer connu d'action* ; elle traduit l'existence de *centres de forces* qui se manifestent par certaines *énergies*, par les mou-

vements, par du travail. Nous pouvons à l'avenir leur maintenir ce nom, mais en retenant qu'il s'agit non des substances
« métaphysiques » d'autrefois, mais simplement d'un certain
genre d'*expressions algébriques* destinées à formuler les propriétés empiriquement perçues qu'ont les sujets « d'être des
sources d'action consciente et les vecteurs des énergies nécessaires à cette action ».

3° Notre sujet avouant qu'il n'est pas tout entier un *agent*
conscient, qu'il n'est même point un *instrument* d'action
parfaitement avéré et intégral, il s'adjoint le corps en cette
qualité, et en même temps le milieu de l'action ; au monde
il incorpore la substance ou matière qu'il appelle l'objet de
son action (psychique), de son travail (mental).

4° Il reconnaît en outre qu'il joue aussi le rôle d'objet de
l'action d'autres *agents*, qu'il perçoit ces actions, et que, par
suite, il se divise en sujet agissant ou volonté, et sujet per-
cevant (intelligence et conscience en général).

5° Quelle est la grandeur de la force de notre sujet considéré comme *agent*, comme *volonté*, c'est-à-dire comme vecteur
des énergies *potentielles* de l'action, nous ne le savons exactement ; mais il nous faut admettre que la somme de ces énergies
accumulées, l'action, le capital de nos énergies psychiques,
qui alimentent notre vie entière, sont modiques. Cette modi-
cité du total général des énergies psychiques ne résout cependant point encore négativement les questions de la liberté de
la volonté et de l'immortalité de la conscience individuelle.
En effet en leur qualité de produits d'évolution complexe de
la nature, les organismes humains doivent être regardés
comme des réservoirs d'énergies psychiques potentielles assez
considérables pour ne pouvoir être épuisés par notre existence
entière, pour ne pas être exposés à rencontrer dans le milieu
des antagonismes ou des réactions si absolus qu'ils ne soient
en mesure de les surmonter en passant à l'état de mouvement.
Ainsi conçue, la volonté peut être *relativement libre*, et le
sujet, en tant qu'agent, possède un fonds *intarissable* d'énergie
potentielle intérieure, qui peut être transformée en travail,

non seulement sous les impulsions physiques externes, mais encore sous l'action interne de l'aperception.

6° Toutes les provisions potentielles vitales de notre énergie psychique s'*éparpillent-elles* ou non en totalité au moment où ses instruments, ceux de l'organisme, sont anéantis, c'est-à-dire au moment de la mort ? A défaut de réponse, nous pouvons émettre la supposition suivante. Si toute énergie naturelle peut se transmettre ou passer d'un corps dans un autre, c'est-à-dire d'un milieu d'action en un autre, il n'est pas impossible que l'énergie psychique, qui n'a pas été complètement épuisée par la vie, incapable de se disperser ou de se changer en énergies physiques des parcelles du corps désagrégées, du cadavre, passe en un *autre milieu* avec toutes ses propriétés fondamentales (conscience et aperception) ; ce milieu serait, par exemple, l'impondérable *éther* qui, ainsi que nous l'avons vu, est parfois regardé comme « milieu où agit l'énergie psychique » même dans l'organisme, dans le système nerveux.

L'*âme* de l'homme, dans son acception ancienne, peut être et est ce milieu nerveux éthéré avec ses énergies psychiques particulières. Une énergie calorique passe d'un corps à un autre ; un courant ou énergie électrique passe par un fil d'un appareil dans un autre ; pourquoi donc, *a priori*, le courant psychique ne pourrait-il point passer, à travers le milieu éthéré, en d'autres corps ou espaces ? Peut-être sur le terrain de l'énergétisme, la théorie de l'immortalité de la conscience individuelle trouvera-t-elle à la longue la sève scientifique de sa restauration.

C'est à dessein que nous avons aussi textuellement que possible rapporté les principales conclusions, sophismes et suppositions qui constituent les assises majeures des manières de voir de GROTE.

Qui ne voit qu'au fond, il adapte les principes fondamentaux de l'énergétique à la notion de l'activité psychique, sans renoncer à aucune des manières de, voir métaphysiques sur cette dernière, sans même exclure la conception de l'immortalité de l'âme, de la séparation de l'âme et du corps, etc. Il admet d'ailleurs en même temps l'énergie nerveuse, médiatrice entre l'énergie psychique et les autres énergies du monde extérieur.

Il serait superflu de nous livrer à une appréciation critique de cette théorie qui nous semble remplie de thèses et interprétations arbitraires. Elle s'évertue à présenter l'énergie psychique comme une énergie qui, ayant pour substratum mécanique ou vecteur le milieu impondérable de l'éther, devrait être placée sur la même ligne que les autres forces physiques ; elle n'en serait que la plus élevée qualitativement. L'énergie psychique serait donc soumise à de continuelles transformations en forces physiques, et inversement.

Evidemment, le point faible de cette opinion, c'est qu'elle subordonne le psychique à une construction purement mécanique, tandis que le psychique et le physique restent deux choses incommensurables.

Aussi peu de temps après la publication de l'article de GROTE, la littérature russe passa-t-elle ses raisonnements au crible de la critique ; comme il fallait s'y attendre, l'essai de faire rentrer l'énergie psychique dans la catégorie des autres forces physiques et d'en établir l'équivalence avec celles-ci, obtint un insuccès complet.

Abandonnant le terrain des dissertations théoriques et souvent arbitraires de la philosophie, sur les questions qui nous occupent, nous devons avant tout envisager qu'il n'y a dans notre activité psychique intérieure aucune espèce d'éléments justifiant l'individualisation de deux énergies, l'énergie psychique et l'énergie nerveuse. Si nous la dissocions ainsi, nous nous empêtrerons inévitablement dans les méandres embroussaillés du parallélisme, et nous serons obligés de souscrire à l'évidente absurdité que c'est grâce à quelque force mystérieuse ou à l'harmonie préétablie de Leibnitz, que l'énergie nerveuse, inéluctablement liée à des modifications physiques du tissu nerveux, marche toujours bras dessus bras dessous avec l'action de l'énergie psychique.

CHAPITRE IV

La conscience et le matérialisme.

Il convient de considérer que la conscience ne peut résulter de conditions matérielles. Le fameux apophtegme des matérialistes d'après lequel le cerveau produit la pensée, comme le foie fabrique la bile fait actuellement sourire tous les penseurs sérieux exactement comme le balbutiement de l'enfant.

Mais les représentants d'une certaine secte de la philosophie moderne ne se sont point encore totalement affranchis des théories matérialistes sur l'origine du conscient dans la nature, bien que les essais de ce genre ne rencontrent plus aujourd'hui, il s'en faut de beaucoup, la sympathie qu'ils rencontraient jadis.

Comme type des manières de voir matérialistes modernes nous signalerons la théorie du célèbre partisan de la philosophie d'Avenarius (1), Hauptmann (2) qui regarde l'activité mentale comme un phénomène dérivé, dépendant des processus matériels de l'organisme ; pour lui le développement du psychique est le résultat exclusif de l'adaptation de l'organisme aux conditions ambiantes. Il

(1) Avenarius. *Kritik der reinen Erfahrung*, 2ᵉ édit. Leipzig 1888-1889.
(2) Hauptmann. *Die Metaphysik in der modernen Physiologie*, 2ᵉ édit. 1894, p. 312-313.

est du reste improbable que cette opinion trouve présentement beaucoup de défenseurs, surtout en face de l'avènement du néovitalisme.

L'impossibilité de tirer le conscient du matériel a été très expressément peinte par l'illustre DU BOIS-REYMOND à l'aide des termes imagés du raisonnement suivant.

« A un stade précis, mais qui reste pour nous absolument incertain, du développement de la vie sur la terre, apparaît un je ne sais quoi de nouveau dont on n'avait auparavant point entendu parler, tout aussi incompréhensible que l'essence de la matière, de la force, et que le principe du mouvement. Cet inconcevable, c'est la conscience... Je crois pouvoir prouver par des arguments fort convaincants, non seulement que, dans l'état actuel de nos connaissances, la conscience est inexplicable par des conditions matérielles, ce dont chacun convient, mais encore, qu'à raison de la nature des choses, jamais elle ne deviendra explicable par ces conditions. Il est une opinion contraire qui dit qu'il est impossible de perdre l'espoir de connaître la conscience par les conditions matérielles, que l'accumulation pendant des centaines de millénaires des richesses imprévues des connaissances humaines pourra en donner la clef; c'est une seconde erreur que j'ai l'intention de combattre dans le présent entretien.

« C'est à dessein que j'emploie ici le mot de conscience, car il s'agit ici d'un processus spirituel, quel qu'en soit le caractère, fût-il des plus simples.

« Au fond on éprouve autant d'embarras à expliquer par les conditions matérielles, l'activité mentale la plus élevée, que les sensations perçues par les sens. La première impression de plaisir ou de déplaisir éveillée chez l'animal le plus simple de la création et ressentie par lui, la première perception de qualité, nous plonge dans les ténèbres de l'abîme; le monde devient doublement incompréhensible (1). »

Un autre géant de la pensée, le professeur GRIÉSINGER est non moins péremptoire à ce sujet.

« La réelle description de ce qui se passe dans l'âme échappe aussi bien au matérialisme qui aspire à expliquer les processus de l'âme par l'activité du corps, qu'au spiritualisme qui explique le corps par l'âme; leur impuissance est manifeste. Alors même que nous saurions vraiment ce qui se passe dans le cerveau au moment où il agit, alors que nous serions capables de suivre en tous leurs détails l'universalité des processus chimiques, électriques et autres de cet organe, cela n'aboutirait à rien. Toutes les agitations et vibrations, tous les processus électriques et mécaniques, ne constituent point encore l'état mental de la représentation conceptuelle. De quelle manière se transforment-ils en cette dernière ? C'est une énigme probablement à jamais insoluble ; à mon avis, un ange descendrait-il en ce moment du ciel pour nous la déchiffrer, notre raison ne serait point en état de la comprendre (2) ! »

Pour HŒFFDING les causes physiques ne peuvent avoir que des conséquences physiques, la conscience est inexplicable par des causes physiques. D'autres savants, même non spiritualistes, s'expriment dans un sens analogue.

LOPATINE (3) dit à ce propos : « Qu'il existe un langage

---

(1) E. Du Bois-Reymond. Ueb. die Grenzen des Naturerkennens. *Die sieben Welträthsel*, 1884, p. 27 et 28.

(2) Griesinger. *Douchewnya boleczni*. Maladies mentales, Saint-Pétersbourg, 1875. Traduct. russe de F. W. Owsianikow, p. 6.

(3) Lopatine. Spiritualism kak psichologitcheskaïa hipotésa. (Le spiritualisme en tant qu'hypothèse psychologique.) *Woprossy*

subjectif, que notre conscience existe, c'est le fait le plus indubitable de tous ceux qui sont accessibles à chacun de nous.

« Qu'un fait donné ait une cause ; quiconque pense qu'il n'y a pas dans le monde de choses sans raison ne saurait le contester. Mais les processus physiques ne peuvent être la cause d'un fait absolument incommensurable avec eux. Cette cause doit être douée d'une nature particulière, au regard des sujets et phénomènes dont traite la physique et qui sont entièrement subordonnés à ses lois. »

Selon W. WUNDT « les processus de l'âme ne peuvent être tirés des processus corporels ; on ne peut chercher dans ces derniers la cause des premiers. La science doit reconnaître que les processus naturels forment un cercle rigoureusement fermé de mouvements d'éléments en perpétuels changements ; ce cercle est régi par les lois communes de la mécanique. Du mouvement, il n'est jamais possible de tirer autre chose que du mouvement ; c'est pour cela que ce cercle des processus naturels livrés à notre observation objective n'offre nulle part de solution de continuité et ne permet point qu'on sorte de ses limites. »

Nous lisons plus loin : « Le psychique ne peut réellement être expliqué que par le psychique, tout comme un mouvement ne peut être produit que par un autre mouvement et nullement par un processus psychique. »

Bien d'autres auteurs tiennent semblable langage, et il faut bien avouer que ces opinions sont empreintes d'une force de logique immuable.

Acculés à l'impossibilité de se tirer sur cette question

philosophii i psichologii (questions de philosophie et de psychologie), 1897.

des obstacles de la logique, quelques auteurs n'ont pas craint d'affirmer que les causes physiques sont capables, en sus des phénomènes physiques qui leur sont équiva-lents, d'aboutir au développement de manifestations psy-chiques, sans aucune dépense d'énergie. C'est WENTS-CHER (1) qui a le plus amplement exposé cette manière de voir. Il admet que dans les forces physiques se trouvent des conditions grâce auxquelles l'énergie kinétique du cerveau passe à l'état d'énergie potentielle et inverse-ment sans dépense aucune d'énergie nouvelle. L'erreur essentielle de cette prétention c'est d'admettre une action (*Wirken*) sans qu'il y ait dépense d'énergie, ce qui est en contradiction avec toutes les opinions contemporaines ayant cours dans les sciences naturelles. (2)

Nous avons déjà mentionné *suprà* la doctrine de la concomitance des phénomènes psychiques. Tout le cycle des phénomènes s'opérant dans le cerveau du commen-cement à la fin s'accomplirait dans un cercle de processus matériels ; il n'est qu'un point où ceux-ci s'accompagne-raient de phénomènes psychiques. Aux termes de cette opinion, le psychique constitue un élément surnuméraire, inutile, dont on pourrait fort bien se passer, un « épiphé-nomène » qui, non seulement n'est pas nécessaire au dé-veloppement des manifestations, mais est même absolu-ment superflu. Par contre, on sait qu'il n'existe pas dans la nature de choses superflues ; par suite, cette opinion qui rabaisse l'âme au niveau d'une inutilité complète,

(1) M. Wentscher. Der psychophysische Parallelismus der Ge-genwart. *Zeitschr. f. Philosophie,* I, 116.

(2) G. Moskiewicz. Der moderne Parallelismus. Centralbl. f. Nervenheilk. u. Psych., 1001, mai.

d'une superfluité, contredit aux notions les plus fondées sur le monde ambiant.

C'est ainsi que toutes les tentatives faites par le parallélisme pour entrer plus avant dans l'explication des corrélations existant entre les phénomènes physiques et les phénomènes psychiques se sont jusqu'ici heurtées à des obstacles insurmontables.

CHAPITRE V

Les phénomènes psychiques considérés comme la résultante de la manifestation de l'énergie.

Nous avons déjà exposé par le menu que le principe du parallélisme psychophysique se borne au fond à la constatation d'un fait, ou, plus exactement, de la conséquence de plusieurs faits, sans nous faire avancer d'un *iota* dans la solution du problème relatif aux rapports entre les fonctions de l'âme et celles du corps ; il en est résulté que quelques parallélistes ont versé dans le monisme, identifiant le physique au psychique, ce qui est faux.

Nous nous en tiendrons au fait scientifique sur lequel s'appuie l'idée du parallélisme ; pour nous, le psychique et le physique seront deux phénomènes incommensurables entre eux, incapables de se transformer directement l'un en l'autre. S'ils évoluent partout et toujours parallèlement sans se mêler, cela tient non à l'identité du physique et du psychique, qu'il s'agirait alors simplement d'envisager, comme l'admettent quelques-uns, sous deux points de vue différents, mais à l'origine commune des deux ordres de phénomènes, dont nous attribuerons la cause unique à l'énergie.

Voici en effet deux ordres de phénomènes incommensurables entre eux, se déroulant indépendamment l'un de l'autre, qui, sans jamais se rencontrer, partout et toujours évoluent parallèlement. La première conclusion que la logique fournisse à l'esprit, c'est que les deux ordres de phénomènes en question, c'est-à-dire les processus psychiques et physiques ne doivent avoir qu'une cause productrice commune ; que non seulement celle-ci doit être représentée par une grandeur physique, mais que le psychique doit y être contenu pour ainsi dire à l'état potentiel.

Nous avons déjà signalé à plusieurs reprises l'erreur des auteurs qui voient dans les processus psychiques une sorte d'énergie particulière qu'ils appellent d'ordinaire énergie psychique ; leur opinion est d'autant plus fautive qu'il est en ce cas absolument impossible d'établir toute réciprocité de rapports entre l'énergie psychique et les autres énergies physiques.

Les idées ne sont pas des forces, comme le professent quelques savants ; ce ne sont que des modalités internes derrière lesquelles se cache l'énergie qui les produit.

Le monde subjectif ou conscient, qui se révèle à nous par l'auto-observation ou introspection, est donc en soi un genre de phénomènes dont les causes se cachent dans l'énergie. Et l'énergie échappe à notre connaissance immédiate. Toutes les modalités dites psychiques (sensations, sentiments, représentations mentales, etc.), ne sont que les stigmates intérieurs des transformations quantitatives que subit l'énergie de nos centres au moment où s'opèrent sur nos organes des sens les réactions extérieures.

Les modifications matérielles que nous découvrons dans les centres nerveux pendant l'activité psychique sont à leur tour également la conséquence de la manifestation de l'énergie ; de même que tous les phénomènes naturels en général constituent les manifestations extérieures de l'énergie en activité. En fait, il ne pourrait exister un seul phénomène extérieur, un seul corps de la nature, si derrière eux il n'y avait une forme ou une autre de l'énergie. En un mot, tous les aspects extérieurs des corps, toutes les révélations externes de la nature, ou phénomènes naturels, sont des manifestations de l'énergie qui change l'apparence, la forme du milieu.

Il n'y a pas d'exception pour les faits et phénomènes internes que nous découvrons en nous par l'auto-observation ou introspection ; il n'y en a pas non plus pour les modifications matérielles des centres nerveux qui les accompagnent ; tous et toutes, c'est à l'énergie qui se cache derrière eux qu'ils sont redevables de leur genèse.

Il est évident que cette réciprocité de rapports contient la clé du parallélisme qui existe entre les processus psychiques et les changements matériels s'opérant dans le cerveau.

Nous arrivons ainsi à comprendre comment et pourquoi tout développement supérieur de l'énergie adéquat au plantureux développement des forces intellectuelles se traduit plastiquement par un développement parfait du cerveau ; nous comprenons également pourquoi des désordres matériels du cerveau modifient *eo ipso* la manifestation de l'énergie, et, conséquemment, déterminent un trouble des fonctions intellectuelles.

Les phénomènes de conscience ne sont que la manifestation ou le produit de l'énergie ; ils ne constituent point un phénomène indépendant, qui revêtirait, par exemple, la forme d'une force psychique spéciale. Ce qui plaide en faveur de ce thème, c'est la réalisation de l'activité mentale en dehors de la conscience ; l'activité mentale peut se produire sans que le mécanisme de la conscience entre en jeu, et les processus psychiques inconscients s'accomplissent d'après les mêmes lois que les processus conscients. En conséquence l'énergie ne se cantonne pas dans l'ordre des phénomènes de conscience ; elle embrasse encore les processus inconscients de l'activité psychique.

Nous jugeons d'autre part impossible de distinguer une énergie psychique particulière et une énergie spéciale nerveuse, comme le fait GROTE. Il y a à cette impossibilité deux raisons. D'abord toute activité psychique s'accompagne d'emblée, *eo ipso*, de processus matériels dans nos centres ; partant, nous devrions admettre, en ce cas, l'action parallèle de deux énergies d'essence différente dans la nature qui ne nous en fournit d'exemple nulle part. En second lieu, ces processus matériels ne diffèrent pas l'un de l'autre qualitativement, qu'il s'agisse de l'activité psychique consciente ou de l'activité psychique inconsciente. Il n'est même pas probable que les processus matériels qui s'accomplissent dans les segments plus élémentaires du système nerveux, notamment dans les ganglions nerveux périphériques, soient d'une nature distincte, d'une qualité différente de celle des processus matériels qui se passent dans les centres supérieurs du système nerveux, où se concentre notre activité psychique.

Nous savons que les processus conscients se changent constamment en processus inconscients, sans perdre leur caractère fondamental ; en effet le psychisme affranchi de la conscience suit, dans sa manifestation, exactement les mêmes lois que le psychisme conscient. En conséquence l'action de l'énergie latente, en se manifestant par le développement du mouvement si particulier du système nerveux qui lui est propre et que nous appelons courant nerveux, ne s'accompagne pas forçément de conscience.

Si l'on prend pour guides les connaissances certaines que nous possédons sur l'activité intellectuelle, telles celles du travail mental qui est lié aux changements matériels les plus grands des centres nerveux, il faut convenir que la conscience ne se manifeste que lorsque l'énergie des centres atteint son maximum de tension, et qu'il s'en suit une intensité plus grande du courant nerveux. D'un autre côté, il est à penser que la tension plus ou moins grande de l'énergie dépend directement non seulement de la force des réactions extérieures, mais aussi d'obstacles qui se développent à l'intérieur du système nerveux. La quantité de chaleur développée par le frottement est en raison directe de l'accroissement des obstacles qu'il rencontre, si bien que finalement la flamme s'allume. Il en est ainsi de l'énergie ; les obstacles progressifs qu'elle rencontre dans le système nerveux aboutissent au développement des phénomènes subjectifs synthétisés par le terme compréhensif de conscience.

Ainsi donc, les manifestations de l'énergie dans nos centres peuvent être conscientes ou inconscientes. En outre la manifestation de l'énergie a pour résultat la genèse dans notre système nerveux de modifications matérielles, de même qu'un fil de laiton rougi au feu subit des changements dans sa composition matérielle.

En général tout processus en rapport avec la manifestation de l'énergie des centres pourrait être comparé à la combustion ; celle-ci s'effectue avec une flamme vive quand elle est intense ; elle peut se produire sans flamme quand le processus même de la combustion ne dépasse pas un faible degré. D'ailleurs, les modifications matérielles qui dépendent de cette combustion sont aussi sous la dépendance directe de son intensité. Néanmoins, de même que, dans la combustion , la flamme est non pas seulement un phénomène concomitant, mais bien l'expression directe du processus de la combustion, de même la conscience n'est pas simplement un phénomène accompagnant dans certaines conditions la manifestation de l'énergie, elle est l'expression immédiate de l'énergie latente de nos centres.

De cet exposé, il appert qu'entre l'énergie et les phénomènes psychiques d'un côté, et les processus matériels du cerveau de l'autre, il existe des rapports de cause à effet. Comme du reste tous les processus psychiques tirent leur origine d'une seule et même source, c'est-à-dire de l'énergie dont les manifestations sont astreintes à des lois définies, il s'établit entre eux un rapport constant, une réciprocité de succession continue que nous assimilons d'ordinaire à des corrélations causales. Quand une maison prend feu à la flamme d'une bougie, nous considérons la flamme de la bougie comme la cause de l'incendie, bien qu'en réalité la cause de l'incendie soit l'énergie calorique, principe et de la flamme de la bougie et de l'incendie. Evidemment nous nous trouvons dans la même situation en ce qui concerne l'activité psychique ; nous considérons une modalité psychique comme étant la cause d'une autre modalité alors qu'en réalité telle ou telle modalité est la conséquence de la manifestation de l'énergie.

Les phénomènes subjectifs expriment ou plutôt, plus exactement, dénoncent l'énergie des centres. Mais ils sont accessibles à notre auto-observation ou introspection, ce qui fait que nous leur imputons la direction intérieure de nos aspirations, de nos actes et de notre conduite, tandis que la cause fondamentale de tous les phénomènes subjectifs en général, ou, ce qui est la même chose, de nos

tendances, actions et démarches, c'est l'énergie qui
échappe à notre connaissance immédiate. C'est cette même
énergie qui, par l'entremise des modalités psychiques
subjectives qu'elle produit, nous permet d'évaluer la qualité des phénomènes du monde extérieur par rapport aux
besoins subjectifs de l'organisme, qui sont eux aussi
l'œuvre de la manifestation de l'énergie. Les délateurs
subjectifs jouent, en l'espèce, le rôle de signes qui indiquent la voie parcourue par l'énergie, ce qui nous permet
d'apprécier subjectivement la portée des phénomènes du
monde extérieur, leur valeur vis à vis de l'organisme, de
faire un choix entre ceux des phénomènes qui sont agréables, profitables, avantageux pour nous, et ceux qui sont
désagréables, nuisibles, hostiles.

Expliquons-nous. Admettons par exemple qu'il y ait défaut de provision de l'énergie dans telles ou telles régions
centrales sensitives ; cette indigence s'exprimera par l'état
subjectif que nous qualifions de *mécontentement* et de *désir* ;
au contraire, l'abondance de matériaux nutritifs s'exprimera par un autre état subjectif qui, dans notre langage,
se rattache à l'idée de *satiété*. Il est aisé de comprendre
que l'apport insuffisant de matériaux utilisables, la genèse
insuffisante d'énergie, quelles qu'en soient les causes, qui
s'exprimera par le mécontentement et les désirs, sera en
communication avec les formes du mouvement travaillant
à compléter la provision insuffisante d'énergie dans les
centres correspondants et l'assurant. Par contre, le sentiment de satisfaction jusqu'à la satiété, qui exprime
l'abondance quantitative et l'excès de substance nutritive,
aboutit à des conséquences inverses, à supprimer les mouvements. Telle est l'origine de l'opportunité des actes
rationnels des organismes vivants ; elle se ramène à ceci :
tous les actes des organismes se règlent généralement

sur les besoins intérieurs de l'organisation qui, lorsque la vie psychique a atteint son plein développement, s'expriment par des états internes révélant la forme d'envie, de désir, d'aspirations ou celle opposée d'aboulie, d'aversion.

La grandeur du rôle joué dans notre existence par le désir et les aspirations, émanés du mécontentement, délateurs de l'insuffisance de matériaux utilisables par l'organisme, éclate dans les lignes suivantes de l'académicien FAMINTZYNE (1).

« Quand on approfondit le but de nos actions conscientes, quand, en d'autres termes, on sonde le fond de notre vie psychique, il n'est pas difficile de remarquer qu'elle est intégralement orientée vers la satisfaction de désirs qui existent en nous sans que nous sachions d'où ils viennent, et qui fréquemment s'emparent de nous sans contrôle, en dépit même de l'opposition que nous leur témoignons. Les plus tyranniques d'entre eux, qui exposent notre existence à tous les caprices du hasard, ressortissent aux besoins psychiques les plus bas, à la faim, à la soif, etc... » « Si notre vie entière se réduit à chercher à satisfaire des désirs existant en nous à l'insu de notre volonté, qui souvent se transforment en pressants besoins, la question de l'essence et de la signification de notre existence se ramène à résoudre celle de l'éclosion et de la nature de ces désirs qui ne nous quittent point depuis le moment de la naissance jusqu'à celui où cesse notre vie, où sonne pour nous l'heure terrible de l'*éternel repos*. »

« L'effort dirigé vers la réalisation de ce que l'on souhaite représente, indépendamment de sa teneur, tout simple-

---

(1) Famintzyne. *Sovrém. estestvoznanié i psichologiia* (sciences naturelles contemporaines et psychologie), en russe, pp. 134 et s.

ment la puissante mise en branle d'une activité débordante, inlassée, effectuée par des organismes qui ne savent ce qu'ils font, ce qu'ils produisent, ou, plus exactement, qui savent *comment*, *à cause dè quoi* ils agissent et non *pour quoi*, *dans quel but*. L'immense majorité des hommes ne s'adonnent pas à des considérations théoriques sur le sens de la vie et ses problèmes ; ils poursuivent instinctivement, dans la pleine acception de cet adverbe, dans les manifestations variées de leur existence un but unique, — satisfaire au besoin d'atteindre ce qu'ils souhaitent, besoin qui synthétise l'ensemble des désirs existants à un moment donné dans l'organisme. »

Sous le bénéfice de ce que nous venons d'exposer, nous pensons que la psychologie, en tant que science, ne peut se borner à considérer les seuls phénomènes psychiques en soi, qu'elle est astreinte au devoir de soumettre à une recherche approfondie les modifications physiques du système nerveux qui accompagnent les oscillations variées de l'énergie, non moins que l'importance de l'énergie dans la vie des organismes. La psychologie moderne devra donc, dans l'avenir, céder la place au développement de la *psychologie générale*.

Les processus psychiques ayant pour base des oscillations et des mouvements de l'énergie, nous n'avons conscience que du résultat de l'action de l'énergie, sous la forme de modalités internes ou psychiques ; dans les processus intellectuels complexes, nous ne nous apercevons généralement que des résultats finaux du travail mental : la source première des processus se dérobe d'ordinaire à nos yeux. L'orateur, pendant qu'il débite son discours, n'en suit que la marche générale ; il n'a nulle conscience du mécanisme de l'association de ses idées dans son cer-

veau. L'écrivain, pendant qu'il crée, ne suit, lui aussi,
que le train général de ses pensées ; elles surgissent des
profondeurs imperméables de ce qu'on appelle l'inconscient. De même, quand nous exécutons des actes procédant de mouvements compliqués, nous ne remarquons
que le résultat terminal de nos mouvements, autrement
dit, les actes déjà effectués, qui, perçus par nous, devront
servir de guides à nos mouvements ultérieurs ; l'éclosion
primordiale de ces derniers, nous ne la percevons point
du tout, elle reste dans la sphère de l'inconscient.

En général, quel que soit le processus intellectuel que
nous prenions pour exemple, y compris l'acte psychique
le plus élémentaire tel que la formation des sensations,
nous nous trouvons invariablement en présence du même
fait. La source première des modalités. intellectuelles
envisagées, contenue dans l'énergie des centres, échappe
à notre perception ; les modalités intellectuelles ne parviennent à notre conscience qu'en tant que manifestations
subjectives de l'énergie. En faut-il davantage pour prouver que les modalités conscientes sont non des phénomènes primaires, mais les produits ou les conséquences de
la manifestation de l'énergie latente que nous ne pouvons
percevoir immédiatement.

La source première de l'énergie réside sans doute dans
les influences extérieures qui s'exercent sur nos organes
des sens ; elle réside aussi dans les processus intérieurs
de la nutrition et les opérations chimiques des tissus.
Toute réaction physique commune exercée sur notre organisme, ainsi que les processus chimiques qui ont lieu
dans les tissus font germer l'énergie suivant la loi de la
transformation de ce qu'on nomme les énergies physiques. Il doit, en effet, y avoir une rigoureuse équivalence
de rapports entre l'énergie des centres et toutes les autres

formes de l'énergie de la nature extérieure ; celles-ci se transforment constamment, par les réactions externes qu'elles opèrent sur l'organisme, en énergie des centres nerveux. Les centres, grâce à cela, accumulent constamment une provision d'énergie qui, de temps en temps, se décharge ; ces décharges s'expriment par des processus physico chimiques dans les centres nerveux, qui s'accompagnent simultanément d'épisodes subjectifs passagers, et provoquent l'action du système musculaire de notre corps. Par ainsi, l'énergie des centres se transforme en travail mécanique ; elle est même en partie, à l'égal des autres énergies naturelles, convertie en chaleur et en processus moléculaires des tissus.

Les phénomènes du psychique se traduisent, en résumé, par un véritable dégagement de l'énergie accumulée dans les centres antérieurement. Telle l'étincelle met le feu aux poudres, telles les cellules nerveuses, recevant un choc du dehors, déchargent l'énergie de réserve qu'elles contiennent, provoquant l'activité des muscles et tissus glanduleux, également farcis d'une provision d'énergie. L'énergie centrale, amassée sous l'impulsion des incessantes réactions d'origine externe, constitue le résultat de l'influence exercée sur notre organisme par les énergies extérieures, de même que les rayons solaires en tombant sur le feuillage des arbres s'y transforment en provision de chaleur. Charger le système nerveux d'une énorme quantité d'énergie, de cette énergie que récèlent les éléments nerveux à composition chimique extraordinairement compliquée, telle est l'opération qui commence à la naissance et dure toute la vie. C'est à cette colossale provision que s'alimentent les décharges presque ininterrompues de la vie entière ; et, néanmoins, après toutes ces dépenses, il reste toujours une grande réserve d'énergie accumulée.

CHAPITRE VI

Relations avec le psychique de la loi de la conservation de l'énergie.

Plier le psychique à la loi de la conservation de l'énergie a fait l'objet de plusieurs publications, mais toutes les tentatives de ce genre, ayant jusqu'à ce jour visé l'application de cette loi aux phénomènes psychiques, c'est-à-dire à l'activité consciente, se sont par là même, et il n'en pouvait être autrement, condamnées à l'insuccès.

C'est ce qui est arrivé à GROTE. Il part de l'hypothèse que la force ou énergie psychique se présente sous deux états : l'état actif et l'état latent. En vertu de ce principe renforcé par d'autres considérations, il aboutit à la conclusion que les énergies physiques sont transformables en énergie psychique et inversement, et que la transformation des premières en la seconde ou *vice versa* est assujettie à la loi de la conservation de l'énergie. Je ne crois pas qu'il faille nous appesantir sur cet essai. Il suffira de noter que GROTE admet l'état latent de l'âme en général.

« Où donc étaient les forces spirituelles des NEWTON, des GŒTHE, des KANT quand ils étaient âgés de quelques jours, semaines, ou mois ? Ne pouvant supposer qu'elles soient entrées en eux du dehors après la naissance, ce qui serait une absurdité, nous sommes bien obligés d'admettre qu'elles se trouvaient à l'état de tension latente dans la *force vitale générique* de ces grands hommes (1). »

Cette déclaration laisse visiblement percer la fameuse doctrine des idées innées qui a, comme l'on sait, actuellement perdu toute valeur scientifique.

D'ailleurs, bien avant Grote, on avait lancé des tentatives du même genre. Fechner expliquait par la loi de la conservation de l'énergie le lien qui existe entre l'âme et le corps. Pour lui, notre intelligence possède des équivalents chimique, mécanique et thermique. Ainsi pourquoi au moment où entre en scène l'activité psychique laissez-vous tomber le bras que vous aviez jusque-là tenu levé? C'est parce que la force d'abord employée à soulever le bras est maintenant utilisée à entretenir le travail de la pensée.

N. V. Krainski (2) a dans ces derniers temps consacré un travail spécial à la question qui nous occupe. Voici comment il raisonne.

« Par suite de l'habitude que nous avons prise de concevoir en physique la cause de tout phénomène comme une *force*, nous serons infailliblement obligés à taxer également de force notre activité psychique qui préside à toutes nos démarches, à tous nos actes. Comme la force

(1) N. J. Grote. *O douschié v sviazi s sovrémennymi outchéniiami o silié*, 1886. (L'âme et les doctrines contemporaines sur la force.)

(2) Kraïnski. *Zakone sokhranéniia énergii v. primiénéniia k. psichitcheskoï diéiatelnosti tchéliovéka*. Kharkow, 1897. (Loi de la conservation de l'énergie et son application à l'activité psychique de l'homme). Le docteur P. J. Soukatchew a présenté sur ce sujet un rapport au premier Congrès des psychiâtres russes; le docteur Victorov lui a opposé des objections fort justes. (Voy. Travaux de ce Congrès, en russe, Saint-Pétersbourg, 1887, p. 924-925.

est une forme de l'énergie générale, il nous faudra à l'énergie psychique appliquer sans réserve la loi de sa conservation et le principe de son équivalence à l'égard de tous les autres modes de l'énergie cosmique. Sinon nous serions contraints d'admettre, comme les spiritualistes, *que notre âme est une substance à part.*

« Il est hors de doute que la cause de toutes nos actions c'est la *poussée* ou *impulsion psychique.* Nous ne pouvons l'envisager, au point de vue physique, autrement que comme une *force* qui représente le premier chaînon de la transformation ininterrompue ultérieure qu'indique la loi de la conservation de la force. D'autre part, cette même loi nous dit: *ex nihilo nihil fit;* elle formule encore : il ne peut y avoir de source de force que la force. Eh bien ! du moment où nous devons admettre l'existence de l'*impulsion psychique*, en tant que cause d'action de l'être vivant, nous devons aussi admettre une autre source de force, une autre forme d'énergie qui se transforme en impulsion psychique, conformément au principe des rapports équivalents. »

Assurément il est impossible de ne point se rallier à ces considérations générales, mais sous la réserve que l'activité psychique ne doit point être conçue comme une force ; elle doit être regardée comme l'énergie même qui forme la base de cette activité. Dans ces conditions, les arguments précités répondront pleinement à nos opinions personnelles sur ce sujet.

Malheureusement il est difficile d'acquiescer aux autres dissertations de l'auteur.

« Nous avons, écrit-il, suffisamment enregistré de données qui témoignent de l'impossibilité d'imputer l'*énergie psychique* à des processus physico-chimiques qui seraient exclusivement localisés dans le cerveau. Notre vie men-

tale est sous la dépendance la plus étroite des phénomènes
de la nature extérieure avec laquelle nous communions
par l'intermédiaire de nos organes des sens ; cette dépendance nous force fatalement à reconnaître que les excitations externes sont la source *unique* et les éléments fondamentaux de toute notre activité psychique, si riche et
si variée à notre avis. »

« Actuellement il ne subsiste plus de doute sur le
point suivant. Le développement entier de notre esprit
repose exclusivement sur les connaissances que nous
puisons dans l'expérience et qui nous sont fournies par
les organes des sens. Tous les jugements *a priori* doivent être absolument écartés, en tant toutefois qu'ils ne
se rattachent pas au mécanisme d'actes psychiques complexes. Ceux-ci sont réguliers, légitimes, dès qu'on y
trouve les éléments constitutifs de cet acte. En d'autres
termes notre activité psychique complexe entière se compose tout simplement de tous les assemblages possibles
des mêmes éléments primordiaux qui président à l'activité consciente de nos représentations mentales. »

« *La représentation mentale forme donc la base de
toute activité mentale ; la base de la représentation est
formée par l'excitation externe.* C'est dans l'excitation
externe que nous devons chercher la source de notre
pensée, de notre vie mentale, de l'énergie psychique dont
la forme est notre *Moi*.

« Nous arrivons ainsi à la loi la plus importante, à la
loi fondamentale de la psychologie : *les excitations
externes, qui se transforment dans notre cerveau en
représentations, sont l'unique élément d'où parte notre
activité psychique.*

« Si les organes des sens sont uniquement animés par
l'énergie, dont la forme active prend précisément l'aspect

du mouvement, on ne saurait douter que la source de notre énergie psychique ne soit l'énergie de mouvement transmise au cerveau par l'intermédiaire des organes des sens. C'est donc là qu'existe la source première de l'énergie psychique ; c'est là qu'il faut chercher la clef de la loi de la conservation de l'énergie appliquée au psychique ; ce n'est pas dans les processus physico-chimiques du cerveau. Ceux-ci servent tout bonnement à entretenir perpétuellement en l'état convenable le système mécanique ; tel le phonographe doit être en marche pour qu'il y ait perception du son, de même qu'un bon accumulateur exige la parfaite exactitude de son mécanisme. »

Dans un autre travail postérieur, Knaïnski (1) se montre tout aussi catégorique.

« Dans les excitations extérieures je vois l'unique source de la force psychique dont la forme est notre *Moi*. Dans les appareils périphériques des organes des sens, je vois des appareils de réception et peut-être de transformation en énergie psychique des diverses modalités de l'énergie. »

S'en tenant rigoureusement à l'opinion qu'il existe une balance exacte entre l'impulsion motrice et l'excitation externe, Knaïnski ajoute :

« Je vois la clef essentielle de la solution du problème dans la subordination de la mémoire à la loi logarithmique de Weber et Fechner. Je la vois encore dans ceci: Nos représentations mentales peuvent dans l'écorce cérébrale être conservées sous la forme potentielle, probablement à l'état de combinaisons chimiques complexes.

(1) *Ioubileinyi sbornik troudow po psichiatrii i névropatologii posviaschtschennyi W. M. Bechterevou.* (Recueil jubilaire de travaux de psychiatrie et de neuropathologie consacré à Bechterew). St-Pétersbourg, 1903, p. 131.

Ces corps peuvent, en se décomposant, libérer la provision d'énergie chimique qu'ils avaient absorbée. Celle-ci reparaît, se transforme en force psychique vive et livre à notre âme la sensation des images conscientes du souvenir. Reconnaître deux modes de l'énergie psychique, l'énergie vive et l'énergie latente, en n'attribuant à notre *Moi* que la forme active et non la forme posentielle ; voilà l'idée fondamentale qui a servi d'assise à toutes nos recherches. »

A un autre endroit le même auteur relève que « l'unique élément servant de point de départ à notre activité psychique, ce sont les excitations extérieures qui se transforment dans notre cerveau en représentations mentales » (p. 138).

Nous commencerons par faire ressortir qu'en admettant l'existence d'une *énergie psychique* spéciale, l'auteur a naturellement abouti à cette conclusion qu'il n'y a que les influences de la nature ambiante sur nos organes des sens, sous forme de mouvement, qui soient la source de l'*énergie psychique* ; les énergies physiques du milieu se transforment en énergie psychique. Ce qui n'empêche qu'il ne se produise dans les organes des sens, sous l'influence des réactions extérieures, des processus physico-chimiques. On peut alors se demander : comment expliquer que les processus physico-chimiques identiques ou semblables à eux des centres ne puissent s'accompagner de la formation d'*énergie psychique,* autrement dit de l'éclosion de processus subjectifs.

Il est évident que, si l'auteur fait dépendre toute l'activité des neurones uniquement d'influences venues du

dehors, c'est qu'il ignore totalement l'énergie de la substance des cellules nerveuses qui leur arrive avec la nutrition, et qu'il ne connaît pas non plus l'énergie consommée
en processus internes. En conséquence, la quantité réelle
d'énergie que les cellules nerveuses sont capables de recevoir et de dépenser demeure inexpliquée. Ce procédé de
raisonnement s'oppose en somme à l'établissement de la
loi d'équivalence entre les phénomènes psychiques et
même entre les phénomènes nerveux.

Je ne crois pas en outre qu'il y ait, comme le veut
Kraïnski, des raisons de nier l'importance de l'*hérédité*.
N'est-elle pas un facteur actif dans le développement des
forces intellectuelles. Son importance a du moins été
reconnue par la plupart des biologistes. L'opinion de W.-
J. Daniliewski (1) mérite à cet égard considération.

« Il va de soi que les proportions et la constitution de
l'activité psychique sont avant tout fixées par l'organisation psychophysique héréditaire. Celle-ci peut chez
l'homme, développer une activité psychique intense, même
quand les réactions d'origine extérieure sont comparativement uniformes et faibles. Ces réactions stimulent la
transformation en *force vive* du psychique de la riche
réserve d'énergie potentielle, principalement dans le
domaine des sensations, sentiments, appétitions, désirs
impétueux, etc. Quant au domaine des acquisitions purement expérimentales, il dépend évidemment de l'activité
des organes sensoriels ; la richesse et la diversité du premier sont directement proportionnelles à celles du second.»

Le docteur Kraïnski trouve pourtant qu'il est impossible d'accepter l'influence de l'organisation psychophysique héréditaire sur le développement d'une activité

(1) Daniliewski. *Douscha i priroda* (L'âme et la nature) 1897.

psychique intensive, même quand les réactions d'origine externe sont comparativement uniformes et faibles. Il n'admet même point que l'hérédité puisse transmettre l'*énergie psychique* à l'état potentiel.

« Si l'on admettait cette idée, dit-il, nous arriverions infailliblement à une conclusion semblable à celle qu'a émise GROTE sur le génie de GŒTHE et de NEWTON qui leur aurait été transmis à l'état latent. D'où venait donc cette énergie latente qui ne peut jaillir de rien, si l'on n'en admet point l'accumulation par voie d'héritage, manifestement insoutenable puisque nous ne venons pas au monde avec des connaissances toutes prêtes, avec la science infuse ?

« Mais HOBBES l'a dit et il avait parfaitement raison : *nihil est in intellectu quod non prius fuerit in sensu.* »

Inutile de dire que l'opinion de GROTE ne soutient pas la critique. Personne, d'autre part, n'oserait contester celle de HOBBES, car je ne crois pas qu'il existe présentement aucun psychologue assez hardi pour admettre l'existence d'idées innées. Et pourtant on trouverait également peu de gens capables de nier l'influence de l'hérédité sur le développement, la vigueur et les tendances de l'intelligence. L'hérédité du talent est, nul ne l'ignore, une chose incontestable. Par contre, la pathologie nous fournit la preuve palpable de l'action de l'hérédité défavorable ; on a beau entourer les descendants de familles tarées des meilleurs exemples, on a beau leur prodiguer une éducation soignée ; on récolte souvent un monstre moral en contradiction frappante avec les conditions dans lesquelles on l'a élevé.

Sans doute, en sa qualité de psychiâtre, KHAÏNSKI ne nie point l'influence de l'hérédité, mais il la limite essentiellement.

« Tout en considérant le psychique du nouveau-né
comme une table rase, dit-il, nous n'éliminons pas radicalement l'influence possible, bonne ou mauvaise, de l'hérédité ; il faut faire la part non seulement des excitations
extérieures et de leur réunion, mais aussi de la nature de
la table rase elle-même. Le même rayon lumineux fournit
en tombant sur deux plaques photographiques, des
épreuves différentes, suivant la qualité et la sensibilité
des plaques. »

Eh bien ! nous, nous ne croyons pas qu'actuellement on
soit fondé à rétrécir ainsi l'importance de l'hérédité, à
lui attribuer le rôle de préparer d'avance une bonne ou
une mauvaise plaque sur laquelle, après cela, sous l'influence des excitations extérieures, s'impressionneront
des épreuves. Nous pensons que les processus physico-
chimiques de la nutrition, qui ont lieu dans le tissu nerveux, contribuent aussi à la formation de l'énergie latente
de réserve dans les centres. Assurément ce processus ne
s'accompagne pas d'idées, mais il n'est cependant pas
privé du côté subjectif ; il se traduit par l'état général de
l'humeur, ou disposition d'esprit ; celle-ci, comme le sentiment, est le guide le plus sérieux de nos démarches, de
la direction de notre activité cogitative. Si l'on admet
maintenant qu'en fait il est hors de doute que l'hérédité
tient sous sa dépendance le mode de construction des
éléments nerveux et des connexions internes du cerveau,
c'est-à-dire la structure d'un mécanisme nerveux donné ;
si l'on admet en sus que l'hérédité détermine les conditions plus ou moins favorables présidant à la nutrition
du tissu nerveux qui, en fin de compte, aboutit à la formation plus ou moins grande de la provision d'énergie
dans les centres par suite des processus physico-chimiques qui s'y accomplissent continuellement, et en même

temps à une plus ou moins grande impressionnabilité des organes des sens, si l'on admet tout cela, il est évident que, du même coup, l'hérédité acquiert une influence plus large sur le caractère et la vigueur de l'esprit des individualités.

Grâce à l'accumulation dans les centres d'une grande réserve d'énergie, accumulation qui dépend des conditions favorables de la nutrition, une faible excitation de l'extérieur suffit pour agir sur un cerveau plein d'énergie ; telle l'étincelle au milieu de matériaux chauds, elle suscite un effet extrêmement intense, des plus étendus, s'exprimant par des processus psychiques divers.

La qualité même des matériaux qui affluent au cerveau avec le plasma sanguin a également sur la formation des provisions d'énergie dans les centres une influence considérable, ainsi qu'en font foi de nombreux exemples pathologiques.

Ainsi, l'influence de l'hérédité se fait sentir non seulement sur la construction du mécanisme nerveux, mais en outre sur les conditions de la nutrition de ce mécanisme et encore sur la qualité des matériaux affluant au cerveau ; cette dernière dépend déjà des conditions générales de l'organisation et de la nutrition de l'organisme.

Mais nous n'en avons pas fini avec les difficultés que nous suscite la théorie de l'auteur. En voici maintenant qui tiennent à ce qu'il entend comprendre par *énergie psychique* les processus conscients qui revêtent la forme de sensations et représentations. Or le physique, ainsi que nous l'avons expliqué de façon, nous l'espérons, à le persuader à tous, ne peut, par voie de transformation, fournir que du physique et nullement du psychique et du conscient. Nous allons donc encore avoir à affronter les insolubles questions de la transformation du physique en psychique, du psychique en physique, auxquelles nous avons déjà eu affaire (1).

Daniliewski fait à juste tire remarquer « qu'il est impossible de souscrire à la transformation de *l'énergie psychique* en énergie physique, sans quoi l'on arriverait à attribuer à la première la substantialité ».

Nous ne pouvons sortir d'embarras sans adopter, comme nous l'avons déjà indiqué plus haut, qu'on n'est nullement fondé à regarder notre vie mentale comme une *énergie psychique* spéciale.

D'autre part, si le produit de la transformation de l'*énergie psychique*, c'est la *force nerveuse*, comme le veut Krainski, évidemment les énergies physico-chimiques externes doivent passer à l'état d'*énergie psychique* non directement, mais en se changeant au préalable en *force nerveuse*, qui existe non seulement dans les conducteurs centrifuges, mais encore dans les conducteurs cen-

---

(1) Dans son travail imprimé dans le recueil jubilaire cité tout à l'heure intitulé : *Théorie de la mémoire, au point de vue de la doctrine de l'énergie psychique*, Krainski maintient ses opinions et les étend aux questions que soulève la mémoire. C'est un très grand honneur qu'il m'a fait de placer ce travail dans le recueil qui m'était consacré, mais je n'en dois pas moins mettre en relief qu'il existe entre son point de vue et le mien une différence de principe. Il admet dans l'énergie psychique quelque chose d'individualisé, qui ne fait plus partie du cerveau, qui ne manifeste son action que par un mécanisme simple, et, en même temps, par ce fait, il sépare totalement l'énergie psychique des processus biologiques (p. 131). Moi, au contraire, comme le lecteur va le voir, j'arrive à la complète assimilation du psychique et de la vie.

tripètes. Ce n'est qu'ensuite que la *force nerveuse* doit subir la transformation en *énergie psychique*.

Et nous voilà de rechef, comme chez GROTE, en face de deux nouvelles énergies, la *force nerveuse* et l'*énergie psychique* ; chacune d'elles constituant une grandeur incommensurable avec l'autre, et cependant toutes deux, ces deux forces ou énergies, se transmutant quasi continuellement l'une en l'autre.

Nous avons déjà précédemment développé que la vie mentale relève non point d'une *énergie psychique*, mais de phénomènes psychiques ou subjectifs dont la cause tient à une énergie, qui met aussi les modifications matérielles du cerveau ayant parallèlement lieu sous la dépendance des processus psychiques.

Les énergies physiques qui entrent en jeu à l'occasion de la nutrition du cerveau concourent, de concert avec les énergies physiques qui agissent du dehors sur nos organes des sens, à l'approvisionnement de cette énergie en laquelle les unes et les autres se transforment.

En l'un et l'autre cas, la transformation des énergies physiques en énergie des centres s'accompagne, de même que les décharges de celle-ci, des phénomènes subjectifs de notre conscience. S'agit-il des énergies nutritives ou métaboliques, les phénomènes subjectifs revêtent l'aspect de sentiments généraux vagues dont la sommation aboutit à ce qu'on appelle le ton sentimental général ou la disposition d'esprit. S'agit-il des énergies d'origine extérieure, les sentiments généraux se doublent de sensations localisées dont la qualité dépend à la fois de l'organe sensoriel influencé par les forces physiques sus-indiquées, à la fois du genre des excitations externes.

Il est d'ailleurs évident que, pour appliquer la loi de la conservation de l'énergie à l'activité psychique, il ne faut pas tenir compte du rapport de la force des excitations externes avec les états psychiques ou subjectifs qui affectent la forme de sensations et de représentations, comme l'ont admis et l'admettent beaucoup d'auteurs. Ce dont il faut s'occuper, c'est du rapport des excitations externes, c'est-à-dire de la dépense d'énergie d'origine externe avec le développement de l'énergie qui, dans les centres nerveux, se traduit d'une part par le développement du courant nerveux, et, d'autre part, par celui des états subjectifs ; cette énergie centrale peut être mesurée par la grandeur du travail physico-chimique de l'organisme qu'elle effectue.

L'action sur l'organisme des énergies du milieu ambiant et, concurremment, leur transformation en énergie des centres, provoquant dans l'économie des états subjectifs sentimentaux et sensoriels, il est clair que ces états subjectifs sont liés à une accumulation d'énergie plus ou moins grande, tandis que le mouvement et l'activité musculaire en général se rattachent forcément à une dépense d'énergie et à sa transformation en travail physico-chimique.

Et c'est ainsi que, grâce à la faculté motrice des organismes, leur énergie, suscitée par la transformation des énergies de la nature ambiante, est elle-même condamnée à être transformée constamment en d'autres énergies, notamment en travail mécanique (massif ou moléculaire).

———

Quels sont les rapports *quantitatifs* entre les énergies externes et l'énergie des centres en laquelle elles se transforment ? Quelle est la grandeur de l'équivalent de cette énergie par rapport aux autres ? La solution de cette question est sans nul doute réservée à l'avenir.

Tout ce que nous pouvons dire actuellement, c'est qu'il n'y a aucune raison de douter de la possibilité de la résoudre avec justesse et précision, d'autant qu'il semble qu'on ait déjà solutionné la question non moins difficile de la fréquence des oscillations du stimulus nerveux.

————

A l'instar de toutes les autres énergies naturelles, l'énergie latente des organismes est inséparable du milieu ; aussi, est-il inévitable qu'au lieu où se révèle cette énergie, s'opèrent des modifications matérielles accessibles aux recherches des physiologistes. En revanche, les modifications quelconques du tissu nerveux ne peuvent pas ne pas se réfléchir sur les manifestations et les mouvements de l'énergie : c'est ce que nous démontrent les observations quotidiennes de la clinique nerveuse et mentale.

Il est indubitable que l'énergie interne des centres se transmet *héréditairement* avec les cellules vivantes ; elle est dans les éléments du fœtus entourée de toutes les conditions favorables à son accumulation ultérieure et, par suite, le développement et la durée en sont assurés indépendamment de la vie psychique des générateurs.

D'autre part, au moment où meurt l'organisme, son énergie interne échoit aux autres énergies de la nature en vertu de la loi de l'équivalence.

Grâce à la réciprocité des rapports existants entre l'énergie interne des centres et les autres énergies naturelles, grâce à la continuelle transformation de la première en ces dernières, et inversement des énergies externes en énergie centrale interne, s'établit la notion *d'une énergie cosmique unique* se manifestant sous des formes variées.

Par ainsi, le monde intérieur entier est une des manifestations de l'énergie cosmique universelle, qui, par l'expédient de la transformation de l'énergie, fournit les éléments de l'activité autonome des organismes avec leurs réactions propres et opportunes à l'égard du monde ambiant.

La diversité du monde extérieur et du monde intérieur dépend donc intégralement des multiples transformations de la seule et unique énergie cosmique universelle dont les formes séparées sont appelées par nous : lumineuse, calorique, électrique, etc.

Dans les corps organisés, ou, plus exactement, dans les organismes vivants, l'énergie naît des autres énergies naturelles qui agissent sur la périphérie du corps et directement sur les centres sous forme de lumière, chaleur, électricité, transmutations chimiques et influences mécaniques, et se transforment en elle. La provision d'énergie accumulée dans les organismes grâce aux incessantes transformations, se dépense à son tour, à chaque seconde, plus ou moins, au fur et à mesure des divers besoins de l'économie ; l'emploi s'en effectue par une transformation inverse en travail mécanique des muscles, en chaleur, en électricité, en processus chimiques des tissus. Tant et si bien que, dans le cours de la vie de chaque organisme individuel, il s'opère, d'une part, une accumulation continue d'énergie, et, par contre, une dépense ininterrompue d'énergie croissant ou diminuant suivant les moments.

De plus, jusqu'à un certain âge, l'accumulation moyenne de l'énergie l'emporte sur la dépense ; il se forme alors dans l'organisme une constante réserve d'énergie latente.

C'est évidemment de cette réserve que dépend la taille et la multiplication des organismes. C'est d'elle également que dépend leur constante tendance à se développer et à se perfectionner. C'est grâce à elle que les processus volontaires deviennent possibles. De même que, dans les corps de la nature inanimée, c'est la réserve d'énergie qui fait qu'un choc infime est capable de précipiter un énorme bloc de pierre d'une hauteur; de même, dans les centres nerveux, une excitation extérieure insignifiante est susceptible de dégager pour longtemps une énergie s'exprimant par toute une série d'actions compliquées et variées.

—————

Chez les animaux supérieurs, c'est, à première vue, le système nerveux dans son entier qui apparaît comme le vecteur de l'énergie ; mais, si l'on se guide sur les expériences de vivisection et sur les observations de la pathologie humaine, on est obligé de reconnaître que tous les segments du système nerveux ne sont point aptes à manifester l'activité consciente ; cette activité est principalement centralisée dans les régions supérieures, c'est-à-dire dans le cerveau.

Il est évident qu'il n'y a que le cerveau des animaux supérieurs qui soit doté des conditions, grâce auxquelles l'énergie atteigne le degré de tension indispensable à la manifestation de l'activité consciente. Ces conditions, ce sont, on le devine, les obstacles au mouvement de l'énergie que celle-ci ne rencontre pas au même degré dans les centres inférieurs.

Pourtant on a des éléments phylogéniques qui permettent de penser que la conscience s'est aussi manifestée à l'origine dans les centres inférieurs, et qu'elle s'est éteinte à partir du moment où, grâce à la répétition fréquente d'un seul et même processus, grâce à l'adaptation correspondante, le courant d'énergie a cessé de se heurter aux obstacles qui s'opposaient auparavant à son mouvement.

J'ai, il y a peu de temps, réuni dans un travail (1) tous les documents nécessaires sur cette question ; nous y r . verrons tous ceux qu'elle intéresse.

Il semble que la nature même de nos centres réalise les conditions propres à faciliter de plus en plus le mouvement de l'énergie. Par suite, chaque fois que nous effectuerons souvent un mouvement complexe quelconque exigeant de nous une plus grande tension des forces intellectuelles, ce mouvement passera ainsi à l'état d'habitude ; nous finirons par l'accomplir sans effort, sans tension particulière. Le mouvement de l'énergie devenant plus facile, la conscience s'effacera et disparaîtra, ce qui, du reste, ne portera nulle atteinte au caractère même du processus.

Ce phénomène paraît avoir la base suivante. Le mouvement de l'énergie à travers les cellules nerveuses y entretient un processus renforcé d'échanges ; celui-ci aboutit à faire grandir la cellule et la fibre qui en sort ; à leur tour, les ramifications de cette fibre s'allongent ; elles entrent en un contact plus parfait avec la cellule du neurone suivant ; ainsi se trouve aplani l'obstacle à l'accumulation d'énergie dans le neurone donné.

Tout ceci plaide en faveur de l'interprétation que voici. Les segments du système nerveux des animaux supérieurs qui font maintenant un travail inconscient, mani-

_____

(1) W. Bechterew. *O localisatzii soznatelnoi diéiatelnosti ou tchélovieka i jivotnych*. (De la localisation de l'activité consciente chez l'homme et les animaux). St-Pétersbourg, 1897. Bewusstsein und Gehirn. Leipzig, 1898.

festaient à l'origine une activité consciente élémentaire ; on la retrouve dans les représentants des mêmes régions chez les animaux inférieurs. Leur conscience élémentaire s'est, avec la complication des organismes, avec le passage des formes inférieures aux formes supérieures, depuis longtemps éteinte, à mesure que, à raison d'un exercice continu, ils conduisaient plus facilement l'énergie. Ainsi les segments du système nerveux tels que les ganglions périphériques, qui, chez les animaux supérieurs et chez l'homme, ne manifestent certainement pas d'activité consciente, la décèlent, au moins dans leurs prototypes, chez les animaux inférieurs (1).

En définitive, tels organes du système nerveux qui, chez un animal supérieur, étaient primitivement, c'est-à-dire à l'époque du développement, doués de conscience, paraissent, au cours du temps, la perdre pour toujours ; certains segments du système nerveux jadis en possession de cette fonction en demeurent à jamais privés, quand on passe des animaux inférieurs aux animaux supérieurs ; l'activité consciente d'autres centres semble encore se manifester au stade primordial de la vie individuelle des animaux supérieurs et ne s'éteindre que lorsque l'organisme animal atteint un développement plus complet.

(1) W. M. Bechterew. *Loc. citat.*

CHAPITRE VII.

Le psychique des organismes élémentaires.

Les organismes élémentaires, privés de système nerveux, manifestent-ils, comme l'admettent quelques auteurs (1), une activité psychique ? L'importance de la réponse au point de vue qui nous occupe saute aux yeux.

La solution de la question a d'ailleurs jusqu'ici servi de canevas à de nombreux travaux de naturalistes. Malheureusement, bien que pour eux tous les faits restent univoques, ils sont différemment commentés par deux camps de biologistes, par les mécaniciens et les néovitalistes. Cette divergence d'interprétation est évidemment le résultat de la passion que, malgré soi, chacun apporte à soutenir *unguibus et rostro* sa théorie cosmique, dont la véracité n'a, à son avis, d'égale que la fausseté de l'école adverse combattue avec la même fougue.

Nous emprunterons au livre de Famintzyne sur « les sciences naturelles contemporaines et la psychologie » le tableau de la situation.

« On envisage actuellement les manifestations de la vie chez les organismes rudimentaires de deux façons.

(1) Binet. Le psychique des microorganismes. *Revue philosophique*, 1887.

Les uns n'y trouvent que des réflexes inconscients, purement mécaniques ; pour ces savants, les êtres les plus
simples, y compris les infusoires, représentent tout bonnement des mécanismes inanimés qui ne se distinguent
des machines ordinaires que par une structure plus compliquée. Ils n'y admettent aucun acte psychique ressem-
blant aux nôtres ; à les en croire, la conscience ne naît,
ne s'éveille qu'avec l'apparition des premiers linéaments
du système nerveux ; les êtres rudimentaires constituent
simplement des formes de transition entre l'individu
mort, privé de vie, et l'individu animé. Ce sont des germes de vie, c'est la vie en puissance ; ce n'est pas la vie
elle-même. Un des principaux arguments émis par les
partisans de cette manière de voir vise l'absence, chez
ces êtres, de l'esquisse même d'un système nerveux. Or,
où il n'y a pas de système nerveux, il n'y a pas, disent-ils,
de psychique. La vérité est que cette opinion pèche par
sa base ; elle n'est fondée sur rien ; elle n'en est pas
moins étalée par beaucoup comme un dogme infaillible.
Ils contestent en outre énergiquement, Bütschli notamment, que l'on doive concevoir comme une action libre
la réaction des infusoires aux excitations par des actes
volontaires conscients. Les métazoaires, pourvus d'appareils nerveux centraux dont la construction est compliquée, ne manifestant souvent que des symptômes infimes
d'aperception, il est (pour Bütschli) impossible de
chausser l'idée que, dans la cellule simple du protozoaire
il se montre quoique ce soit de semblable.

« L'autre école professe une opinion toute différente ;
elle se rapproche, suivant nous, bien plus de la vérité.
C'est encore sur la théorie de l'évolution que s'appuie,
en l'espèce, l'appréciation des manifestations de la vie
des organismes élémentaires, et néanmoins, le résultat

obtenu par les recherches est tout autre. Les partisans
de cette manière de voir n'admettent point que la présence d'un système nerveux soit la condition *sine quâ non*
de celle de la conscience ; cette prétention mènerait tout
droit, par voie de conséquence, à nier chez les êtres à
organismes élémentaires, la possibilité de fonctions pour
lesquelles on n'a pas réussi à découvrir chez eux l'organe
spécial correspondant, et, cependant, personne ne doute
que les fonctions les plus essentielles de la vie : nutrition,
respiration, accroissement et multiplication, mouvement,
ne soient inhérentes à tous les organismes, sans excepter
les plus simples des plus simples, tels par exemple, les
amibes, les bactéries et leurs congénères. L'étude impar-
tiale et aussi circonstanciée que possible de la vie d'un
organisme a bien plus de valeur, pour qui veut qualifier
de consciente ou non l'activité observée. Quand on constate des signes d'un indubitable entendement, d'un juge-
ment avéré, on est bien obligé de taxer d'erronée la conviction dominante suivant laquelle, là où il n'y a pas de
système nerveux, il n'existe pas de conscience. Le système nerveux n'apparaît comme partie intégrante, indi-
vidualisée, que dans les organismes — colonies, où, en
même temps que le système nerveux, s'élaborent d'autres tissus se combinant en organes définis ; ici l'apparition des organes est précédée de la formation d'un con-
glomérat d'innombrables cellules. On n'observe rien de
pareil chez les protozoaires. L'organisme uni-cellulaire
correspond à la cellule de l'organisme colonial ; au
rebours de la cellule agglomérée, elle construit ses
organes, qui, comme nous l'avons vu, atteignent un degré
assez élevé de différenciation chez les infusoires ciliés.

Les descriptions, impartiales autant qu'exactes de
leurs aptitudes à se saisir de proies vivantes, à se dépla-

cer par divers procédés, de leur accouplement ou acte sexuel, attestent avec une rigueur suffisante l'existence chez ces êtres d'un élément psychique, d'une ébauche de conscience qui permet à ces animaux de s'orienter dans le milieu ambiant et de parvenir à la satisfaction des besoins de leur vie. »

A S. J. MÉTALNITROW (1) revient l'honneur d'avoir découvert un fait considérable. Si, à un milieu où se trouvent des infusoires ciliés, on ajoute du carmin, tout d'abord on peut sans difficulté en déceler la présence dans le corps de ces animaux. Mais on ne réussit plus à l'y découvrir, si on en augmente les doses.

L'infusoire, après en avoir essayé, ne tarde pas à refuser le carmin, comme un produit nutritif qui ne lui vaut rien. Il est clair qu'il a fait l'expérience, ce premier mobile décisif du choix, des prodromes de la satiété.

Peut-être se trouvera-t-il des gens pour expliquer ce fait par quelques influences mécaniques. Nous l'envisagerons, nous, sous le jour où il se présente à tout observateur affranchi d'une théorie préconçue. A notre avis, il témoigne de l'expérience élémentaire à laquelle se livre patiemment chaque jour tout être vivant, même le plus simple, pour s'orienter dans les conditions ambiantes.

Des expériences spéciales de zoologie prouvent qu'en dépit de l'absence d'organes de la vue et de l'ouïe, les organismes élémentaires sont capables de distinguer des intensités lumineuses et sonores ; les sensations auditives sont évidemment, en ce cas, perçues par eux par des procédés mécaniques. Qui ne connaît, même chez les

(1) Voyez sa communication à la Société des naturalistes de Saint-Pétersbourg.

organismes inférieurs unicellulaires, les phénomènes du thermo-galvano-chimio-hélio-tropisme, et tous autres tropismes ? Ces organismes se meuvent, sous l'influence des excitants thermique, électrique, chimique et lumineux. En tout cas, il est incontestable que les organismes inférieurs manifestent des mouvements de défense, de fuite, et des mouvements en rapport avec la nutrition, la reproduction.

On sait que les bactéries elles-mêmes n'ont pas une attitude identique à l'égard de substances chimiques définies ; elles manifestent soit un mouvement d'attraction (chimiotropisme positif), soit un mouvement de répulsion (chimiotropisme négatif). Or, à ces substances ne se bornent pas leurs préférences ou leurs antipathies. En quelques cas, la sensibilité de la bactérie, cet organisme végétatif inférieur, est vraiment frappante.

Il suffit, par exemple, d'un billionième ou d'un trillionième de milligramme d'extrait de viande pour l'attirer. En outre, si l'on augmente le titre de la même solution, on peut produire un effet opposé ; une action donnée n'est invariable que pour une concentration déterminée de la solution. Une telle allure indique nettement l'ébauche de la faculté de distinguer et de choisir ses mouvements ; elle représente en quelque sorte la maquette des facultés sentimentales et volontaires des animaux supérieurs.

Sans doute, en une question aussi délicate que celle du psychique des organismes inférieurs il ne saurait, pour le moment, y avoir harmonie complète entre les auteurs : les uns exagèrent manifestement l'importance des fonctions psychiques des animaux inférieurs ; les autres méconnaissent entièrement l'existence de la vie psychique chez les microbes.

C'est ainsi que W. Wagner (1), qui traite la question dans le sens négatif, insiste sur le passage suivant du discours de l'académicien Famintzyne au VIII° Congrès des naturalistes (2).

« Il n'est guère possible de nier chez les infusoires ciliés la manifestation de la vie psychique et d'*actes volontaires intelligents*, qui contraignent à supposer que ces animaux sont en *relation consciente avec le monde qui les entoure* (l'italique est de Wagner).

Examinant ce passage, Wagner fait observer, non sans une pointe d'ironie :

« Mais, s'il en est ainsi, pourquoi donc ne pas en dire autant des phagocytes, pourquoi ne pas affirmer que les cellules épithéliales de notre tube intestinal, qui absorbent les substances alimentaires absolument comme le font les animaux unicellulaires indépendants, ont aussi conscience de ce qu'elles font, et possèdent l'*intuition du monde* (en italique par Wagner). Ce ne serait que faire preuve d'esprit de suite. Pourquoi ne pas avancer que les végétaux insectivores, dont les feuilles accomplissent une série de mouvements opportuns pour s'emparer de leur proie et savent distinguer ce qui leur est bon et ce qui ne leur vaut rien, agissent aussi avec conscience et réflexion ? »

Il tombe sous le sens que le passage de Famintzyne est empreint de quelque exagération, et que c'est elle qui a fait les frais de l'ironie de Wagner, dans un travail

(1) W. Wagner. *Woprossy zoopsichologii*. (Questions de zoopsychologie). St-Pétersbourg, 1896, p. 32.
(2) A. Famintzyne. *O psichitcheskoï jizni prostieïschich jivych souschtschestv*. (De la vie psychique des êtres vivants élémentaires). Travaux du VIII° Congrès des médecins et naturalistes. (En russe).

sérieux, qui a poussé celui-ci à employer des procédés qui ne sont point scientifiques, à forger l'intuition cosmique des infusoires et la réflexion des végétaux. L'exagération n'est guère contestable dans les deux camps. Dans l'un, on attribue aux animaux inférieurs des facultés psychiques supérieures ; dans l'autre, on nie chez eux toute trace de conscience.

———————

Toute la question, d'après nous, se résume ainsi : Que faut-il comprendre par le mot de conscience? Si nous l'interprétons dans le sens le plus large possible, si nous entendons par conscience tout ce qui provoque une réaction interne ou subjective tant sous la forme d'aperception ou sensation de soi, la plus élémentaire et générale, non différenciée, que sous celle des états internes complexes que nous découvrons en nous, en nous analysant nous-mêmes et que nous appelons représentations, conceptions notionnelles, jugements, etc., il est hors de doute que nous ne puissions refuser aux animaux les plus inférieurs, ni même aux végétaux, les manifestations des phénomènes de conscience, ne fût-ce que sous la forme générale non différenciée de la sensation de soi.

Si nous nous en tenons à ce point de vue, nous devons reconnaître que, nous aurions beau taxer de manifestations absolument automatiques, semblables aux réflexes simples des animaux supérieurs, les phénomènes de tropisme positif ou négatif de l'amibe et autres animaux inférieurs, il est cependant hors de doute qu'à l'excitabilité de l'organisme élémentaire, qu'à l'indépendance des mouvements qu'il manifeste et qui dépend d'une réaction intérieure déterminée ou d'une élaboration interne, est lié un état sentimental, fut-il des plus élémentaires, des plus généraux.

La question relative à la conscience des phagocytes et des cellules intestinales disparaît de soi, parce que ni les uns ni les autres ne représentent des organismes indépendants, et qu'ils sont impropres à exister par eux-mêmes, tout seuls, en dehors de l'économie qu'ils habitent, dont ils font partie.

Il est des auteurs (1) qui vont plus loin. Ils inclinent à ranger dans l'automatisme aveugle, privé de conscience, l'activité pourtant si complexe manifestée par les abeilles et les fourmis.

Nous les laisserons en paix s'exercer à comparer la vie de ces animaux à des machines ou au mécanisme d'une montre. Nous nous contenterons de dire qu'en niant chez ces insectes le sens intime, on serait logiquement obligé de reconnaître l'absence de conscience chez nous-mêmes par rapport à un autre être supérieur à nous.

Bien des auteurs, nous l'avons déjà dit, professent qu'il n'y a conscience que là où existe un système nerveux, là où il y a cellule nerveuse. FOREL en particulier déclare que la conscience représente une propriété générale des neurones et que, par conséquent, là où il y a tissu nerveux, doit être aussi la conscience.

D'autres limitent encore davantage la conscience.

Pour J. SOURY (2), quoique les processus psychiques existent en tout protoplasma, il n'est possible d'admettre la conscience ni chez les végétaux, ni chez les animaux inférieurs qui ne possèdent point la division physiologique du travail ; celle-ci dépendrait de l'apparition de groupes de neurones associés et il n'y aurait que l'association des

(1) Voyez, par exemple Bethe, Dürfen wir d. Ameiden und Bienen psychischen Qualitœten zuschreiben ? *Pflüger's Arch.*,t. LXX.
(2) Système nerveux central déjà cité. Paris, 1899.

neurones qui fournit les conditions propres à la manifestation de la conscience. Il accorde donc la conscience aux animaux supérieurs ; il l'accorde même aux invertébrés, aux fourmis par exemple, mais il la refuse à tous les autres animaux placés plus bas dans l'échelle des êtres, parce qu'ils sont privés de neurones associés. Tout ceci ne prouve-t-il pas la préconception de l'idée qui rattache la concience au système nerveux ou simplement à l'association des neurones. Si les formes plus élevées de la conscience exigent la présence du système nerveux, et de l'association de neurones, s'ensuit-il que ses formes plus basses ne puissent se développer là où nous n'avons ni association de neurones, ni même de système nerveux ?

Suivant moi, la pluralité des recherches démontrent surabondamment que les organismes les plus simples manifestent un choix indépendant de leurs mouvements ; ce choix indépendant prend sa source dans l'élaboration interne des excitations externes ; force est donc d'admettre que, malgré l'absence de système nerveux, ces organismes possèdent tout de même une activité psychique, fût-elle la plus élémentaire. L'absence chez eux de système nerveux n'a pas à nos yeux de valeur essentielle dans la question qui nous occupe (1). Est-ce que l'absence de système musculaire chez les infusoires ne pourrait servir de prétexte à nier leurs facultés motrices ; l'absence d'estomac chez eux ne plaiderait-elle pas en faveur de l'absence de digestion ? Et cependant des observations authentiques disent absolument le contraire (2).

(1) La bibliographie contient d'ailleurs des indications sur la présence d'éléments nerveux, chez les infusoires au moins dans quelques espèces.

(2) Le docteur Radine (Biopsichologitcheskû parallélisme *in* Né-

Nombre de biologistes contemporains, de ceux mêmes qui tendent obstinément à expliquer les procéssus de la vie par des phénomènes purement mécaniques, n'en considèrent pas moins comme une vérité incontestable que les fonctions psychiques sont inséparables du protoplasma. J. Soury (1), nommant Tyndall, Thomson, Nœgeli, Zœllner, Harckel, Preyer, Forel et Luciani, relève que ces savants, en méditant sur les plus grands problèmes de la vie et sur les propriétés psychiques qu'on observe chez les ancêtres des plantes et des animaux, se sont prononcés à l'unanimité dans le sens suivant : Ces propriétés, à quelque degré que ce soit, existant toujours et universellement dans tout ce qui a vie, les fonctions psychiques sont aussi inséparables du protoplasma que n'importe quelle autre fonction biologique servant à définir ce *complexus chimique moléculaire* (selon l'expression de A.-J. Danilibwski (2) où la matière organisée.

En tout cas, il n'y a aucune raison de croire que, dans la série animale, les manifestations de l'énergie doivent absolument être liées au système nerveux. Là où ce der-

vrol. Viestnik, t. XI, fasc. 2, p. 119*)*; soutenant notre manière de voir sur la faculté qu'ont les animaux inférieurs de distinguer et de choisir, et qui est l'analogue de la conscience des organismes supérieurs, fait à juste titre observer que c'est cette faculté qui assure l'existence des formes organiques et la conservation de l'espèce. « Il n'est pas un seul être vivant indépendant qui résisterait aux attaques exterminatrices des facteurs extérieurs, s'il n'élaborait en lui-même la faculté de réagir de différentes manières contre les divers agents du monde extérieur ; c'est sa faculté élective par rapport à ces agents.

(1) *Loc. cllat.*, p. 1764.

(2) A.-J. Daniliewski. La substance fondamentale du protoplasma et ses modifications par la vie. *Presse Médicale*, 1894, p. 107.

nier existe, tel est le cas des animaux supérieurs, il constitue, sans contredit, un milieu spécialement approprié à
la manifestation de l'énergie. Mais, dans les organismes
élémentaires, qui ne sont formés que d'une cellule, et
sont privés de l'organisation compliquée des animaux
supérieurs, pourquoi n'existerait-il pas une énergie également répandue dans l'organisme, si celui-ci contient
les mêmes matériaux que ceux qui s'accumulent dans le
système nerveux des animaux supérieurs sous forme de
phosphites albumineux complexes? Comme pour confirmer cette possibilité, les recherches actuelles montrent
que le protoplasma de l'organisme inférieur de l'amibe
possède une composition chimique bien plus voisine de
celle du tissu nerveux des animaux supérieurs que le protoplasma de n'importe quelles cellules nerveuses de ces
derniers.

Nous en conclurons donc que le protoplasma des animaux inférieurs est en son entier un organe de nutrition,
et qu'il est également susceptible de produire un psychique élémentaire sous forme de sens intime fût-il
simple. Chez les animaux plus élevés en organisation,
avec la différenciation morphologique des organes, se
manifeste la distribution du travail entre tissus séparés ;
alors, avec le développement des organes correspondants
chaque fonction gagne en perfectionnement.

Par le développement du système nerveux et de ses
ganglions centraux désignés sous le nom de cerveau, le
psychique atteint son développement supérieur ; les progrès du perfectionnement des fonctions psychiques procèdent de ceux du développement et de la différenciation
du système nerveux dont les centres subalternes sont
pour ainsi dire, graduellement embauchés par les centres
plus élevés au service desquels ils entrent.

Il y a des auteurs (Forel, Hertzen (1)),qui imputent l'activité consciente à la moelle et autres segments inférieurs du système nerveux ; même chez les animaux supérieurs et chez l'homme, nous ne pensons pas qu'il existe en faveur de cette opinion des preuves passées au crible d'un examen rigoureux, du moins dans le domaine de l'organisme normal. Bien au contraire, les expériences et observations relatives aux divers animaux nous permettent, non sans motifs, de croire qu'à mesure que le système nerveux se perfectionne, l'activité consciente devient de plus en plus fonction des centres nerveux supérieurs, abandonnant les fonctions automatiques aux segments inférieurs du système nerveux réduits en quelque sorte au rôle d'instruments au service des centres supérieurs. Il va de soi que ceci n'autorise pas à nier que les centres inférieurs ne puissent, au moins dans les cas pathologiques, être le théâtre d'états subjectifs.

En cette occurrence, l'activité consciente supérieure, qui ne se développe qu'à la condition d'une tension particulière de l'énergie latente, n'est possible, chez les animaux supérieurs, que parce qu'il existe des centres nerveux supérieurs, à savoir un cerveau. Les animaux occupant un degré plus bas dans l'échelle des êtres décèlent déjà des phénomènes subjectifs comparativement élémentaires grâce à l'action de l'énergie dans les centres nerveux inférieurs. Enfin les ébauches de subjectivité qui existent chez les organismes les plus simples, rudimentaires, privés de système nerveux, sont probablement absolument inséparables des processus vitaux.

En tout cas l'indépendance des mouvements des orga-

_____

(1) Voy. Bechterew. *O Idealisatzii*, etc., déjà cité. Saint-Pétersbourg, 1890.

nismes vivants et l'opportunisme de leurs communications avec le milieu ambiant, qui ont pour base l'élaboration interne des réactions extérieures et que manifestent les plus simples mêmes des organismes, dépendent du psychisme dans la plus large acception du mot ; ce psychisme repose sur l'énergie latente inhérente à tous les êtres vivants en général.

CHAPITRE VIII

La sensibilité des végétaux.

On sait qu'en biologie on agite la question de l'activité psychique chez les plantes. Parmi ceux qui en soutiennent l'existence, nous trouvons les noms de savants comme FECHNER, HARTMANN, K. MARILANN, WUNDT, et en Russie, FAMINTZYNE et KORJINSKI.

LAPLACE (1) s'était déjà prononcé en faveur de cette opinion ; pour lui le végétal possède la faculté de sentir.

Pour FECHNER, il est nécessaire d'admettre le psychique des végétaux en raison des principes suivants :

1º Considérant que les animaux et les plantes ont une structure et un développement analogues, que celles-ci sont formées de cellules analogues aux cellules des animaux ; que, de même que chez l'animal, le développement de la plante commence par une cellule qui se multiplie en majeure partie par division ;

2º Considérant que les fonctions essentielles de la vie sont totalement semblables chez les animaux et les végétaux ;

3º Considérant que les végétaux se sont développés

(1) Laplace. *Essai philosophique sur les probabilités*. Paris 1884.

d'un seul et même groupe d'êtres rudimentaires, comme
les animaux, et qu'il y a toute raison d'admettre l'existence du psychique chez les êtres rudimentaires. Pour
ces motifs, il est indispensable d'admettre aussi le psychique chez les végétaux.

Famintzyne déclare qu' « un intérêt particulier s'attache à l'analogie de composition chimique du corps des
animaux et des plantes, tant en ce qui concerne les éléments chimiques dont sont construits animaux et végétaux, qu'en ce qui regarde la prédominance dans les
combinaisons organiques les plus différentes de trois
groupes : substances albuminoïdes, graisses, carbures d'hy-
drogène ». Il en rapproche « l'intérêt présenté par la *complète analogie de la seconde phase de la nutrition des
végétaux avec la nutrition des animaux*; de scrupuleuses
recherches ont révélé que les uns et les autres emploient
à construire leur corps des matériaux plastiques d'identique composition ; les parties constituantes qui en sont
insolubles dans l'eau sont, chez les plantes également,
amenées à dissolution au moyen de ferments en partie
identiques, en partie semblables aux ferments des animaux. Cette phase de la nutrition s'accompagne d'un
échange de gaz entre l'organisme et l'atmosphère ambiante ; *et cet échange de gaz apparaît identique chez
les plantes et les animaux*. Les uns et les autres prennent
à l'atmosphère de l'oxygène et lui rendent de l'acide
carbonique, manifestant ainsi le processus de la *respiration*. La respiration s'accompagne, en outre, tant chez
les animaux que chez les végétaux, du dégagement d'énergie calorique ». « On est également frappé de l'analogie
remarquable « du processus de multiplication sexuelle
dans les deux règnes ; elle souffre si peu d'exceptions

qu'on peut dire qu'elle est commune aux végétaux et aux animaux. »

Ne sont pas moins dignes d'attention les observations relatives à la sensibilité des plantes et à leurs réactions aux irritations extérieures ; on y peut trouver beaucoup d'analogie avec le règne animal. Tel est le cas, par exemple, de « la transmission de l'excitation à travers le végétal ; de la fatigue de la plante consécutive aux irritations répétées ; de la perte temporaire de la sensibilité à l'excitation sous l'influence du chloroforme, de l'éther, etc., en un mot des *anesthésiques*, qui provoquent une insensibilité temporaire semblable chez l'homme ».

« Faisant entrer en ligne de compte tout ce qui vient d'être énoncé », FARMINTZYNE conclut : « il me paraît bien fondé d'admettre que les processus psychiques prennent part à la vie des végétaux ».

———

Je ne puis, pour ma part, reconnaître que l'identité initiale de construction des organismes animaux et végétaux, l'identité chez eux de la deuxième phase de la respiration, celle de leurs processus métaboliques, ou la ressemblance de leur multiplication sexuelle, prouvent l'existence du psychique chez la plante. Ces données ne peuvent que plaider en faveur de la commune origine de l'animal et du végétal ; ils prennent tous deux souche dans les organismes rudimentaires, ce dont personne ne semble douter ; il ne faut pas leur faire dire davantage.

Il y a des phénomènes qui méritent une bien plus grande attention. Ce sont : l'existence de l'excitabilité du végétal ; sa disparition sous l'influence des anesthésiques ;

et, par dessus tout, les étonnantes manifestations d'opportunisme utilitaire, de finalité pratique découvertes dans ces derniers temps, dans les filaments des radicelles ; ils savent rechercher et trouver les conditions du sol qui leur sont le plus favorables. Encore plus surprenants sont les phénomènes du même ordre observés chez quelques végétaux pour assurer la fécondation.

———

Dans un article récent sur « les organes des sens dans le règne végétal », W. Taliew (1), cite nombre d'exemples intéressants de la sensibilité des plantes et de mouvements individuels de certaines de leurs parties en rapport avec un but déterminé.

Nous laisserons de côté les commentaires dont abonde ce travail pour n'en retenir que les faits.

« Que le végétal, dit Taliew, ne soit pas seulement capable de sentir, ou, pour mieux dire, de réagir spécifiquement à toutes les influences extérieures possibles, et qu'il décèle, en outre, en bien des cas, une finesse et une acuité frappantes de réceptivité, d'impressionnabilité, — c'est un fait établi depuis longtemps, désormais hors de doute. »

« Cette sensibilité, cette réaction spécifique des végétaux se dévoile tant chez les organismes unicellulaires que dans les organismes polycellulaires complexes. Veut-on des exemples de la sensibilité des premiers à l'action exclusive des influences extérieures, qu'on examine les masses plasmatiques des champignons muqueux (myxo-

1. W. Taliew. *Estestvoznanié i géographia*. (Sciences naturelles et géographie). Mars et avril 1903.

mycètes) qui rampent lentemement vers le substratum alimentaire ; les spores errantes des fucus qui nagent librement dans l'eau ; ou les cils mobiles tordus en spirales des mousses ou des fougères. »

Quant aux organismes multicellulaires compliqués, « l'ensemble du développement individuel de l'organisme végétal est, nous'citons textuellement, la réaction masquée des forces vives qui le composent aux conditions constamment changeantes et complexes de l'existence ». Particulièrement instructifs à cet égard sont la sensibilité et les mouvements opportuns des feuilles et des tiges vis à vis de la chaleur et de la lumière ; nul n'ignore qu'elles sentent ces agents physiques et exécutent les mouvements convenables pour s'en rapprocher. Les radicelles règlent également leurs mouvements d'après les conditions d'humidité du sol qui les entoure, et suivant son contenu en substances nutritives. Les semences ne sont pas non plus privées d'un genre particulier de sensibilité. On sait notamment que les semences des végétaux parasites ne germent point si elles ne se trouvent pas rapidement à proximité du végétal qui doit être leur victime. De même, traits pour traits, d'après TALIEW, « la sensibilité à l'égard des actions mécaniques qui, conformément à nos idées, doit être désignée sous le nom de toucher ou sensibilité tactile, constitue, conjointement avec le géotropisme, la cause pour laquelle les racines s'enfouissent avec persévérance dans la terre. »

On sait que TCH. DARWIN avait déjà montré le rôle spécial joué par les pointes des radicelles dans la sensibilité de ces dernières ; il suffit de les enlever pour priver par cela même les jeunes pousses radiculaires de leurs mouvements utilitaires. Ce rôle a été confirmé ensuite par des recherches postérieures (TCHAPEK, NIÉMETZ).

Mentionnons encore les mouvements originaux et d'ailleurs aussi dirigés vers un but déterminé de quelques
végétaux, l'extraordinaire sensibilité aux excitations mécaniques de la sensitive ou *mimosa pudica*, la sensibilité
aux vibrations de nombre d'autre plantes, etc..
Ces exemples de réaction spécifique dans le règne végétal
sont traités par bien des auteurs à un point de vue purement mécanique ; mais une autre théorie pleinement légitime considère tous ces mouvements non comme passifs,
comme dépendant du milieu et des conditions ambiantes,
mais comme des mouvements actifs sous la dépendance
d'impulsions internes (FRANCIS DARWIN).

L'irritabilité du règne végétal est illustrée par quantité
d'exemples didactiques ; les ouvrages modernes de bota-
nique en fourmillent (NIEMETZ, HABERLIAND, TALIBW, etc.)
Nous signalerons ici en particulier la sensibilité aux influences mécaniques d'une infinité de végétaux sinon de
tous. Nous en possédons un type éclatant dans la *mimosa
pudica*, dans la *Dionée muscipula* ou plante *gobe-mouches*
connue de tous, sans compter d'autres végétaux doués
d'une sensibilité particulière. Elle peut encore être dé-
masquée chez beaucoup de plantes qui paraissent au
premier abord insensibles ; il suffit, comme l'on sait, de
quelques coups de bâton portés au travers de la tige ou
du tronc pour déterminer chez bien des végétaux le flétris-
sement rapide de leur feuillage. La sensibilité remarquable des plantes grimpantes ou lianes au moindre attou-
chement doit être de notoriété publique. On sait aussi
que quelques végétaux sont fort sensibles aux rayons
ultra-violets.

L'observation indique que les parties aériennes des
plantes sont munies d'organes spéciaux de la sensibilité ;
tels sont les petits poils dont sont couvertes leurs feuilles ;

c'est le protoplasme contractile qui transmet l'irritabilité (TALIEW). Il y a évidemment en l'espèce une complète analogie avec les organismes animaux chez lesquels les poils de la peau, parfois transformés autour de la cavité buccale en longues moustaches, servent également d'organes tactiles. Ceci a même lieu chez l'homme, ainsi que l'ont prouvé les recherches effectuées dans notre laboratoire (1) ; la sensibilité pilaire de la peau est susceptible d'un très grand développement et se distingue du tact ordinaire puisque, dans les cas pathologiques, elle disparaît ou s'exagère indépendamment de la sensibilité tactile ou douloureuse.

On est donc obligé de reconnaître que l'irritabilité a force de loi universelle chez tous les êtres vivants, sans en excepter les végétaux ; en outre, le rapport entre l'irritation et la réaction reste toujours le même. W. PFEFFER a montré que la loi de WEBER et FECHNER témoigne généralement des mêmes rapports chez les plantes, si l'on envisage les excitations et les réactions, chimiotaxiques (2).

L'analogie entre l'irritabilité des plantes et celle des animaux est encore renforcée par l'affaiblissement que lui fait subir, également chez le végétal, l'action de certains

---

(1) Docteur Noïchewski. Woloskowaia tchouvstvitelnostj koji (sensibilité pilaire de la peau). *Thèse*, St-Pétersbourg, 1900. — W. Bechterew. O woloskovoï hiperestésii (De l'hyperesthésie pilaire). *Obozrénié psichiatrii*, 1900. — Ossipow et Noïschewski. O woloskovoï tchouwstvitelnosti (De la sensibilité pilaire). *Obozrénié psichiatrii*, 1898.

(1) W. Pfeffer. *Untersuch. aus d. botan. Instit. zu Tübingen*, I, 1881. II, 1886. — *Die Reizbarkeit d. Pflanzen. Verhandlung d. Gesellsch. d. Natur. u. d. Aerzte.* 65e Congrès à Nuremberg, 1893. Leipzig, 1893.

anesthésiques tels que le chloroforme. La démonstration en est particulièrement aisée chez la sensitive et les gobe-mouches ; mais le fait s'applique sans doute aucun aux autres végétaux et a, par suite, une portée considérable (1).

L'irritabilité étant dans le monde animal partout liée à l'idée de la sensibilité, cet embryon primordial du psychique, nous n'avons aucune raison, à moins de pécher contre la logique, de repousser l'existence du sens intime chez les végétaux, ne fût-il que des plus généraux et des plus vagues.

(1 On trouvera notamment de nombreux renseignements instructifs sur l'action des anesthésiques chez les plantes dans l'article de Johansen : « *Anestésia ou rasténii i iéia otnoschénié k périodame pokoia*. Anesthésie chez les végétaux et ses relations avec les périodes de repos » ; *Estestvoznanié i géografia* (Sciences naturelles et géographie), numéros 2 et 3, 1903. Voyez aussi le travail de Taliew W. *Estestvoznanié i géografia*, numéros 3 et 4, 1903.

CHAPITRE IX

L'indépendance des mouvements
dans le monde animal et dans le monde végétal.

Dans mon travail sur la localisation de l'activité consciente chez les animaux et chez l'homme (Saint-Pétersbourg, 1896), j'ai déjà signalé le symptôme de la conscience, caractérisé par le choix individuel et indépendant des mouvements. Si le mouvement est empreint d'indépendance ; s'il n'est pas déterminé par les réactions extérieures les plus proches ; autrement dit ; s'il ne dépend pas immédiatement de quelque réaction extérieure : s'il dépend d'impulsions intérieures qui surgissent dans l'organisme même et sont, par moments, le résultat de l'élaboration de réactions plus éloignées subies par l'organisme, cela prouve la présence du psychique sous une forme quelconque, qu'il soit conscient ou non.

Au fond il s'agit ici de la manifestation de l'irritabilité c'est-à-dire de la réaction aux stimulants extérieurs qui, en définitive, est déterminée non par le caractère des opérations extérieures en rapport avec ces stimulants, pas davantage par la composition physico-chimique du corps irrité, mais pas d'autres causes internes.

Prenons un exemple.

Nous frappons un animal avec un bâton ; sous l'influence du coup, il saute, et se sauve à une assez grande distance ; il témoigne en outre des coups qu'il a reçus par des cris de plainte. L'irritabilité de l'animal s'est donc manifestée par la fuite et des cris ; aucune de ces manifestations ne pouvant être la conséquence directe du coup porté, elle s'explique par des causes internes. Et, la première fois qu'il verra la personne qui l'a frappé l'animal sans doute prendra la fuite ; il manifestera, par suite, un choix indépendant des mouvements conforme aux conditions extérieures.

Nous croyons donc que ce choix du mouvement indépendant, inexplicable, en d'autres termes, par les conditions extérieures les plus proches, qui ne saurait être interprété comme une réaction motrice aux influences extérieures, qui ne découle pas directement des opérations extérieures en rapport avec le stimulant, constitue un des signes essentiels du psychique, car partout le psychique emploie pour se manifester extérieurement précisément le mouvement indépendant basé sur l'élaboration intérieure des réactions externes. Il va de soi que le choix ne se limite pas au seul département moteur, qu'il peut se manifester en d'autres domaines de l'activité de l'organisme, par exemple, chez les animaux inférieurs, dans l'appareil digestif. Ne le rencontrons-nous pas déjà chez les représentants les plus bas du règne animal ? Les infusoires digèrent les parasites nuisibles qui pénètrent dans leur corps, tandis qu'ils épargnent les fucus monocellulaires qui soudent leur existence à la leur et vivent dans leur économie. Les recherches de METCHNIKOW sur l'immunité à l'égard des maladies infectieuses montrent encore le remarquable discernement dont font preuve amibes et infusoires dans le choix des aliments ; ils se choisissent toujours certaines espèces déterminées de fucus et laissent de côté les autres.

Quelques-uns des infusoires ciliés, qui se nourrissent de bactéries, se gardent bien de se jeter sur d'autres microbes, quand ils sont à la poursuite des premières. Salomonsen a fait voir que les infusoires évitent les cadavres de leurs compagnons et s'en écartent. A ces actes de sélection nous devons joindre l'exemple des myxomycètes qui, préférant la sciure mouillée à la sciure sèche, se glissent par des mouvements de reptation rapides vers celle-là. Une expérience de Stal met du reste en évidence qu'il suffit, à l'endroit où se trouve une plasmodie, de déposer une solution forte de sel pour qu'aussitôt la plasmodie s'en aille. Le même auteur a, par contre, démontré que peu à peu, en graduant et ralentissant les réactions de l'animal, on arrive à l'accoutumer à la solution salée ainsi qu'à d'autres influences nuisibles et qu'il ne s'en éloigne plus. Quand nous aurons mentionné l'influence des rayons colorés sur les bactéries, nous aurons encore signalé une manifestation de la faculté élective des organismes.

Voulons-nous maintenant résoudre la question du psychique chez les végétaux, conçu non, cela va sans dire, dans le sens banal du mot, mais sous la forme du sens intime le plus élémentaire et le plus général, nous devons nous demander si les végétaux manifestent l'indépendance du mouvement que nous venons de décrire.

L'observation nous fait découvrir dans le monde végétal une catégorie de mouvements électifs qui ne sauraient être mis sous la dépendance de causes externes, ou, tout au moins, qui sont inexplicables par elles.

W. Pfeffer a montré que chez les végétaux qui ne jouissent pas de la faculté de se déplacer, des excitations chimiques peuvent déterminer des mouvements d'orientation ou de direction. Ces faits ont été confirmés par d'autres auteurs tels que Mitoshi (1) et Rothert (2).

Tout le monde connaît la disposition des végétaux à se tourner vers la lumière, à s'éloigner, par un moyen ou un autre, des rayons brûlants du soleil. Bien des gens connaissent également l'activité des corps lentiformes chlorophylliques. D'ordinaire, ils étalent leur large côté vers le soleil, mais, quand l'énergie solaire est excessive, ils tournent vers lui leur face étroite ou bien se déplacent, quittent la partie supérieure de la feuille pour en gagner les régions profondes.

Peut-il, en ce cas, y avoir le moindre doute sur le caractère de la réaction ? N'est-il pas vrai qu'elle dépende moins de causes externes que de causes internes ? Il en est de même de certains mouvements extrêmement surprenants des végétaux qui ont la fécondation pour objet et sont déterminées non par les réactions extérieures, mais par des causes internes.

La tendance à se mouvoir que manifestent les végétaux à des périodes fixes, indépendamment même de toutes conditions lumineuses, n'indique-t-elle pas aussi l'autonomie de leurs mouvements, à mettre sur le compte d'excitants intérieurs. Darwin, il est vrai, les considère comme des mouvements d'adaptation héréditaires, utiles à la lutte pour la vie, grâce à la sélection naturelle ; mais la sélection naturelle, qui agit partout dans le règne animal et notamment chez l'homme, n'exclut vraiment ni l'acti-

---

(1) Mitoshi. *Berichte über die Verhandl. d. K. Sächs. Gesellsch. d. Wissensch. zu Leipzig. Matemphys. Classe* 1893, p. 319.

(2) W. Rothert. Ueber Heliotropismus. *Beitrage z. Biologie d. Pflanzen*, VII, Cah. 1, 1894.

vité psychique, ni le choix volontaire des mouvements.
Les spores mobiles savent s'orienter vers la substance
nutritive. Les mouvements des filaments des racines ont,
comme l'a mis en lumière toute une série de recherches,
le caractère de mouvements qui dépendent, non point des
conditions extérieures telles, par exemple, que la résistance plus ou moins grande du sol, mais du besoin interne
de matériaux nutritifs contenus dans le sol en des proportions qui sont loin d'être égales.

On connaît ensuite les déformations et incurvations
hydrotopiques des radicelles, qui se font à quelque distance
de leur sommet lui-même indemne. Quand le sommet de
la radicelle subit l'influence de l'humidité, on constate
que l'incurvation n'a pas lieu (MOLISCH).

Quoi qu'il en soit, les faits précités et d'autres phénomènes de la vie des plantes ne laissent aucun doute sur
le caractère actif et pratique des relations que les organismes végétaux entretiennent avec les conditions extérieures. Or, cette particularité, nous sommes obligés,
dans les organismes animaux, de l'imputer à leur énergie
latente; c'est elle qui, se manifestant déjà chez les représentants les plus infimes de la vie organique, constitue la
cause de toutes les réactions utilitaires aux irritations
extérieures des organismes en général. Par conséquent,
l'utilitarisme des organismes végétaux doit être mis sur
le compte de la même énergie.

CHAPITRE X

L'intervention de l'énergie dans l'explication des processus biologiques

L'énergie constituant la base de l'activité des relations des organismes avec le milieu ambiant, c'est elle qui peut nous fournir des explications complètes et satisfaisantes sur la cause et la nature des processus actifs de la vie, qu'en dépit de tous leurs efforts les biologistes n'ont pas jusqu'à ce jour réussi à faire descendre au rang de simples processus mécaniques.

Que lisons-nous dans DU BOIS-REYMOND ? (1) « On est frappé de voir méconnaître universellement et totalement la différence véritable et fondamentale qui sépare deux classes morphologiques, celle des êtres organisés et celle des corps dépourvus d'organisation. Voici en quoi elle consiste. Dans les cristaux ou dans les corps inanimés en général, la matière se trouve à l'état d'équilibre statique, indifférent ou instable ; chez les êtres vivants, elle est en état d'équilibre mobile ». CL. BERNARD dit à peu près la même chose sur la substance vivante.

(1) Du Bois-Reymond. *Féstrede in Sitzsber. d. Académie.* Berlin, 1894.

Il est vrai que ces paroles n'indiquent point le principe de la différence entre les corps vivants organisés et les corps inorganisés ; mais nous ne connaissons dans le monde inorganique rien qui soit susceptible de nous donner une combinaison mobile, et cette circonstance nous porte à admettre dans les organismes vivants un facteur particulier que nous désignons conditionnellement sous le nom d'énergie latente.

Pour O. Hertwig (1), « si la chimie se propose de bâtir des molécules, par d'innombrables combinaisons d'atomes variés, elle est impuissante, dans la force du terme, à effleurer le problème de la vie ; car ce dernier ne se pose qu'au point où cessent les recherches chimiques ; la structure de la molécule chimique est dominée par celle de la substance vivante qui représente un genre plus élevé d'organisation ». On ne saurait mieux dire que la matière vivante suppose une organisation plus compliquée.

Le plus essentiel des processus de la vie, c'est, sans conteste, la continuelle désagrégation qui a lieu dans un système connu de corps organiques complexés, et leur réparation aux dépens de matériaux frais, venus du dehors, qui tiennent ainsi sous leur dépendance non pas seulement la nutrition, mais encore le développement, la croissance et la multiplication des organismes directement liés aux processus nutritifs. L'ensemble de ces opérations porte en physiologie le nom d'assimilation et désassimilation ; il forme l'attribut imprescriptible et caractéristique de tous les processus biologiques en général. Il est le pivot de l'insatiabilité de tout ce qui vit

---

(1) O. Hertwig. Die Lehre vom Organismus mit ihre Beziehung z. Socialwissenschaft. Universitœtsrede, 1899.

dont parle le professeur Tchije (1) « La décomposition
des substances organiques compliquées s'accompagne,
comme l'on sait, toujours du dégagement d'énergie vive ;
leur restauration s'accompagne en revanche d'absorption
de cette énergie. »

On s'est, au temps jadis, évertué à expliquer la désagrégation par l'extrême instabilité des corps organiques
complexes ; étant au plus haut point instables, ils étaient
disait-on, sujets à l'excès à la décomposition ; il suffisait
pour cela des influences extérieures et intérieures les
plus insignifiantes. D'aucuns avaient même pensé que les
albumines, en entrant dans le sang, se transformaient en
une substance albuminoïde spéciale, se distinguant par
une grande instabilité. Mais tous les efforts en vue de
prouver l'existence de cette albumine si fragile n'ont
point abouti.

Les recherches de Pasteur sont venues démontrer que
les processus de désagrégation ne se prêtent point à une
explication aussi simple. La rapide décomposition du
corps qui suit de si près la mort de l'organisme a principalement pour cause la prompte multiplication des microbes qui procèdent à leur travail de destruction. D'ailleurs aujourd'hui nous possédons beaucoup de données
en faveur de la théorie purement chimique de la décomposition.

Les processus de restauration qui s'accomplissent continuellement semblent le nœud d'une énigme biologique
encore plus grande ; ils s'associent à l'absorption par
l'organisme de l'énergie extérieure qu'il emprunte en

---

(1) W. F. Tchije. Das Grundgesetz des Lebens. *Zeitschr. f.*
Philosophie, t. CXXII.

abondance à la nature ambiante, sous forme de chaleur, lumière, électricité, etc.

Il ne faut pas non plus perdre de vue que la substance de l'organisme vivant donne asile à toute une armée d'agents matériels (oxygène, ferments, chaleur, etc.) ; ce sont eux qui, dans la matière morte, entraînent forcément la destruction de la substance et l'amènent à l'état de repos, tandis que, dans les corps en vie, ils déterminent l'état d'activité de la matière.

« Les tissus de l'organisme vivant, écrit l'académicien A. J. Daniliewski (1), sont remplis d'agents aptes à détruire, non point seulement le complexus chimique comparativement faible du protoplasma, mais les substances mêmes dont il se compose. Acides, alcalis, eau même, sels, température élevée, frottement, ferments, enfin l'oxygène auquel rien ne résiste — voilà un total, et encore est-il incomplet, d'expédients qui, pénétrant la substance vivante en tous sens, sont capables, chacun en son genre, de détruire l'intégrité du complexús vivant, d'en arracher telle ou telle partie constituante et de la modifier au point d'en annihiler les qualités plastiques, de supprimer un des matériaux de construction de la matière vivante.

« Les ferments chimiques ou *enzymes* et l'oxygène manifestent dans le protoplasma une puissance destructive particulière ; leur action est renforcée chez les animaux à sang chaud par la température élevée de l'économie. Quelques degrés au-dessus de zéro suffisent pour qu'en quelques minutes les enzymes provoquent, dans nombre de corps, les mêmes transformations chimiques

(1) A. I. Daniliewski. *Wiestnik Evropy*, t. III, mai 1896.

que celles que, dans les laboratoires, on détermine, sans
faire intervenir les ferments, à l'aide d'une température
très élevée, associée parfois à une pression de quelques
atmosphères, mais toujours en prolongeant l'expérience
pendant plusieurs heures. Le protoplasma renferme toute
une catégorie de ferments de cette espèce, ayant chacun
son rôle spécial.

« Les uns détruisent les substances albuminoïdes,
celui-ci dans un milieu acide, celui-là dans un milieu
alcalin ; tel exerce une destruction profonde et taille en
pièces la particule d'albumine ; tel autre n'agit que superficiellement : la portion du protoplasma formée d'albumine
devenant soluble, toute cette partie du tissu vivant tombe
en déliquescence et perd sa structure architecturale.

« D'autres ferments ont la propriété d'user les masses
hydrocarbonées insuffisamment compactes. Une troisième
catégorie décompose les graisses ; une quatrième désa-
grège d'autres substances diverses. On peut dire qu'il
n'existe pas une seule substance plastique du protoplasma
qui ne possède, dans le milieu de la matière vivante,
d'enzyme capable de la détruire, ou, tout au moins, de
lui enlever pour un temps ou pour toujours ses qualités
plastiques.

« Un autre destructeur enzymique de la matière
vivante, c'est l'oxygène. Il pénètre les tissus de l'organisme, tout autant que les ferments. Bien que dans le
protoplasma il revêt son état habituel, qui est peu actif,
des recherches scientifiques ont solidement établi qu'à l'intérieur de l'organisme les substances albuminoïdes, et,
surtout, les graisses et les sucres encourent très aisément
et très rapidement son action oxydante, et sont, conséquemment, détruites en d'énormes proportions.

« Nous laisserons de côté la question encore inexpliquée du mécanisme qui préside, à l'occasion, à ces effets colossaux de l'oxygène sur la substance vivante, pour nous en tenir au fait même de la destruction de la matière plastique par l'oxygène.

« Si dans la substance vivante les corps albumineux se trouvent dans un état physique ou chimique qui les protège peu ou radicalement contre l'action directe de l'oxygène, il suffit qu'un ferment approprié opère sur eux, ne fût-ce que superficiellement, pour rendre en quelques secondes cette partie albumineuse accessible à la réaction destructive de ce gaz.

« L'oxygène et les ferments chimiques séparément ou, principalement, en coopérant, mieux encore, avec le concours de la température élevée des animaux à sang chaud, représentent une force puissante de destruction à l'égard de l'intégrité de la substance vivante.

« La chaleur qui, dans cette ligue, joue un rôle de complice actif et non de comparse, bien qu'elle se dérobe soigneusement, notamment chez les animaux à sang froid, provient de la combustion dans l'économie des matières organiques apportées à l'organisme par la nourriture quotidienne. La nourriture introduit donc aussi dans la substance vivante de l'organisme un élément indirect de destruction.

———

Quand, pourtant, toutes ces influences délétères tournent à l'avantage de l'organisme, ce dénouement ne saurait être en aucun cas expliqué par des lois mécaniques. Par suite, les processus de réparation qui marchent de front avec ceux de destruction ne peuvent être inter-

prétés comme des phénomènes physico-chimiques courants. C'est à l'existence de l'énergie, dont nous ne rencontrons pas, dans les corps de la nature inanimée, la
manifestation sous cette forme, qu'il faut s'adresser pour
les expliquer.

CHAPITRE XI

Les manières de voir des mécaniciens sur les processus biologiques.

Il faut néanmoins noter que, tout dernièrement, les représentants de la théorie mécanique de la vie, se sont évertués de toutes leurs forces à supprimer la différence qui sépare les organismes vivants des corps inanimés.

Voici par exemple ce qu'on lit sous la signature du professeur TIMIRIAZEW (1).

« La propriété fondamentale, qui caractérise les organismes, qui les sépare des corps dépourvus d'organisation, consiste en la constance et l'activité des échanges qui se font entre leur substance et la matière du milieu ambiant. L'organisme reçoit continuellement de la matière, la transforme en une substance semblable à lui, se l'approprie, se l'assimile, pour la modifier de nouveau et l'excréter. La vie de la plus simple cellule, la masse gluante du protoplasme, l'existence de l'organisme sont

_____

(1) Timiriazew. *Niékotorye osnovnyia zadatchi sovrémennavo estestscoznania.* (Quelques problèmes fondamentaux des sciences naturelles contemporaines), Moscou.

composées de ces deux conversions : réception et accumulation, élimination et perte de matière.

« Au contraire, l'existence du cristal n'est concevable que par l'absence de toute métamorphose, par l'absence de toute espèce d'échanges entre sa substance et les substances du milieu.

« Le premier des symptômes caractéristiques de l'état d'organisation, c'est-à-dire la réception et l'accumulation de substances, nous pouvons le considérer sous un double point de vue, le point de vue chimique et le point de vue mécanique. Nous avons dans le premier cas la nutrition; nous avons, dans le second, la croissance. La nutrition et la croissance sont, au fond, deux faces d'un seul et même phénomène.

« On croit habituellement que l'augmentation de masse des corps inorganiques ne procède de rien qui ressemble à la nutrition et à la croissance des corps organisés, tandis que la substance de l'organisme provient d'une substance dissemblable ; avant que de devenir partie constituante de l'organisme, cette substance doit subir une transformation. La masse cristalline, dit-on, s'augmente par l'accumulation d'une substance qui se trouve déjà dans la solution-mère. La croissance du cristal a lieu par stratification, par superposition de couches, par *apposition*, pour nous servir de l'expression technique, de nouvelles parcelles ; le *cristal grandit par sa surface*. L'accroissement des organismes s'effectue, lui, par l'intermédiaire de l'insertion de nouvelles particules de matière entre celles qui existent déjà, au moyen de réserves intérieures, de *dépôts intercalés*, ou, pour obéir aux usages consacrés par la terminologie, par *intussusception*.

« Eh bien ! cette différence radicale essentielle, qui

sépare ce mode d'évolution de l'autre, disparaît presque en présence des *expériences curieuses sur les cellules artificielles*, dont la découverte est due à MORITZ TRAUBE. Peu de botanistes éminents en ont jusqu'ici pénétré la portée ; par contre, elle a été, dès son apparition, prisée selon son mérite, par un physiologiste tel qu'HELMHOLTZ.

« TRAUBE prend une goute d'une substance et la met au contact de la solution d'une autre substance. Cette goutte se revêt d'une membrane. Ce semblant de cellule se met, sous les yeux de l'observateur étonné, à croître, c'est-à-dire à augmenter de volume et de masse. Tel est le phénomène de la croissance artificielle. Il ressemble à la croissance réelle par deux traits fondamentaux. Il n'a lieu qu'en vertu de l'action réciproque de substances de nature différente, c'est-à-dire qu'il est subordonné à l'état de réceptivité de la substance de la cellule ; il s'arrête quand celle-ci n'est plus susceptible de recevoir la substance du milieu ambiant et de la transformer en une matière semblable à elle, en un mot de se l'assimiler. Il a lieu par l'intermédiaire de l'insertion de nouvelles particules dans celles de la substance préexistante, c'est-à-dire par intussusception. Toute atteinte portée aux conditions de l'expérience, soit au milieu chimique, soit au moule membraneux, fait cesser l'organisation de notre cellule, et, en même temps, son activité caractéristique, sa croissance ; elle meurt, si l'on peut s'exprimer ainsi.

« Il n'est donc guère possible dans le processus de la nutrition et de la croissance d'établir aucune différence radicale, aucun principe de distinction entre les êtres organisés et les corps dépourvus d'organisation.

« Mais, dira-t-on, l'organisme n'est pas seulement le théâtre de processus de création (nutrition et croissance); ceux-ci sont accompagnés d'un processus de destruction et d'excrétion ; la substance de l'organisme est oxydée par l'oxygène de l'air ; c'est le processus de la respiration.

« Sans doute, mais il est certain que ce *lien entre les phénomènes de la vie et la perte*, ou plus exactement, la transformation *de substance*, n'est pas particulier aux corps vivants. Nous le rencontrons encore dans le monde inorganique. On a toujours volontiers comparé les corps vivants à une mécanique ; la machine à vapeur fournit la comparaison qui s'en rapprocherait le plus. Brücke, qui signale cette ressemblance, tout désireux qu'il soit de montrer la différence qui les sépare, s'exprime ainsi : « L'organisme est un mécanisme qui se construit lui-même, mais n'avons-nous pas, dans les cellules artificielles qui viennent d'être décrites, l'exemple d'un mécanisme se construisant lui-même ? La métamorphose y est en définitive totalement subordonnée aux lois de la permanence ou éternité de la matière, ainsi qu'à la loi de la conservation ou éternité de l'énergie. » Ceci, pour Brücke, exclurait la présence de *n'importe quelle force vitale capricieuse*.

« La vie des organismes nous offre encore une troisième catégorie de phénomènes. Nous voulons parler du *changement de forme de l'être* qui est peut-être bien le côté le plus caractéristique des manifestations biologiques. L'alternance successive, la conversion des formes que la vie nous montre, nous la désignons sous le nom de *développement* ou d'*évolution*. Un trait général et large de ce processus qui nous frappe, c'est qu'il construit des formes, des organismes entiers, ou bien des organes séparés, remarquablement ajustés, adaptés à leur milieu, et à leur fonction, qui sont des modèles d'harmonie, de perfection, d'opportunité pratique. Toutes les opérations chimiques et mécaniques individuelles tendent en quelque sorte à un but déterminé, à organiser une forme utilitaire. On envisage volontiers *ce développement des organismes conforme à un but visé* comme la particularité caractéristique des êtres organisés, les distinguant des corps dénués d'organisation. Ce serait le principe du développement, en germe, croit-on, dans chaque organisme ; il unirait et mettrait d'accord tous les processus physiques et chimiques qui s'accomplissent dans l'économie, les dirigerait vers un but fixé. Ce n'est plus simplement de la physique et de la chimie, disent les vitalistes, c'est aussi le principe de la vie.

« ... La physiologie est-elle en mesure de répandre quelque lumière sur ce côté obscur des phénomènes biologiques ; est-elle capable de fournir une explication de la finalité utilitaire du développement ? Tenter cette explication mettrait un fleuron de plus à la couronne de la biologie contemporaine. Elle ne s'est pas attaquée à un problème que les siècles précédents ont regardé comme insoluble. »

Il s'agit, bien entendu, de l'évolution des organismes dans le temps, qui *inévitablement, fatalement, pousse le monde organique à la perfection et à l'harmonie*, évolution qu'avait indiquée Darwin.

M. Timiriazew, tout entier à sa théorie mécanique, finit par exiger de la biologie que, pour expliquer les phénomènes de la vie, elle mette à profit trois espèces de causes : les causes chimiques, les causes physiologiques, les causes historiques. Ce triple problème correspondrait, suivant l'auteur, à trois périodes de développement des sciences naturelles caractérisées par trois lois générales, ayant, sous l'impulsion de trois autorités, présidé à nos idées sur l'univers. Ces lois générales seraient : 1º celle de la permanence de la matière ; 2º celle de la conservation de l'énergie ; 3º celle de la transmission héréditaire ou unité de la vie. Les noms qui s'y rattachent sont ceux de LAVOISIER, HELMHOLTZ, DARWIN.

Nous nous abstiendrons de faire comparaître ici les opinions des autres mécaniciens sur les manifestations biologiques des organismes. Elles sont rien moins que dissemblables entre elles ; toutes, elles ravalent l'organisme à l'idée d'une machine ou d'un simple mécanisme, oubliant que la machine ou le mécanisme ne peut être mis en action que sous la conduite de l'homme, et que, lorsque celui-ci n'intervient pas, machine ou mécanisme manifeste la même lenteur que tous les corps de la nature inanimée.

Nous ferons remarquer que les anciens vitalistes en appellent fréquemment à la finalité opportune des actes des organismes dont ils font une propriété qui séparerait l'être vivant de l'objet privé de vie. Ce côté de la question se trouve donc jugé.

Restent quelques auteurs qui inclineraient à voir des phénomènes d'utilitarisme dans les corps de la nature inanimée. Ils invoquent le système planétaire dont la masse nébuleuse et chaotique s'est, par voie d'évolution graduelle, transformée en un système bien ordonné dans lequel les corps célestes se meuvent en des directions correspondant par dessus tout au principe de la conservation de l'intégrité réciproque.

Mais on perd en même temps de vue que l'opportunité pratique des actes des organismes s'évalue par le côté subjectif ou individuel, et non par le côté objectif ou extérieur ; à ce point de vue, le système planétaire ne peut en aucune façon être taxé de conforme à un but visé. Les actes d'un organisme ne sont avantageux et opportuns que pour lui-même ou pour ses semblables ; ils peuvent être non seulement désavantageux mais encore nuisibles pour les autres, sans parler de la transgression de l'harmonie de la nature ambiante. Il est d'ailleurs impossible de ne pas convenir que l'idée de la finalité des actes opportuns est, dans une certaine mesure, conditionnelle ; en sa qualité de mosaïque de nombreux processus, elle mécontente bien des gens et ne fournit point la possibilité d'établir de limites entre le vivant et le mort.

Mais il est une autre qualité de la matière vivante qui l'isole de la matière morte ; c'est l'*activité* inhérente à la première. Puisant ses forces dans la nature qui l'entoure, les remaniant pour lui, l'organisme apparaît partout comme un être actif, manifestant dans ses mouvements une indépendance qu'il tient de l'élaboration intérieure des réactions extérieures ; ceci ne se voit pas dans les corps de la nature inanimée. Ce qui est donc en jeu, ce sont les relations spéciales des organismes avec la nature ambiante, absolument impropres aux substances inorganiques.

Inutile au surplus de dire que « la force vitale, insaisissable et insubordonnée, *capricieuse*, qui se dérobe à la loi de causalité, inassujettie au nombre et à la mesure », mentionnée par le professeur Timiriazew, doit être bannie de la biologie.

Quant à la loi de la permanence de la matière, à celle de la conservation de l'énergie, à celle de la transmission héréditaire de la vie et des organismes, elles doivent, comme il le déclare, former la base de nos conceptions

cosmogoniques. Il s'en suit que les processus biologiques
doivent être astreints aux mêmes lois que celles qui régissent les corps de la nature inanimée. Mais cela signifie-
t-il que les seules énergies découvertes dans les corps de
la nature morte que nous connaissions, aient la vertu
d'expliquer également tous les processus vitaux ? Point
du tout.

Nous avons déjà vu *suprà* que ni les processus de décomposition, ni ceux de restauration, n'ont jusqu'à ce
jour pu être pliés aux lois physico-chimiques.

L'opinion de DANILIEWSKI mérite à cet égard considération. De l'analyse détaillée de ces deux ordres de processus chez les organismes vivants, il conclut que dans
la substance vivante existe une force ou « faculté, par
l'intermédiaire de qui cette substance se montre capable
de réagir contre l'action destructive de l'eau, des sels,
de la chaleur, des ferments et de l'oxygène, qui, sans relâche, la pénètrent partout, et aspirent, à l'envi, à la réduire à l'état de masse morte, inerte, impuissante (1). »

Quelle est la source de cette force ? DANILIEWSKI en
arrive à croire que la substance vivante doit se compo-
ser, en outre de la matière pondérable, visible, d'une
« *matière d'un ordre supérieur* », grâce à laquelle toute la
force vive de l'oxygène et des aliments ingérés, tourne,
après une lutte inlassée, au profit de l'organisme vivant,
en dépit de la tendance destructive naturelle de ce gaz,
de l'énergie calorique des aliments et des ferments. A
chaque minute nous recevons en nous, en la personne de
l'oxygène, notre vandale éventuel; chaque jour nous déve-
loppons des aliments, à l'intérieur de notre économie,

---

(1) A. J. Daniliewsky, *loc. cit.*, p. 328.

assez de chaleur pour transformer en vapeur toute l'eau de notre corps, pour annuler le rôle utile des substances albuminoïdes du protoplasma et paralyser ainsi chez lui toute activité vitale ; et nous vivons tout de même. Il nous semble que nous vivons et restons intacts grâce à l'oxygène et aux aliments ; au fond nous échappons malgré leurs attaques, mais avec leur concours, pas autrement. Leurs forces, hostiles par essence à la substance vivante, sont, grâce aux mouvements moléculaires protecteurs, qui dominent en cette substance, converties en forces à son profit. »

Finalement l'auteur émet l'hypothèse que la substance matérielle, source et vectrice des mouvements défensifs de l'organisme, est la substance éthérée cosmique, contenue à l'intérieur de l'organisme ; il l'appelle *éther biogène*.

« Dans la substance vivante, écrit-il, dans celle qui manifeste la somme des phénomènes de la vie mécanique à l'exclusion des forces psycho-morales, existent des masses organisées de matière éthérée cosmique ; elles possèdent une colossale provision de mouvements moléculaires qui, sans discontinuer, passent de ces masses à la substance protoplasmique. Ces mouvements moléculaires d'éther organisé ont pour propriété d'éteindre dans le champ de leur action les mouvements moléculaires destructeurs de la substance vivante. »

« L'action de l'éther biogène de la substance vivante a les résultats suivants. Elle lui assure la *stabilité* des conditions propres à la *vie mécanique* de l'organisme ; elle y favorise le *développement d'énergies libres* au détriment des forces latentes des aliments inanimés ; elle permet l'*accumulation de matière vivante* avec toutes ses conséquences. »

Personnellement nous ne sommes pas enclin à créer
une matière supérieure particulière, douée d'une énergie
notablement plus grande que la matière ordinaire.
D'abord cette création contredirait au principe de l'unité
de la matière. Pourquoi donc admettre, en supplément
de la matière ordinaire, une matière d'un ordre supérieur ? Pourquoi cette matière-ci contiendrait-elle une
plus grande quantité d'énergie ? Tout autant de questions absolument insolubles ; tout autant d'éventualités
purement hypothétiques. Voici maintenant qui est encore
plus essentiel. Dans les phénomènes de la vie nous
voyons partout l'activité, qui n'existe pas dans ceux de
la matière inanimée ; comment donc doit-elle être inhérente à la matière d'un ordre supérieur, si elle n'en demeure pas moins attachée à la matière privée de vie ? Il
est évident que c'est un cercle vicieux dont ne peut nous
sortir l'hypothèse de l'éther biogène.

Max Verworn (1), pour expliquer les processus complexes des échanges nutritifs, a proposé un autre genre
d'*hypothèse biogénique.* Il admet une molécule extrêmement compliquée et mobile, à l'instar de l'*albumine vivante,* qu'il appelle *molécule biogène.* Elle serait le centre des échanges de matières. Mais il semble bien éloigné
d'attribuer à son opinion le mérite d'expliquer l'essence
du phénomène métabolique. Il ne l'envisage que comme
une hypothèse servant de point de repère à un ensemble
de travaux et se préoccupe simplement de faire de sa
molécule le premier rouage des processus biologiques.

(1) M. Verworn. *Die Biogenhypothese,* Iéna 1903.

L'albumine vivante, dit I. P. Kravkow (1), d'après l'ensemble de nos connaissances, doit, contrairement à l'albumine morte, être caractérisée par la grande mobilité de ses atomes dans la molécule ; ils ont par suite une grande tèndance à changer de place à l'intérieur de cette particule. Quelle est la cause de cette mobilité spéciale ? Pflüger la rattache à la présence de cyanure albumineux ; Loew invoque celle de groupes aldéhydiques ». Malheureusement ni la présence d'une parcelle cyanique, ni celle de combinaisons aldéhydiques, qui supposent une activité non seulement destructive, mais encore réparatrice, ne sont capables d'expliquer la mobilité spéciale de l'albumine vivante ; elles sont donc incapables d'expliquer la vie elle-même.

L'appréciation des processus vitaux est plus compliquée qu'on ne pense. L'organisme vivant n'est pas dans une simple réunion de cellules servant de fourneaux aux processus de décomposition et de construction ; nous avons affaire à un système complexe, à un ensemble uni qui conçoit et travaille partout comme un tout, comme un individu distinct.

Quand nous abordons l'examen de l'organisme vivant sous le jour des processus biologiques, nous constatons avant tout que l'individualité physiologique est indépendante des éléments cellulaires dont est constituée la substance vivante : car, ce que l'on désigne sous le nom de combustion et de dépense prodigue physiologique ne dépend nullement de la répartition de la matière vivante en la forme de cellules. En effet, on observe également

(1) Prof. I. P. Kravkow. *Sovrémennyïa problémy farmakologii i matérialisma*. (Problèmes contemporains de pharmacologie et de matérialisme). Saint-Pétersbourg, 1903, p. 67.

sur des parties de cellules séparées (1) tout ce qui peut être rattaché à cette combustion et à cette prodigalité ; à savoir : le mouvement, la désassimilation, la formation de chaleur, les phénomènes électriques, l'excitabilité. D'autre part, un fait est hors de doute : toutes les cellules d'un organisme vivant dépendent l'une de l'autre, et elles régularisent mutuellement leur tension osmotique (2). Pour BUTTERSACK (3), « l'organisme animal n'est pas seulement un assemblage de systèmes anatomiques placés à côté l'un de l'autre ; c'est, plus exactement, un appareil à réactions d'une régularité excessivement fine, qui se régularise lui-même. » Il ne manque pas d'observations à l'appui de ces assertions.

Les expériences de NœGELI, (4) ont montré qu'un végétal privé de ses feuilles, de ses branches, et même de toute sa tige, refait les mêmes organes à l'aide de bourgeons additionnels. Le même végétal reproduit, par le même procédé, les racines dont on l'a privé. Ces faits prouvent, suivant NœGELI que le besoin interne se manifeste, sous forme d'irritant, et qu'un besoin donné provoque toujours une réaction correspondante.

Chez le polype, comme chez la plante, la partie privée de tête et de segment radiculaire est-elle enfoncée dans le sol par son extrémité céphalique, elle régénère une racine à la place de tête, une tête à la place de la racine. On sait aussi que la greffe végétale réussit non point

(1) G. Schenck. *Physiologische Characteristik der Zelle*, 1899. Cité d'après R. Sleeswjiek. *Der Kampf d. tierischen Organismus mit der pflanzlichen Zelle*, 1892, p. 11, 12, 49,

(2) G. Schenck. *Loc. cit.*, p. 49.

(3) Buttersack. *Nichtarzneilige Therapie*, 1901.

(4) C. v. Nœgeli. *Mechanisch-physiologische Theorie d. Abstammungslehre*, 1884.

seulement quand on prend la tige pour la greffer ; mais même quand on greffe les feuilles et même la racine.

Chez les animaux inférieurs, une partie de leur corps est capable de régénérer le tout. Ainsi, chez les étoiles de mer. chaque radius, séparé du reste du corps, régénèrera l'organisme entier. Nous assistons au même spectacle chez les vers et quelques autres animaux inférieurs. Chez des êtres plus élevés en organisation, les limaçons, les crustacés, les lézards, une pièce séparée, telle que l'antenne avec son œil terminal, la patte ou la pince, sera reproduite, mais elle ne reconstituera plus l'animal entier. Si nous montons dans l'échelle zoologique, l'aptitude à la régénération d'organes séparés disparaît, mais les représentants de ces échelons plus élevés peuvent régénérer des tissus, notamment des épithéliums, etc..

N'oublions-pas la part prise par le système nerveux à la régénération des organes. Prive-t-on de ganglion nerveux le radius qu'on a enlevé à l'astérie, on peut-être sûr qu'il sera déchu de sa faculté régénératrice. On constate exactement le même résultat chez d'autres animaux qui sont munis d'un système nerveux.

Nous serions donc contraints à souscrire aux paroles de Nœgeli « le besoin peut agir comme irritant ». Seulement, nous nous demandons par quoi est déterminé le besoin lui-même. Ne prouve-t-il pas l'existence de l'énergie qui entretient la vie sous certaine forme complexe en des conditions variées ?

Qu'est-ce qui dans l'organisme en maintient l'intégrité à un degré quelconque envers et contre tout ? Ces processus de régénération peuvent-ils s'expliquer mécaniquement, surtout si l'on tient compte de la façon dont s'exécute tout ce travail ? Ce n'est pas par l'extérieur que sont mis en place et distribués les matériaux de la réfection ; c'est par l'intérieur. Est-ce que ces phénomènes de régénération de parties perdues ne constituent point des manifestations aussi énigmatiques que les processus de régénération par échange de tissus au sein de l'organisme ?

CHAPITRE XII

Insuffisance des opinions mécaniques sur la vie.

Voici ce que montrent clairement les développements précédents.

La question de la vie est actuellement posée de telle façon qu'il est impossible d'en expliquer les manifestations par des conditions mécaniques ordinaires. Ceux-mêmes qui, pour expliquer les phénomènes biologiques, maintiennent dans toute sa rigueur le principe mécanique, sont obligés d'avoir recours à des hypothèses, et, pour asseoir leurs hypothèses, à des agents spéciaux des plus extraordinaires et des plus obscurs au point de vue physique tels que « l'albumine vivante » ou « la molécule biogène ». On y voit la molécule biogène devenue la fondation des processus de la vie ou d'une matière supérieure qui prend la forme « d'éther biogène ». Ces agents devraient même remplacer l'idée de l'âme.

L'auteur de la dernière hypothèse s'exprime à ce sujet de la façon suivante :

« Prise dans l'acception vitaliste, l'hypothèse en question suppose que la matière du corps vivant est douée d'organisation ; celle-ci s'appuie sur la matière d'un rdre supérieur qui est nantie d'une provision d'énergie ncomparablement plus grande que notre matière pondé-able, *et par conséquent, se rapproche bien plus d'une onception quelconque de l'âme pleine de forces inta-issables.* »

Il s'agit donc bien de rapprocher de l'âme « l'éther iogène » en tant que matière supérieure. Ceci rappelle a théorie des Grecs de l'antiquité qui représentent 'âme sous la forme d'une matière éthérée subtile.

L'auteur n'en avoue pas moins d'ailleurs que l'hypothèse le l'éther biogène n'épuise pas complètement toutes les questions de la vie.

« Si demain quelque favori de la fortune trouvait le noyen de nous montrer le mécanisme et le mode d'action le la matière éthérée biogène dans la substance vivante, il 'en faudrait de beaucoup que cela voulût dire que l'énigme le la vie est entièrement résolue, que la science a attrapé 'âme ou qu'il n'y a plus dans l'homme aucune autre essence spirituelle.

« Non, cela signifierait que nous avons fait quelques pas encore dans l'intelligence de la vie mécanique en particulier et de la vie en général, et pas plus. La vie spirituelle, l'âme, la raison, la volonté, la conscience, resteraient les mêmes problèmes qu'elles sont à présent. Mais ces sphynx apparaîtraient soudain éclairés par un côté, et, sortant du lointain ignoré qui nous les cache sans cesse, ils se rapprocheraient par conséquent plus de nous. » (*A. J. Daniliewski.*)

Il est évident qu'aucune des hypothèses auxiliaires dans le genre de « l'éther biogène » n'est capable d'em-

8.

brasser le champ entier de la vie telle qu'elle se présente à nous, c'est-à-dire spiritualisée, manifestant ses relations de finalité opportune avec la nature ambiante.

Actuellement déjà, nombre de biologistes ont résolument affirmé que la seule conception mécanique de la vie ne peut donner satisfaction, que, dans les phénomènes de la vie il y a un quelque chose irréductible aux lois seules de la chimie et de la physique connues jusqu'ici qui n'en sont du reste encore qu'à leurs bégaiements.

Les questions essentielles de la vie, et l'impossibilité de l'expliquer par ces lois ont été, à notre avis, très complètement formulées dans le même article de DANILIEWSKI sur la « Matière vivante » (1).

« Comment une masse de particules matérielles, dont la nature ne se distingue en rien de celle d'une autre masse semblable, possède-t-elle la propriété de former un *système fermé* qui non seulement ne se fond pas dans le reste du monde matériel, non seulement possède une complexion ferme, mais dévoile encore toutes ces qualités dans les relations incessantes qu'elle contracte avec le monde extérieur, dans les échanges matériels et dynamiques qu'elle entretient avec lui? Ce système, dans ces conditions, tout en maintenant son intégrité, manifeste une vigueur de développement progressif de sa masse individuelle et enfante de nouvelles individualités semblables à lui ; outre qu'il s'adapte lui-même aux conditions ambiantes de la nature inanimée, il s'efforce encore, par un travail opiniâtre exténuant, à accommoder à ses besoins personnels les conditions qui l'entourent. Les réactions matérielles exercées par le monde extérieur sur

(1) A. J. Daniliewski. *Viestnik Evropy*, t. III, mai 1896, p. 292.

ce système ne se traduisent pas simplement par un état correspondant de ses particules matérielles propres ; ces impressions sont, en sus, promues à la dignité de mouvements sous des formes qui n'existent en aucune masse de corps morts. Enfin, dans ce système, ces modalités d'impressions, s'associant à l'infini, fournissent les phénomènes psycho-moraux de l'entendement qui prévoit, de la volonté qui agit, de l'amour universel et de l'aperception. Tel est l'organisme vivant que nous avons devant nous ; telle est la vie qui se développe dans la nature et qui s'efforce irrésistiblement de couler dans ses moules animés une masse toujours plus grande de matière morte. »

Ce sont ces questions complexes qu'on a sans relâche soumises à l'analyse, qu'on s'est proposé d'expliquer par l'action de processus physico-chimiques, qu'on a finalement rabaissées à des conditions mécaniques plus simples. On a été hanté par la machine. On a dit. L'action du mécanisme de telle ou telle machine compliquée (c'est à elle que les biologistes à tendances mécaniques se plaisent obstinément à comparer l'organisme) peut être décomposée en une série de lois physiques et mécaniques simples. Et, malgré cela, tous les essais de ce genre ont jusqu'à ce jour échoué.

Ecoutez plutôt le professeur Borodine dans sa conférence sur le *protoplasma et le vitalisme* (1).

« Si nous faisons la somme de tout ce qui a été dit, si nous embrassons encore une fois d'un rapide regard l'histoire curieuse, à demi centenaire du protoplasma, nous sommes obligés, bien que, peut être, le cœur gros, d'avouer que le substratum de la vie reste pour nous,

(1) Professeur Borodine. *Mire Bojii* (Le monde divin), 1895.

comme devant, un X indéchiffrable. *Obscura textura,
functiones obscurissimæ*, a dit un ancien anatomiste du
cerveau de l'homme. Cette phrase est en entier applicable
au protoplasma. Nous avons beaucoup écrit sur lui dans
ces derniers temps, mais nous savons sur son compte bien
peu de choses dignes de foi. Comme auparavant, comme
au temps de Moll., le protoplasma est pour nous un
glaire azoté, mobile, d'ordinaire à petits grains, qui
cache en son sein le mystère de la vie. »

La physiologie pour Borodine n'a fait que timidement
balbutier sur les propriétés des matières albuminoïdes
par lesquelles on prétendrait expliquer les phénomènes
biologiques : elle n'est en général pas allée plus loin.

Aussi conclut-il en ces termes :

« Au lieu d'affirmer avec assurance que l'organisme
est un mécanisme, et la vie un phénomène physico-chimique qui se joue dans le protoplasma, nous dirons mo-
destement que les corps vivants sont soumis à l'action
des forces mécaniques de la nature morte, et que la vie
demeure pour nous comme auparavant, le plus grand des
secrets. »

Le professeur Bunge ne s'exprime pas autrement (1).

« Plus nous étudions les phénomènes de la vie sous
toutes leur faces, plus nous les détaillons, plus nous les
approfondissons, plus nous nous convainquons que les
processus, que nous avions cru possible d'expliquer par
la physique et par la chimie, sont, en réalité, incomparablement plus complexes, et, qu'en tout cas, jusqu'à
nouvel ordre, ils sont vraiment incompatibles avec une
explication mécanique. »

(1) G. Bunge. *Vitalismus und Mechanismus*. Leipzig.

« Nous avons beau explorer à l'aide de nos sens extérieurs la nature vivante et la nature inanimée, nous n'y découvrons que des processus définis de mouvement. Mais nous possédons encore un *sens interne* par lequel nous prenons connaissance de l'état et des modifications de notre conscience propre ; nous découvrons ainsi une substance et des processus qui n'ont rien de commun avec un mécanisme.

« Dans l'activité du germe est toute l'énigme de la vie. L'idée même de l'activité, ce n'est pas à l'aide des sens que nous l'avons découverte ; nous l'avons puisée dans l'introspection ou auto-observation. Ce produit de notre conscience, nous le transportons sur les objets de nos perceptions sensorielles, sur la moindre petite cellule. Tel est le premier essai d'une explication psychologique de tous les phénomènes de la vie (1). »

(1) Nous nous abstiendrons de citer d'autres opinions de vitalistes purs, mais nous indiquerons aux personnes que le sujet intéresse, l'ouvrage du docteur K.-C. Schneider (*Vitalismus*, 1903). On y lit entre autres passages :
« Une analyse circonstanciée des divers processus biologiques m'a conduit, comme je m'y attendais, au domaine psychique ; elle a fait naître en moi l'opinion que chaque processus biologique procède de trois facteurs psychiques fondamentaux : la sensation (et sa synthèse), le sentiment et la volonté. La sensation est le corrélatif de l'irritation ; la manifestation de la volonté correspond à l'action de l'énergie ; toutes deux sont reliées par le ton sentimental. Je regarde avec Th. Ziegler le ton sentimental comme le centre de tout état psychique ; son intensité initiale plus ou moins grande tient sous sa dépendance l'évolution, consciente ou non, du processus. Mais il convient en outre de remarquer que, même en ce dernier cas, l'état mental se rattache à la conscience » (*Préface*, p. V). Nous ne partageons pas ces manières de voir vitalistes et nous ne les examinerons pas. Mais nous ne pouvons pas ne pas relever que le vitalisme moderne a dû ses succès à la réaction provoquée par le matérialisme grossier des derniers temps.

Le professeur FAMINTZYNE se montre tout aussi catégorique : « Je sympathise sans réserve à l'idée d'après
laquelle les phénomènes de la vie seraient régis par les
mêmes lois exactement que ceux de la nature inanimée.
Mais je ne puis accorder que les lois de la physique et
de la chimie appliquées au mouvement des atomes. qui ne
nous présentent en somme que le décor extérieur des
phénomènes de la nature morte, aient pleine qualité pour
vider la question des phénomènes de la vie, pour en
mettre à jour non seulement la manifestation externe,
mais encore l'élément psychique intérieur bien connu de
nous par la sensation immédiate. »

J. DANILIEWSKI (1) dans l'article cité tout à l'heure écrit
également.

« La théorie mécanique qui aspire à tirer la vie des
propriétés de la matière visible, triomphe tant qu'il ne
s'agit pas de quelques phénomènes physiques ou chimiques compliqués et embrouillés de la matière vivante...
On devait naturellement s'attendre à voir la théorie mécanique de la vie essayer d'agréger à ses conceptions sur
son mécanisme l'irritabilité de la matière vivante. Mais
toutes les tentatives connues jusqu'à présent ont témoigné
d'une insuffisance pénible.

« Ni l'instabilité de la matière vivante ou de ses albumines, ni l'hypothèse de l'albumine vivante d'une surpre-
nante mobilité, ni la faculté de dissociation du complexus
chimique du protoplasme, ni la supposition des détona-
tions de l'énergie calorique dans les parties décomposa-
bles, ni les transformations des tensions électriques, n'ont
pu expliquer ce phénomène ; l'irritabilité, la sensibilité,

(1) Danillewski. A. I. loc. cital, p. 894.

l'écho de la matière vivante, sa réaction vitale aux ressorts des excitations extérieures, demeure encore une propriété à deviner (1). »

———

Il nous reste à dire quelques mots des *cellules artificielles*. Elles servent à quelques biologistes à tendances mécaniques d'arguments à l'appui de l'explication du processus énigmatique de la croissance dans les organismes vivants.

Disons sans ambage que leur évocation est dépourvue de sens, car la plupart des biologistes suspectent l'analogie des cellules artificielles avec les cellules vivantes (2).

Citons le passage fort caractéristique sur ce thème du discours du professeur Borodine. « D'aucuns signalent solennellement les amibes artificiels qu'on a réussi à obtenir en triturant de l'huile avec de la potasse, etc... Il est vrai que les micrographes, même expérimentés, en regardant ces corps oléagineux qui, sans discontinuer changent de configuration, sont hors d'état *ex abrupto* de les distinguer des organismes rudimentaires, et, cédant à leur première impression, se déclarent prêts à les tenir pour vivants. Pourtant, au risque de soulever l'indignation de beaucoup, je me permettrai de ne point modifier mon opinion personnelle, fût-elle unique, sur ces amibes artificiels. Il m'est avis qu'un historien impartial de la science devra les placer sur la même ligne que... les

———

(1) Daniliewski. *A. I. loc. citat.*, p. 304.
(2) Famintzyne. *Outchebnik fisiologii rasténii* (Manuel de physiologie végétale), p. 228.

fameux automates de Vaucanson et de Drozow. Le suffisant xviiie siècle avait franchement résolu le problème par
son terme le plus compliqué ; il avait tenté de donner la
vie par la mécanique au roi de la création ; nous autres,
au xxe, nous commençons discrètement par le plus
simple : au lieu de l'homme artificiel, nous créons l'amibe
artificiel. Les moyens sont, assurément, totalement différents. Il y a deux cents ans, c'est un système très complexe de roues capable de faire perdre son latin au méca-
nicien le plus expérimenté. Aujourd'hui, il suffit d'une
simple trituration d'huile et de potasse. Néanmoins, dans
les deux cas, le fond est le même. La reproduction artificielle des manifestations extérieures de la vie à l'aide de
substances n'ayant rien de commun avec le substratum
de la vie est la création d'un semblant de vie avec des
matériaux dont l'état de mort ne fait de doute pour personne. »

Nous ne pouvons nous dispenser d'en appeler ici à une
autorité telle que Claude Bernard.

« S'il me fallait donner une définition de la vie, déclare
le célèbre physiologiste, je dirais que la vie est une puissance créatrice. Ce qui caractérise la machine vivante, ce
n'est pas la nature de ses propriétés physico-chimiques ;
c'est la création, la production de cette machine même
qui se prolonge suivant un plan défini... Ce groupement
s'effectue d'après les lois qui régissent les propriétés
physico-chimiques de la matière ; mais l'essentiel même
dans le domaine de la vie n'est du ressort ni de la physique ni de la chimie : il réside dans l'idée qui dirige ce
développement vital ».

Et plus loin :

« Il existe, en quelque sorte, un quelque chose de pré-
médité, qui dessine le plan biologique de tout être, de

tout organe, à telles enseignes que, si tout phénomène de l'organisme pris séparément est subordonné aux forces universelles de la nature, il semble, considéré dans sa dépendance des autres ou associé aux autres, témoigner d'un lien spécial avec eux. Tous ensemble ils sont comme sous la dépendance de quelque chose d'invisible qui se traduit par la voie qu'ils ont choisie, par l'ordre qui les lie réciproquement ».

À un autre passage, CL. BERNARD dit :

« La vie, c'est quelque chose de conscient, c'est la conscience du résultat général en vue duquel tous les éléments anatomiques sont associés et mutuellement subordonnés, c'est la conscience de l'harmonie qui découle de leur accord mutuel, de l'ordre qui règne dans leurs actes. »

En face de l'impossibilité de réduire tous les phénomènes de la vie à des lois mécaniques, la biologie moderne s'est remise à appeler l'énergie vitale à l'explication des processus biologiques, mais sous la réserve que l'on considèrerait en même temps comme fermement établie la subordination des organismes vivants aux lois physiques et chimiques de la nature morte. Cette doctrine, de date récente, est, on le sait, connue sous le nom de *néovitalisme* ; c'est la force ou énergie vitale d'autrefois qu'elle ressuscite tout en subordonnant la matière vivante aux lois physico-chimiques.

« L'essence de la vie, dit l'académicien KORJINSKI, est concentrée en premier lieu dans l'activité, c'est-à-dire dans l'aptitude de l'organisme à répondre aux irritations externes. Ces phénomènes proprement vitaux reposent sur une propriété commune, spéciale aux organismes, qui n'a point place dans les phénomènes de la nature inorganisée. Cette propriété, c'est le principe inhérent au plasma. Il est impossible de le rattacher à des propriétés chimiques ou physiques, car il crée des phénomènes sans analogue au sein du monde inorganique. Il n'est pas décomposable en des éléments constituants et échappe, pour le moment, à toute vérification exacte. Nous l'appellerons *conditionnellement énergie vitale.* Ce n'est pas la *force vitale*, ce n'est pas une source indépendante de forces inépuisables, naturelle à l'organisme. L'énergie vitale ne constitue pas une exception à la loi de la conservation de l'énergie. »

Nous devons pourtant faire observer que la thèse émise dans les termes que l'on vient de lire, fait revivre, bien que sous une version quelque peu différente, la force vitale, insaisissable, inaccessible aux investigations, qui présente, dans toute l'acception du mot les allures de sphinx, et à l'expulsion de laquelle avaient été dépensées tant de peines. Où se cache cette force vitale ? En quoi se manifeste-t-elle ? Voilà les questions qui surgissent inévitablement et invariablement au mot seul de force ou énergie vitale. Aussi bien, étant un X dans toute la force du terme, cette force vitale ne peut au fond rien ajouter à ce que nous donne l'énergie latente telle que nous la comprenons, et dont les manifestations se prêtent, sans réserve, à la recherche scientifique. L'énergie latente en effet qui résulte de la transformation des énergies extérieures de la nature ambiante, qui, par ce mécanisme, s'accumule dans les organismes, ne saurait, en sa qualité de cause des phénomènes internes ou psychiques développés dans nos centres, être aucunement rejetée de la biologie.

CHAPITRE XIII

La biomolécule considérée comme fondement de la matière vivante.

Nous avons dit que la vie a pour caractère extérieur l'activité qui résulte de l'accumulation d'énergie de réserve. Nous avons maintenant à examiner de plus près en quoi la matière vivante se distingue de la matière inanimée.

Il est indispensable d'avoir présent à l'esprit que tous les processus biologiques en général reposent sur un échange de matériaux, ou, si l'on veut sur les relations réciproques affectées par les parcelles de matière vivante que résume l'expression de théorie atomique. Les processus chimiques correspondants donnent par eux-mêmes de la spontanéité à l'organisme le plus rudimentaire, c'est-à-dire qu'ils lui maintiennent, quand les conditions extérieures sont favorables, un équilibre moléculaire interne qui assure la continuité de la désagrégation et de la reconstitution de la matière.

En d'autres termes, les parcelles de matière présentent un mode d'enchaînement mobile spécial qui se distingue de l'enchaînement moléculaire et atomique habituel, et qui, en outre, tient sous sa dépendance, sous la réserve de certains rapports entre le volume de l'organisme et la surface contiguë au milieu nutritif, une abondante quanlité de processus réparateurs ; c'est par ce moyen qu'il réalise l'accroissement de l'organisme vivant, sa multiplication, le développement d'organes séparés.

On sait que la chimie moderne n'a même pas découvert de différence entre l'albumine du protoplasme vivant et l'albumine inerte ou morte ; les prétentions de quelques auteurs relatives à la présence, dans l'albumine vivante, d'un groupe de combinaisons cyaniques (PFLUGER), les assertions de certains autres pour qui l'albumine vivante serait une espèce d'aldéhyde, sont de pures hypothèses qui ne sont, en quoi que ce soit, basées sur des faits.

Ce n'est donc évidemment pas dans la nature chimique de la matière même que gît le débat ; c'est dans la forme particulière de l'équilibre instable extrêmement mobile des parcelles matérielles complexes assemblées en molécules de vie ou biomolécules, équilibre qui partout constitue la base de la vie et dépend de l'énergie.

Cet enchaînement mobile est également le pivot du processus d'assimilation et de désassimilation ; sous la condition de rapports déterminés entre le volume et la surface, il est apte à accumuler continuellement en lui de l'énergie au moyen d'incessantes transformations physico-chimiques. Tout nouvel afflux d'énergie sera consacré au renouvellement continuel des ingrédients qui entrent dans cette chaîne, à agrandir le volume du système entier, au mouvement de la masse et des molécules de ce dernier. Ce mouvement à son tour préside à l'irritabilité de la matière vivante, c'est-à-dire qu'il la rend capable de la réaction motrice spéciale qui aboutit à la contraction et s'accompagne d'un état subjectif défini.

De ce qui précède, il appert qu'entre le vivant et le mort il ne peut y avoir extérieurement de limite aussi rigoureuse qu'il peut le sembler tout d'abord, surtout si nous abandonnons l'idée de faire de la cellule la forme primordiale de l'individu vivant.

En réalité nous avons toutes raisons de croire que la cellule représente en soi un organisme assez compliqué et que le début de la vie n'a pas dû apparaître sous la forme de cellule, mais sous celle de simple petit grain à peine perceptible au microscope, ou biomolécule. De la biomolécule à la cellule la biologie contemporaine découvre toute une chaîne ascendante d'organismes rudimentaires. Néanmoins c'est quand surgit le système mobile complexe sus-mentionné d'accrochement, d'enchaînement des parcelles de la matière, que celle-ci acquiert, dans ses relations avec la nature ambiante, les particularités qui l'individualisent et la séparent, en tant que substance vivante, indivisible, de tout ce qui est mort, privé de vie, inerte.

Ce système fermé, compliqué, mobile d'enchaînement, de cramponnement, d'accrochement des parcelles de la matière, qui d'après TCHERMAK fournit le mouvement en *tourbillon*, et qui est investi de la double faculté de se recréer lui-même aux dépens des matériaux morts qui l'entourent, au moment de la désagrégation, et de croître et multiplier, c'est aussi de l'albumine vivante qui se manifeste, sous son plus simple aspect, en la forme du petit grain primordial ou biomolécule.

Il va de soi que l'énergie qui forme le pivot de l'enchaînement mobile en question, par ce qu'elle est une forme de l'énergie cosmique universelle, est assujettie à la loi de la permanence et de l'éternité de l'énergie ; elle ne soustrait donc pas la matière vivante aux lois générales de la nature ; au contraire, elle élargit nos idées sur la nature de l'Univers en général et sur celle des organismes qui y vivent en particulier.

La matière vivante, en tout cas, n'est pas seulement une combinaison chimique dans laquelle nous trouvons de simples enchaînements moléculaires. Nous avons déjà affaire ici à un enchaînement particulier de molécules complexes revêtant la forme de biomolécules, enchaînement excessivement instable et mobile qui emprisonne d'énormes quantités d'énergie. Si nous tenons compte des opinions d'un grand nombre de physiciens contemporains (W. Thomson, Secchi, Crookes, et beaucoup d'autres), pour qui les atomes des corps simples ne sont pas des parcelles de matière indivisibles, et représentent eux-mêmes des agrégats de parcelles encore plus ténues nommées *électrons*, mises en liberté, par exemple, par des corps radioactifs, agrégats qui fixent et enserrent des quantités immenses d'énergie; nous voilà obligés d'en arriver à conclure que la constitution de la matière, dans le monde qui nous est accessible, procède de la complication gradative et progressive de ses parcelles fondamentales. Elles prennent l'aspect d'électrons, pour les éléments les plus simples que nous connaissions; celui d'atomes pour les éléments des corps simples physiques; celui de molécules de complexité et de composition différentes dans les éléments des combinaisons chimiques compliquées; et, enfin, l'aspect de biomolécules dans les éléments simples au suprême degré de la matière vivante.

Actuellement du moins, il est hors de doute que les corps simples sont en définitive compliqués. Les données de la spectroscopie et de la mécanique des gaz plaident résolument en faveur de cette manière de voir. Evidemment les atomes mêmes des corps simples sont produits par une matière plus simple; ils résultent, selon toutes probabilités, du groupement et de l'assemblage de parcelles de la substance la plus simple répandue partout qui est connue sous le nom d'*éther*. En tout cas, les atomes qui apparaissent comme des agrégats d'éléments plus simples ou *électrons*, représentent, en leur genre, des mondes d'une énergie qui se trouve à l'état de fixation.

Les électrons constituent-ils la matière à son état primitif, originel, ou s'agit-il aussi ici d'agrégats plus ou moins complexes? La question n'est certes pas dénuée d'intérêt, mais elle est difficile à résoudre. Quoi qu'il en soit, si nous admettons que l'on puisse pousser plus loin encore la décomposition de la matière, il semble qu'elle ne puisse plus se présenter que sous la forme d'énergie; car de la matière il ne reste plus aucune des propriétés qui lui appartiennent. Si, par exemple, nous attribuons à l'*émanation*, terme consacré, de corps radioactifs les parcelles matérielles qui se meuvent rapidement, sous forme d'électrons, en se séparant des atomes décomposés, si nous assimilons cette émanation à des rayons cathodiques, en invoquant sa déviation par les aimants, ces rayons cathodiques qui filtrent à travers le verre du tube de *Crookes* fournissent comme l'on sait des rayons *Roentgen* déjà privés de la propriété d'être déviés par l'aimant, mais jouissant de celle de pénétrer les milieux solides.

En ce dernier cas, nous n'avons évidemment plus que *l'énergie seule*. Nous voici donc avec les rayons cathodiques, avec les phénomènes de radioactivité, à la la limite ultime de la matière, au sens ordinaire de ce mot, au-delà de laquelle nous rencontrons l'énergie pure. Ici les plus minuscules parcelles de la matière, en la forme d'électrons, volent dans l'espace, en quelque sorte attrapées par l'énergie. Quand les premiers seront retenus dans le tube de *Crookes*, il restera l'énergie radiante des rayons de *Roentgen*, et il est probable que cette énergie là demeurera, après qu'on aura détourné les électrons à l'aide de l'aimant, dans les rayons radioactifs.

Nous pouvons en somme dire d'une manière générale que la matière privée de ses propriétés fondamentales de pondérabilité et d'attraction ou de répulsion se trouve à la limite de la frontière au-delà de laquelle tout l'imaginable cesse d'être matière et ne se présents plus qu'à l'état d'énergie pure. Et, effectivement, nombre d'auteurs réduisent l'analyse finale de la matière à l'énergie. On sait que LEIBNITZ. BASKOWITCH, TYNDAL, JOULE, KLOSIUS, etc... décrivent la matière comme une collection de centres d'action infiniment petits de l'énergie (1).

Que pensons-nous personnellement sur ce sujet ?

Nous nous sommes déjà prononcé en faveur de l'opinion que la scission faite par nous entre la matière et l'énergie était purement conventionnelle. Dans les grandeurs-limites de divisibilité de la matière qui sont accessibles à notre observation, par exemple dans les électrons en lesquels la chimie et la physique du dernier type désarticulent aujourd'hui les atomes des corps, nous possédons une matière quasi-privée de quelques-unes de ses propriétés habituelles, notamment de la pondérabilité. L'énergie apparaît, par conséquent, comme synonyme, en quelque sorte, de l'au-delà de l'effritement de la matière, comme synonyme de l'anéantissement des propriétés

(1) Bourdeaux. Problème de la vie. Saint-Pétersbourg, 1902, p. 34.

fondamentales et de la forme de la matière qui donnent à celle-ci le caractère d'un agglutinant enserrant telle ou telle quantité d'énergie. C'est donc l'énergie que l'on doit tenir pour le phénomène fondamental de la nature ; son état d'enserrement, de fixation, n'est, par suite, autre chose que la matière.

Il est hors de doute que chaque complication des parcelles fondamentales de la matière, qui commence à l'électron et va à la biomolécule de la matière vivante, s'accompagne de l'emprisonnement d'une énorme quantité d'énergie. Déjà les atomes des corps simples enlacent une quantité d'énergie peu ordinaire, du reste différente dans les divers éléments, plus abondante par exemple dans les métaux lourds que dans les autres ; c'est aussi ce que nous montrent les phénomènes de la radioactivité dans le radium et autres corps radioactifs (uranium, thorium) dont les atomes, continuellement décomposés en électrons, libèrent une colossale quantité d'énergie.

Les molécules des combinaisons chimiques enserrent encore plus d'énergie. Au moment où elles se décomposent en corps simples, elles en dégagent de grandes quantités variant au *prorata* de la complexité des combinaisons ; il faut y ajouter la quantité d'énergie emprisonnée dans les atomes des corps simples qui entrent dans la composition des combinaisons chimiques complexes.

Enfin les biomolécules qui forment la matière vivante doivent, grâce à une complexité spéciale de leur composition, emprisonner des quantités encore plus grandes d'énergie que les molécules ordinaires des combinaisons chimiques compliquées. Les biomolécules doivent également représenter des réserves d'énergie d'une quotité variable à proportion de leur complexité. C'est ainsi que les biomolécules de la matière cérébrale, constituées par des combinaisons albumineuses compliquées au suprême degré, doivent fixer des provisions d'énergie démesurées dont les chiffres colossaux dépassent notre imagination.

Voici un calcul qui permettra de se faire une idée des provisions d'énergie réalisables en l'espèce.

Un milligramme de radium peut, par émanation, en se décomposant complètement, libérer assez d'énergie pour traîner quatre fois autour du globe terrestre un train de marchandises de quarante wagons. Les biomolécules du tissu cérébral représentant, de par leur composition, des unités de matière incomparablement plus compliquées, il est évident que l'énergie qu'elles emprisonnent est immensément plus colossale que celle qui est contenue dans le radium.

CHAPITRE XIV

Echanges intràorganiques et irritabilité, envisagés comme propriétés fondamentales de matière vivante.

Il y a toutes raisons de croire que, lorsque l'accumulation intérieure d'énergie atteint un degré excessif, le système d'accrochement des parcelles de matière les unes aux autres ne peut que se mobiliser, attendu que, l'énergie ne pouvant plus être maintenue en permanence dans le système fermé, un certain contingent de parcelles matérielles sera continuellement décomposé en parcelles intégrantes plus simples. L'énergie ainsi libérée ne sort pourtant pas totalement du système ; grâce aux maté riaux qui entrent, elle est de nouveau enrobée, construisant de nouvelles particules de substance, aux dépens de ces matériaux, restaurant, par conséquent, la matière tombée en ruines, et, au demeurant, tenant sous sa dépendance l'assimilation et la désassimilation du tissu vivant connues de tous.

A cet échange intràorganique se relie l'irritabilité de la matière vivante. On comprend sous ce nom la propriété que possède toute substance vivante, depuis l'organisme le plus simple jusqu'au plus élevé de réagir aux irritations extérieures. Or, le caractère de la réaction n'est pas tant déterminé par les assauts externes ou par la composition chimique et physique de l'organisme, que par le mode d'accrochement mobile intérieur dont il vient d'être question, qui n'est pas le propre des corps de la nature inanimée et reste l'apanage de la vie.

Nous n'observons pas ce genre de réaction dans la nature morte parce que tous les corps de cette nature sont inertes. Leur réaction aux excitations extérieures est en corrélation directe avec la force et le caractère de l'intervention externe, et, aussi, avec la composition définie de leur substance ; elle n'est nullement déterminée par des états internes spéciaux.

L'irritabilité, naturelle, comme l'on sait à tous les êtres rudimentaires à commencer par l'amibe, l'est également aux végétaux et aux animaux supérieurs. Elle détermine leur aptitude à l'indépendance du mouvement ; celui-ci repose sur la permutation intérieure, absolument spéciale, originale, des parcelles de substance qui aboutit au changement de volume et de forme de l'organisme, et établit, par cela même, l'activité de ses relations avec le milieu ambiant.

Il s'entend que ce sont les conditions extérieures qui donnent le choc, l'impulsion au mouvement, mais il est déterminé par les conversions ou mutations internes moléculaires, ou, plus exactement, biomoléculaires, qui forment le pivot du processus d'assimilation et de désassimilation. Il s'en suit que ce mouvement ne puisse être nullement rabaissé aux causes mécaniques habituelles ; il faut qu'il soit rapporté aux manifestations actives de la matière vivante.

De ce qui précède il ressort clairement qu'il existe un lien intime, étroit, entre les processus des échanges organiques et l'irritabilité de la matière vivante. Ne voit-on pas partout que les bonnes conditions de ces échanges

prédisposent l'organisme au mouvement et l'entretiennent ; ne voit-on pas aussi que le mouvement extérieur
des organismes seconde les échanges matériels dans les
tissus vivants au mieux de leurs intérêts.

Considéré sous ce jour, l'organisme est un système
physico-chimique associé dans lequel, à chaque période
de temps donné, il s'établit une certaine corrélation entre
l'état du système lui-même et le milieu qui l'entoure. On
le compare souvent à une machine, mais il diffère de la
machine ordinaire par la faculté qu'il a de se mouvoir
spontanément ; la machine n'est pas capable de déterminer elle-même ses relations avec les objets du monde
extérieur ; l'organisme, au contraire, est une machine qui
détermine elle-même son activité, qui la dirige conformément aux besoins intérieurs qu'elle éprouve, et qui
s'adapte à des conditions extérieures données.

CHAPITRE XV

Rapports mutuels du psychique et de la vie.

Quelques auteurs, sans raisons suffisantes, séparent les phénomènes biologiques des phénomènes psychiques.

« La somme totale des processus physico-chimiques
« de l'organisme, dit A. J. DANILIEWSKI, leurs conne-
« xions et dépendances réciproques, les relations maté-
« rielles et dynamiques des organismes avec le monde
« extérieur et la régularisation de ces rapports, la som-
« me entière de phénomènes semblables, qu'il s'agisse
« de tout l'organisme ou de parties séparées de l'orga-
« nisme, de la vie apparente ou de la vie latente, porte
« depuis longtemps déjà le nom collectif de *vie mécani-*
« *que*, pour la distinguer de la *vie psychique* qui, jus-
« qu'en ces derniers temps, avait été mise un peu à
« l'écart, même par les adeptes de la théorie mécanique,
« et n'avait été que timidement introduite dans la sphère
« d'action de cette doctrine sur l'Univers.

« On s'est cependant beaucoup enhardi dans ces dix
« dernières années, et cette hardiesse, disons-le en toute
« impartialité, n'excipe d'aucun document nouveau sur
« la nature du problème. Cette distinction entre la vie
« mécanique et la vie psychomorale est des plus fécondes
« pour l'étude de la vie en général ; il convient de la main-
« tenir parce que la vie mécanique, plus simple, donne

« plus d'espoir d'on analyser les causes originai-
« res, que les phénomènes des formes élevées du domaine
« psychomoral. »

Que l'on ait recours à la séparation de la vie mécanique et de la vie psychique dans un but méthodique, comme procédé de travail, rien à objecter à cela. Mais cette
séparation ne se justifie au fond par aucun argument. Ni
les phénomènes de la *vie latente* représentés par les
semences desséchées, par les organismes congelés, par
la somnolence hivernale des animaux supérieurs, par la
léthargie et les attributs de la mort imaginaire des fakirs
sous l'influence de l'auto-suggestion, où il semble que
toute manifestation extérieure de la vie ait disparu, où
elle paraît réduite au minimum ; ni la conservation de la
vitalité de parties du corps séparées de l'organisme, par
exemple de muscles ; ni les faits tirés de l'existence des
organismes rudimentaires et des plantes qui manifestent,
dans leurs rapports extérieurs avec le monde ambiant,
une activité et un sentiment d'utilitarisme pratique indu-
bitables, ne fournissent, à mon humble avis, aucune base
à l'appui d'une division entre la vie mécanique envisagée
comme un phénomène indépendant ou libre se suffisant
à lui-même, et la vie psychique qui, comme l'on sait, est
absolument inséparable de la matière vivante.

La première preuve véridique de cette indivision, c'est
que le parfait fonctionnement de la nutrition, du processus d'assimilation et désassimilation procède sans rémis-
sion du phénomène fondamental de la vie connu sous le
nom d'irritabilité ou sensibilité. Il est évident que, sans
ce phénomène, les conditions extérieures favorables à la
nutrition ne peuvent être maintenues, l'entretien de l'intégrité de l'organisme est impossible. Ce qui donne l'impulsion à la réparation progressive des tissus, c'est inva-.

riablement la perte de leurs matériaux indispensables à l'activité du protoplasme ; il appert donc que les échanges intrà-organiques ne sont possibles que si l'irritabilité existe.

Chez les animaux supérieurs, le tissu nerveux assume les fonctions de relation avec le monde extérieur ; il est constant, toute une pléiade d'expériences et de faits cliniques empruntés à la neuro — et à la psychopathologie nous l'ont appris, que la nutrition et les échanges nutritifs en général dépendent, en une certaine mesure, de la fonction du système nerveux qui accumule en lui l'énergie latente de l'économie. On peut considérer comme une loi que toutes les fonctions biologiques de la cellule des organismes supérieurs sont soumises à l'influence du système nerveux (1).

L'irritabilité constitue la condition indispensable des échanges intrà-organiques et de la nutrition des tissus. Mais l'irritabilité d'un corps vivant organisé n'est point la réaction de la matière morte, privée de vie, à l'égard des irritations extérieures, telle par exemple que la compression et la dilatation d'un corps sous un choc, non ; il s'agit, en l'espèce, d'une *irritabilité* toute particulière qui *dépend de la présence de l'énergie latente* du *tissu vivant*, dont sont privés les corps de la nature morte. Il suit de là que la vie est, dans son principe même, indissolublement liée à la présence de l'énergie latente qui forme la base du psychisme et des réactions correspondantes du corps vivant aux influences extérieures.

L'irritabilité et la contractilité de la matière organisée représentant les manifestations fondamentales de la

(1) Voy. prof. M. Benedikt. *Das biomechanische (neovitalistische) Denken in der Medicin und in der Biologie*, 1903, p. 17.

vie, on comprend pourquoi nous rencontrons déjà *l'énergie latente au seuil de la vie.* Il y a des raisons de penser
que, chez les animaux rudimentaires, les processus des
échanges organiques et de la nutrition s'accompagnent
d'un genre déterminé de sensation. Nous savons en effet
que chez les animaux supérieurs la satiété et l'insuffisance de nourriture, dans certaines conditions, aussi la
digestion et les processus qui contribuent à la multiplication s'accompagnent de sentiments généraux vagues ;
comment alors s'étonner si les conditions plus ou moins
favorables des échanges intrà-organiques et de la nutrition sont également conscientes en une certaine mesure
chez les animaux inférieurs, si elles sont accompagnées
de sentiments généraux, vagues si l'on veut. Qui a
observé les mouvements lents, endormis, des animaux
rassasiés d'ordre inférieur, en particulier du serpent qui
digère, sera, je le crois, peu disposé à douter que, chez
eux, les processus de la nutrition ne soient escortés de
certaines sensations générales, et qu'*a fortiori* chez les
animaux plus inférieurs, les organismes rudimentaires
inclus, les processus nutritifs, les échanges intrà-organiques ne constituent, comme cela est, le centre des processus biologiques.

Voilà pourquoi l'assimilation et la désassimilation ne
peuvent, chez les animaux inférieurs, avoir lieu sans
la participation de l'énergie. Nous arrivons, conséquemment, tout naturellement à conclure que la vie se
lie inévitablement à l'existence de l'énergie, qui en forme
la base, énergie appelée par nous *suprà neuropsychique*
ou *biopsychique.*

Il est vrai que certains auteurs nient *l'existence du psychisme chez les animaux rudimentaires*. Nous avons vu que leurs arguments ne brillent pas par leur force de persuasion. Rejetons, si l'on veut, l'existence, chez les organismes inférieurs les plus simples, de la subjectivité ou de la conscience ; il est, en tout cas, tout à fait impossible de nier qu'il existe chez eux un psychisme qui travaille inconsciemment. Nous croyons pourtant que les personnes qui nient chez ces êtres les manifestations élémentaires de l'activité consciente se creusent sous les pieds un précipice ; elles se font les artisans de l'énigme insoluble de l'*apparition de la conscience à un certain échelon de l'échelle zoologique.*

En fait il paraît bien plus naturel de s'imaginer que la vie et le psychisme sont deux phénomènes indissolubles, dus à la seule énergie latente universelle, que d'admettre qu'ils sont chacun une chose à part ; car cette dernière supposition nous force à nous poser les questions suivantes :

1° Qu'est-ce que la vie, de quel processus intérieur dépend-elle, puisqu'il est constant et authentique qu'elle est inexplicable par les lois mécaniques ?

2° Qu'est-ce que le psychique avec sa conscience, et de quoi dépend la conscience ?

3° Quand, à quel échelon du règne animal, apparaît la conscience pour la première fois, et en vertu de quelle cause ?

4° Quelle corrélation existe-t-il entre la vie et la conscience ?

Toutes ces questions, au fond insolubles, disparaissent si l'on accepte que la vie et le psychisme sont une seule et même chose ; que tous les processus fondamentaux de la vie dépendent d'une énergie particulière qui constitue également les assises des processus psychiques auxquels se rattachent telles ou telles manifestations subjectives ; que nous rencontrons déjà au seuil de la vie les formes initiales de l'activité psychique.

Chez les organismes inférieurs, qui n'ont pas de système nerveux, le protoplasma, en sa qualité de matière vivante, trahit aussi l'irritabilité vulgaire, toujours et partout accompagnée d'un sens intime, qui déjà représente une forme élémentaire du psychique. Comme nous ne pouvons nous figurer de protoplasma vivant sans irritabilité, il est évident que la vie et le psychique constituent, en l'espèce, une seule et même chose, car, sans le psychique, fût-il à l'état latent, il n'y a pas de vie, pas plus que sans la vie il n'y a de psychique.

Quoi qu'il en soit, une manifestation aussi fondamentale de la vie que l'est l'échange intra-organique de l'assimilation et de la désassimilation dépend directement de la réaction de l'organisme au milieu nutritif qui l'entoure ; cette réaction à son tour est l'expression de l'irritabilité ou sensibilité du protoplasma, autrement dit, de son psychique élémentaire.

Chez les *organismes supérieurs complexes*, qui possèdent un système nerveux, la corrélation mutuelle de la vie et du psychique ne paraît pas au premier abord aussi simple. Ces deux phénomènes peuvent sembler désunis. Mais il suffit d'une analyse sans grand effort pour se convaincre de leur connexion franche et des plus étroites. L'irritabilité des animaux supérieurs ou réaction de ces organismes à ce qui les entoure ne suppose-t-elle pas que leurs parties dépendent positivement et dans des conditions précises d'un mécanisme régulateur, encastré dans le système nerveux qui apparaît du même coup comme siège du psychique ? Or l'irritabilité est la condition indispensable de la nutrition et des échanges nutritifs.

Si cette dépendance ne revêt pas à un premier examen un caractère d'importance. telle que la nutrition des tissus ne puisse s'effectuer par elle-même, sans l'intervention du système nerveux, l'illusion ne tardera pas à se dissiper dès que nous tiendrons compte de la division rigoureuse du travail qui, chez les animaux supérieurs, est réparti entre les divers organes, et du lien indissoluble unissant en ces organismes les processus nutritifs à la circulation du sang qui dépend complètement elle-même de l'activité du système nerveux et a un si grand retentissement sur tous les mobiles ou impulsions psychiques en général.

Veut-on un nouveau témoignage de l'union du psychique et de la vie des organismes supérieurs ? Tout organisme est une « *hétérogénéité cohérente* » (l'expression est de G. SPENCER); il faut entendre par là la fameuse *harmonie* de BICHAT. BOURDEAUX en a d'ailleurs, il n'y a pas longtemps, excellemment tracé les caractères de la façon suivante.

« Quand on réfléchit, écrit-il (1), à la variété des organes dont se compose le corps humain, à la diversité des tissus qui servent à la construction de ces organes, au nombre des plastidules réunies en tissus qui consterne

(1) Bourdeaux, *loc. cit.* p., 34.

l'imagination, à l'hétérogénéité des molécules de chaque
plastidule, enfin au nombre des bribes dérivées ou pri-
mordiales de chaque molécule organique, on se trouve en
présence d'une quantité de parties, parcelles et particules qui dépasse tout ce que l'imagination peut se représenter et vous mène tout droit à l'infini. Les groupe-
ments successifs de ces éléments se subordonnent mutuellement et constituent des files hiérarchiques, aboutissant
finalement à l'unité de l'organisme. Tendant continuellement à se déplacer, à se modifier, à se renouveler, ces
matériaux s'assemblent, forment des unions réciproques
et se désunissent suivant des lois d'équilibre mystérieu-
ses. A l'insu de notre conscience, en nous s'accomplit un
constant travail d'organisation et de synthèse qui a pour
but, en faisant simultanément agir des ressorts mécaniques, physiques, chimiques, plastiques, et fonctionnels,
de fondre en un phénomène unique, individuel qui est la
vie la prodigieuse quantité d'éléments. »

Demandons-nous donc ce qui pourvoit à cette *hétérogénéité cohérente*, à cette *harmonie* de l'organisme ?
C'est, sans doute aucun, la subordination générale de
toutes les fonctions de l'organisme au système nerveux.
Le système nerveux tient indubitablement sous sa dépendance immédiate les fonctions de nutrition, de circulation, de respiration, de calorimétrie et de multiplication. Est-il aucun tissu dont les fonctions biologiques
soient indépendantes de l'activité du système nerveux ?
L'expérience répond carrément non.

En tout cas, les processus de la nutrition et des échanges intraorganiques sont, chez les animaux supérieurs,
sous la dépendance étroite du système nerveux et de l'activité psychique, ce dont témoignent les modifications

nutritives et circulatoires ayant lieu sous l'influence des affections de ce système et aussi des réactions psychiques d'espèces diverses (1).

Le système nerveux jouant le rôle d'accumulateur d'énergie chez les animaux supérieurs, rien n'est plus facile que d'élucider, au moyen de l'*expérimentation*, l'influence de cette énergie sur la nutrition des tissus. Que montre-t-elle donc ? A peine avons-nous sectionné les conducteurs centrifuges, isolant ainsi le tissu musculaire de la réaction, de l'énergie du système nerveux, qu'aussitôt commence le processus de la mort lente de la portion périphérique du *nerf et du muscle*, connu sous le nom de *dégénérescence*, qui, graduellement, aboutit à la complète disparition des deux éléments ; il ne reste à leur place que des éléments du tissu conjonctif.

Comme il est hors de doute que l'absence de mouvement, fût-elle prolongée, ne détermine rien de semblable, il est concevable que la dégénérescence neuro-musculaire est due à la suppression des *stimuli* de l'énergie contenue dans les centres. La dégénérescence en question n'est pas spéciale aux éléments musculaires et nerveux quels qu'ils soient, séparés de leurs centres les plus proches ; elle attaque encore tous les organes *glanduleux*

(1) J'ai cité des faits de ce dernier genre dans mon travail intitulé « L'hypnose et son importance comme agent médicinal ». Observations de maladies nerveuses, fasc. I, 1894. « Valeur curative de l'hypnose » ; tirage à part de Saint-Pétersbourg, 1900 (en russe). L'importance dans les processus digestifs du sérum psychique » découvert par J. P. PAWLOW touche de très près à ce qui vient d'être dit.

constitués par du *tissu épithélial*, dans les mêmes conditions. Ici aussi le processus consécutif à la section des
transmissions nerveuses les plus proches connues sous le
nom de trophiques se traduit finalement par la dégénérescence et l'atrophie des éléments glandulaires ; il
émane exclusivement de la suppression des impulsions
qui partent des centres nerveux, ces vecteurs de l'énergie. Dans certains cas néanmoins, le tissu glanduleux
résiste davantage à la section des nerfs ; c'est qu'alors,
on peut le dire en toute certitude, il existe à la périphérie
des ganglions nerveux spéciaux dont l'énergie latente
entretient la nutrition du tissu. Si nous avions trouvé des
moyens de supprimer l'influence de ces ganglions, ou de
les anéantir, la dégénérescence histologique totale serait
inévitable.

Les *tissus dits conjonctifs* se prêtent moins aisément
à la démonstration expérimentale des troubles nutritifs
et du développement de la dégénérescence et de l'atrophie sous l'influence de la suppression du stimulus nerveux. Mais nous possédons des exemples frappants
d'atrophie de toute l'épaisseur de la peau et du tissu cellulaire sous-cutané, d'origine purement nerveuse, dans la
maladie connue sous le nom d'atrophie progressive de la
face, dans l'atrophie des os et des cartilages consécutive
à la résection des nerfs, etc. En un mot nous disposons de
toute une série de faits qui mettent en évidence sans conteste l'influence directe sur la nutrition des tissus con-
nectifs des impulsions émanées du système nerveux, bien
que ces tissus, plus résistants, à raison de leur structure,
subissent une dégénérescence, une atrophie plus lente
que les autres.

Si nous tenons ensuite compte du rôle de la *circulation*,
qui procure aux organes du corps les matériaux néces-

saires à la nutrition, et qui est sous la dépendance directe des *stimuli* du système nerveux, il nous faut arriver à conclure que, chez *les animaux supérieurs, l'ensemble de la nutrition en général, et sûrement celle de tous les tissus du corps subissent l'influence de l'énergie latente des centres nerveux les plus proches comme les plus éloignés.*

En un mot les manifestations biologiques de toutes les parties d'un organisme compliqué sont assujetties au système nerveux, vecteur du psychique. Il est vrai que toutes les parties du système nerveux des animaux supérieurs ne manifestent pas des processus conscients. Toutefois cette assertion aurait encore besoin de preuves, et il ne manque pas d'auteurs pour admettre une activité psychique consciente dans la moelle, voire dans les centres subalternes du système nerveux (Pflüger, Herzen, etc.).

Bourdeaux notamment trouve sur les centres de la moelle des expressions métaphoriques achevées. « Formant par leur réunion un bouquet, ces centres offrent quelque chose dans le genre d'un petit cerveau d'une structure plus simple, mais possédant aussi sa conscience propre, faisant son éducation personnelle, ayant sa mémoire et sa volonté à lui. Il donne bel et bien asile à l'intelligence ; si elle est moins étendue, elle lui suffit à adapter le mouvement à un but visé, ce que l'être vivant accomplit en vertu d'une tradition héréditaire sans avoir conscience de ce but (v. *loc. citat.*, p. 42). »

Sur l'activité des centres périphériques ou ganglions sympathiques, nous lisons dans le même auteur : « Les recherches des physiologistes découvrent toujours de nouveaux centres localisés d'actions nerveuses. Il y en a autant que d'organes, habillés de propriétés particulières.

Chacun d'eux est dirigé par un petit ganglion nerveux spécial qui possède une activité propre, sa sensibilité individuelle, sa mémoire, sa source d'énergie à part. »

Quelque considération que l'on ait pour cette satire, on a pourtant toute raison de croire que, dans la série phylogénique des animaux, les parties les plus subalternes du système nerveux ont été des organes conscients. D'autre part, la pathologie des animaux supérieurs nous apprend que les régions du système nerveux qui d'ordinaire exécutent un travail inconscient deviennent, sous l'influence de la maladie, le siège de processus conscients.

Enfin le lien et la subordination aux centres supérieurs qui incarnent le psychique de toutes les parties du système nerveux en général, même de celles qui travaillent inconsciemment, sont choses incontestables.

A la lumière d'expériences spéciales, dont une notable partie a été exécutée dans notre laboratoire et souvent par nous-même, nous savons actuellement que l'activité cardiaque, pulmonaire, gastro-intestinale, génito-urinaire, ainsi que les fonctions secrétoires de l'estomac et des intestins, du foie, des reins, des glandes séminales, des glandes sudorales et autres glandes de la surface cutanée, non moins que l'action des glandes lacrymales, sont soumises à des centres corticaux déterminés qui sont en corrélation fonctionnelle avec tous les autres centres de l'écorce cérébrale.

L'intime dépendance en laquelle le psychique tient les manifestations biologiques de tous les organes de notre corps, ne fait donc pas de doute.

Si les processus biologiques sont possibles sans le psychique, dans les organes qui, comme le cœur extirpé du thorax, possèdent des centres nerveux périphériques, il s'agit évidemment, pour ces centres-là, de la même énergie que celle qui forme la base des processus psychiques des centres supérieurs. En tout cas, sans provision d'énergie, le concert des processus biologiques que nous désignons sous le nom de vie et qui suppose l'indépendance, l'individualité de l'organisme vivant ou de ses parties, n'est pas possible.

Le cœur extirpé de la poitrine battra tant que ses cellules nerveuses conserveront encore des restes d'énergie; ses battements pourront se prolonger quelque temps. Des recherches toutes récentes (1) montrent même que l'on peut remettre en marche un cœur d'animal ou d'enfants morts dont les battements ont cessé, quand on réussit artificiellement à restaurer et à entretenir la nutrition de ses cellules et, entre toutes, des cellules des ganglions nerveux. Évidemment le cœur, dans certaines conditions, conserve pour longtemps ses processus vitaux ; mais il n'est plus capable de vivre d'une existence indépendante. C'est ce qui nous fait croire que la vie en bloc, telle que nous la trouvons dans l'organisme en activité, et le psychique sont indissolublement unis l'un à l'autre et qu'au fond ils représentent, sinon une seule et même chose, au moins deux phénomènes tels que l'existence de l'un suppose celle de l'autre. Si les manifestations de la vie sont possibles quelque temps en l'absence du psychique, par exemple sur des organes détachés du corps, ce n'est que sous la forme d'une mort plus ou moins lente, qui, gra-

(1) KOULIABKO. Rapport présenté à la section de biologie de la Société de protection de la santé du peuple; séance de février (en Russe) 1902. — Voyez encore *Bullet. de l'Accad. des sciences de St-Pétersbourg*, t. XVI, n° 4 ; t. XVII, 1902, n° 6, déc. 1902. Les recherches de BOTCHAROW sur la même question doivent également être consultées.

duellement, progressivement, inévitablement, aboutit à la mort réelle ; ce serait, par suite, une erreur que d'admettre l'existence, en pareils cas, de la vie véritable, car, en réalité, nous avons déjà affaire au début de la mort.

Ce que nous avons dû admettre pour les organismes supérieurs est indubitablement applicable aux organismes inférieurs. Si la nutrition des tissus se montre, chez les premiers, impossible sans l'influence de l'énergie spéciale des centres nerveux, elle l'est tout autant, sans l'intervention de la même énergie, chez les organismes inférieurs tels que les êtres rudimentaires où l'énergie latente, parce qu'il n'existe pas d'organes différenciés spéciaux ayant la forme de système nerveux, est en quelque sorte répandue dans le protoplasma de l'organisme entier qui contient évidemment aussi les parties intégrantes du tissu nerveux des animaux supérieurs. Nous guidant sur ce que nous savons de l'importance de l'énergie pour la nutrition des tissus des organismes supérieurs, nous sommes en droit de supposer que les processus fondamentaux de la nutrition et des échanges nutritifs des organismes inférieurs ne sont possibles que grâce à la présence de l'énergie qui forme en même temps la base des phénomènes subjectifs ou psychisme.

Nous concluons ainsi fatalement que la matière vivante, qui emprunte au dehors les matériaux qui lui sont nécessaires, et qui restitue au monde ambiant les produits finaux du travail de son organisme, est absolument redevable de son existence à l'énergie qui préside simultanément à la vie et au psychisme.

A ce point de vue, tout organisme vivant est un vecteur d'énergie. Cette conception ne doit pourtant point être opposée à celle de la matière morte ; elle ne fait que compléter cette dernière, car à la matière vivante sont applicables toutes les lois physico-chimiques, en y ajoutant qu'elle est le siège de la manifestation d'une énergie qui, par voie de transformations constantes, affecte des corrélations définies avec le reste des énergies de la nature environnante.

Dans ces conditions, certainement, la vie n'est pas possible sans énergie. En effet, sphinx qui tient sous sa dépendance le mode d'accrochement mystérieux des parcelles d'un milieu privé de vie en un système mobile complexe, où s'effectue une incessante destruction et une réparation tout aussi incessante de matériaux, la vie elle-même ne représente autre chose qu'une perpétuelle transformation des énergies extérieures de la nature en l'énergie de l'organisme. Cette transformation, en même temps qu'elle charge d'énergie chez les animaux supérieurs des organes qu'on appelle centraux, où elle s'accumule, commande à une perpétuelle consommation de la même énergie en raison de l'activité des relations de l'organisme avec le milieu qui l'entoure.

CHAPITRE XVI

La théorie de l'évolution et celle de la sélection.

D'après l'opinion généralement admise, c'est le milieu ambiant qui est l'artisan principal des variétés des organismes. Le perfectionnement de l'espèce serait en entier fondé sur le plus ou moins d'adaptation aux conditions extérieures données du milieu.

Tels organismes d'une forme donnée qui, grâce à des circonstances quelconques, sont dépossédés des conditions dans lesquelles ils vivaient ou placés dans de nouvelles, ou bien ne peuvent les dominer et devront alors soit s'abâtardir, soit succomber, ou bien au contraire sont susceptibles soit de changer d'aspect, soit de s'adapter et de se fortifier. D'ailleurs, les modifications d'organisation survenues de ce fait ne seront absolument avantageuses à l'organisme qu'autant qu'elles se seront préalablement mises en règle avec les conditions du milieu ambiant.

L'adaptation des organismes correspond donc partout aux conditions du milieu ; leur finalité pratique dépend aussi de cette obligation. Sans doute leur développement peut présenter des déviations qui, par suite d'anomalies quelconques ayant agi sur l'organisme à la période d'évolution, ne répondent pas au milieu ; mais ces déviations ou monstruosités inutiles, et même, dans la pluralité des cas, nuisibles ou onéreuses à l'organisme dans les condi-

10.

tions en question, ne font que contribuer à l'extinction rapide de semblables individus et, conséquemment, à l'anéantissement chez l'espèce des déviations inopportunes, dépourvues d'utilité pratique.

Il n'y a que dans des conditions créées artificiellement que ces déviations puissent se maintenir et s'implanter dans la descendance, comme le montrent les exemples des races apprivoisées, des animaux domestiques, des végétaux cultivés. Mais, comme elles sont, au fond, avantageuses, non à l'organisme lui-même, mais à l'homme, elles ne se maintiendront qu'autant que celui-ci les entretiendra artificiellement, en prenant soin personnellement des besoins quotidiens de l'organisme de ses animaux et de ses plantes. Il en découle naturellement que ces stigmates acquis par la sélection artificielle, que ces particularités des animaux domestiques et des plantes cultivées s'évanouissent comparativement vite dès que ceux-ci passent à l'état sauvage ; à ce moment, ces caractères, n'étant plus soutenus par les conditions extérieures du milieu ambiant, se montrent tout à fait superflus voire onéreux pour l'organisme.

Spencer a défini la vie : l'adaptation des rapports internes aux rapports externes. Cette définition pèche, sans contredit, par un trop grand exclusivisme. Non seulement elle passe sous silence la transformation par l'individu des conditions ambiantes aux fins de son organisation, mais elle n'indique pas le point fondamental des manifestations de la vie qui concerne l'activité des relations d'ordre utilitaire de l'être vivant avec le monde qui l'entoure ; c'est précisément cet opportunisme pratique qui le distingue de tout ce qui ne vit pas, du mort.

D'autre part, l'évolution des organismes n'est, pour

Spencer (1), que le passage graduel de l'homogénéité incohérente à l'hétérogénéité cohérente. Or il ne faut pas perdre de vue que, dans toutes les métamorphoses dont s'accompagne la loi d'évolution, l'intégrité de l'organisation, cette harmonie qui d'après la doctrine de Bichat (2) est la base de la vie, qui s'oppose à la mort comme à la destruction de l'harmonie, n'est pas une minute sacrifiée. Cette intégrité de l'organisation, cette harmonie est aussi le résultat direct de l'énergie des organismes.

———

Quant à la théorie mécanique de l'évolution par la sélection naturelle et sexuelle de Darwin qui dépend de la lutte pour l'existence, il a été dans ces derniers temps tant écrit sur l'insuffisance de cette hypothèse qu'il n'est nul besoin de s'y arrêter trop longtemps. Nous noterons simplement l'opinion qui a pris de plus en plus corps en ces temps derniers ; le psychisme participerait activement à l'évolution, comme à l'insu des conditions mécaniques.

Lamarck, le fondateur de la théorie de l'évolution, avait déjà attiré l'attention sur le rôle considérable joué par l'*exercice* dans le développement progressif des organes qui n'ont pas encore atteint la limite de leur développement ; l'insuffisance d'exercice entraîne, en revanche, l'affaiblissement de l'organe et, finalement, son anéantissement complet. Toute modification d'organes

(1) *Osnovy biologii* (principes de biologie), Saint-Pétersbourg, 1870.

(2) *Recherches physiologiques sur la vie et la mort*, Paris.

acquise de cette manière se consolide, d'après LAMARCK, par voie d'hérédité, chez les descendants.

Ces idées de LAMARCK ont en leur temps été éclipsées par l'autorité de CUVIER, et plus tard par celle de DARWIN qui a développé sa théorie de l'évolution dans un sens purement mécanique. D'après DARWIN sur le terrain de la lutte pour l'existence se joue le drame passionné des sélections naturelle et sexuelle ; elles font subir à l'organisation des anomalies accidentelles ou, plus exactement, uniformes, insignifiantes qui pour peu qu'elles soient avantageuses à l'organisme dans les conditions données du milieu, se rivent dans la descendance par voie de sélection naturelle et d'hérédité.

Sans nier l'importance des facteurs signalés par DARWIN dans le développement, il est, à notre avis, tout à fait impossible de leur accorder une valeur aussi exclusive que DARWIN et ses adhérents leur en attribuent. Nombre d'auteurs se sont dernièrement élevés contre eux.

On ne saurait avant tout laisser de côté l'opinion de ceux (1) pour qui il n'y a en réalité pas de lutte pour l'existence continue et violente des diverses espèces entre elles, comme il le faudrait, d'après la théorie de DARWIN, pour asseoir la sélection naturelle. S'il existe effectivement, entre certains individus et certaines espèces séparées, une lutte pour l'existence, elle ne se distingue le plus souvent, en tout cas, ni par l'intensité, ni par la continuité. L'extermination des organismes dépend fréquemment non pas de leur dispute, non de leur lutte les uns contre les autres, comme on tendrait à le penser,

_____

(1) J. Daniliewski. *Le Darwinisme* (en russe), 1885, 1ʳᵉ partie.

mais bien de telles ou telles conditions de la nature ambiante climatériques, cosmiques et autres.

Il est en outre difficile d'admettre cet intérêt quelconque qu'aurait l'organisme aux minimes anomalies introduites dans son organisation, transmises ensuite et acquises par l'hérédité. Les faits dont il sera question plus bas nous montrent qu'en réalité il se produit maintes fois, non point des changements minimes, mais des changements rapides dans l'organisation, en quelque sorte par sauts ; ils sont particulièrement fréquents dans le croisement des races. Il est d'ailleurs avéré que la vie individuelle des organismes, tant végétaux qu'animaux, peut également être le théâtre de changements rapides de ce genre, quand, par exemple, on modifie les conditions de la nutrition, sans l'intervention, par suite, de l'hérédité, sans celle non plus de la lutte pour l'existence ni, conséquemment, de la sélection naturelle.

Le développement n'est pas, au surplus, en quoi que ce soit exclusivement réservé au jeu aveugle du hasard qui n'existe pas et ne doit pas exister dans les sciences exactes. Bien au contraire la participation active de l'organisme lui-même à l'évolution joue un rôle qui est loin d'être dépourvu d'importance.

Qu'on nous permette de citer un exemple de l'insuffisance de la théorie de DARWIN. Il est au point de vue du darwinisme inexplicable pourquoi chez les individus du sexe masculin, auxquels on a enlevé les testicules à un âge tendre, les attributs sexuels secondaires ne se développent point. Ces individus, privés de glandes génitales, n'étant plus aptes à la fécondation, il est évident qu'il ne saurait être question d'une transmission héréditaire éventuelle de l'arrêt de développement de ces caractères sexuels. Mais, s'il en est ainsi, on ne peut certainement expliquer, par la sélection naturelle, le lien qui existe entre les glandes sexuelles et les stigmates génitaux secondaires.

Il est également impossible d'expliquer par le darwinisme l'existence du lien qui rattache les glandes sexuelles à l'instinct du même nom pour le sexe opposé. Nous sommes ici en présence de faits de corrélations entre organes, en vertu desquelles la variation imposée à une partie de l'organisme aboutit à celle d'autres organes.

Le Darwinisme n'est pas le seul à se heurter à des faits inexplicables ; la théorie de WEISSMANN (1) sur la *préformation* en reçoit également un démenti catégorique. La théorie de DARWIN se ramène comme on sait à la simple formule suivante : « De même que les éleveurs n'améliorent l'état du bétail qu'en admettant à la reproduction les individus les meilleurs seulement ; de même la nature procède à un assortiment de formes basé sur l'exclusive conservation de celles qui sont les plus aptes aux conditions de la vie. Ce n'est pas dans la nature le choix comme celui de l'éleveur qui préside à cette opération ; c'est la lutte pour l'existence (2). »

Seulement les organismes sont des machines qui se dirigent elles-mêmes ; elles ont un mécanisme intérieur extrêmement mobile. C'est l'activité et la nutrition régulière et correcte qui constituent les conditions fondamentales de leur vie. Toute insuffisance de nutrition contrastant avec une recrudescence d'activité doit être taxée de conditions défavorables ; le dénouement, c'est

(1) E. de Hartmann a déjà mis à contribution les faits de corrélation pour réfuter les manières de voir de Darwin, Haacke s'en sert pour le même usage contre la théorie de Weissmann sur l'hérédité.

(2) E. de Hartmann. *Wahrheit und Irrtum im Darwinismus.*

la cacochymie, la dégénérescence, l'abâtardissement. Si,
les conditions de la nutrition étant bonnes, l'activité est
insuffisante, on arrive au parasitisme. Ainsi s'expliquent
les trois phases de l'histoire de la vie des organismes :
développement progressif, parasitisme, dégénérescence.
La lutte pour l'existence et la sélection naturelle servent
simplement d'auxiliaires à l'activité vitale. Une nutrition
réglée assure à l'organisme la régularité de sa croissance,
de son évolution, de sa multiplication. Il peut n'y avoir
ni lutte pour l'existence, ni conditions propres au développement du triage de la nature ; malgré cela, sous la
seule dépendance des conditions de la nutrition, les organismes s'éteindront ou passeront au parasitisme qui se
comprend peu quand on l'envisage au point de vue du
darwinisme.

Du reste, dans ces derniers temps, les darwinistes
eux-mêmes, ou plus exactement, les néodarwinistes ont
essentiellement limité l'importance de la sélection naturelle dans l'évolution. Du moins l'un des représentants
avoués de cette école, le distingué LE DANTEC, déclare
positivement que « la sélection naturelle, convenable-
ment comprise, n'est nullement un facteur au service de
l'évolution comme on le dit souvent. » DJ KROLJ (Osnova
filosofskaïa évolutzii) va jusqu'à qualifier de malheureux
le terme de « sélection naturelle » ; car il peut suggérer
l'idée que c'est « la nature elle-même qui effectue le
choix alors que la sélection naturelle ne traduit autre
chose que la survivance des plus adaptés ». « Cette
expression. dit-il en substance, l' sse de côté ce qui
pourrait éviter tout malentendu. Nous exprimerons plus
explicitement la conception de la sélection naturelle en
disant qu'elle signifie que, par suite de la destruction des
inadaptés, les plus adaptés survivent. L'élément omis

dans la précédente formule, c'est-à-dire la destruction des inadaptés, joue dans le processus un rôle aussi considérable que la survivance des plus adaptés, parce qu'il implique précisément la conservation de ces derniers. Eh bien, la sélection naturelle étant la simple survie des adaptés, par suite de l'extermination des inadaptés, il est évident qu'elle ne peut rien produire. L'anéantissement de ce qui existe ne peut produire ce qui existe. Une telle idée serait absurde. La sélection naturelle n'est point une cause agissante ; elle ne possède pas de faculté créatrice, d'action positive. »

La sélection naturelle suppose d'autre part la possibilité de modifications *accidentelles* de l'organisation, qui confèrent, en des cas donnés, à tels individus un avantage sur d'autres. Ces modifications dites *accidentelles*, dont la cause se dissimule dans les forces créatrices de l'organisme même, représentent le rouage le plus essentiel du développement ; car leur absence paralyse toute sélection, l'empêche de modifier d'un iota n'importe quelle organisation d'une espèce donnée. Ce n'est donc point par elle-même que la sélection naturelle produit dans les organismes les modifications génératrices de l'adaptation la plus opportune aux conditions ambiantes du milieu ; elle ne fait, grâce à l'extinction des moins adaptés, que consolider dans la descendance les retouches, les ajustements qui se sont effectués sous l'influence des forces intérieures de l'organisme.

La sélection naturelle n'entre évidemment en scène que lorsque sont déjà exécutées les modifications précises avantageuses à l'organisme en des conditions données. Son rôle est donc plutôt négatif que positif. N'opérant rien de nouveau, de positif, elle massacre purement et simplement les organismes inadaptés, ouvrant ainsi un large champ à la vie des adaptés qui survivent. Elle est totalement innocente des processus mêmes d'adaptation. Son rôle dans l'évolution des organismes est plutôt adjuvant ; il n'est pas essentiel.

CHAPITRE XVII

La portée dans l'évolution des forces intérieures de l'organisme et la notion de la sélection psychique.

Nous lisons dans Edmond Perrier (1).

« Le milieu extérieur est sans doute la cause détermi-
nante de toutes les modifications que sont susceptibles
de présenter les organismes. Mais ce milieu peut exercer
une action *directe* ou *indirecte*. Il agit *directement*
quand il provoque à l'intérieur de la substance protoplasmique une modification chimique, telle par exemple
la formation de chlorophylle ou de pigment, ou quand
nous avons affaire à un renforcement de la nutrition qui
aboutit à l'hypertrophie de l'organisme ou d'un organe
quelconque. Il agit indirectement quand la stimulation du
milieu provoque de la part de l'organisme une réaction
qui paraît être la cause des modifications ; tels sont les
cas signalés par Lamarck d'emploi et d'inutilisation
d'organes. Bien que ces deux ordres de phénomènes
trahissent un point de départ commun, on peut les distinguer chacun par un nom. Les premiers seront des

(1) Colonies animales, 1898.

allomorphoses ; les seconds, des automorphoses. L'organisme qui possède des réactions internes très limitées, comme, par exemple, l'organisme végétal, semble ne présenter que l'allomorphose. Au contraire, l'automorphose se caractérise nettement par le développement de la sensibilité et de la volonté ; l'organisme est alors capable de résister davantage à l'action du milieu, comme cela a lieu chez les animaux supérieurs. »

La lutte est, on le sait, engagée entre les biologistes actuels sous ces deux bannières. Les néodarwinistes (Weismann et autres) tiennent pour l'allomorphose ; les néolamarckistes ne veulent pas démordre de l'automorphose.

Le Dantec a déjà montré le côté faible des néodarwinistes, de Weissmann en tête, qui nient, avec l'automorphose, l'hérédité des instincts acquis, ce qui est absolument insoutenable.

Pour Nœgeli, le changement d'aspect des organismes réside dans les conditions intérieures inhérentes aux forces moléculaires. C'est grâce à ces causes internes et, non à des causes externes comme le pense Darwin, que se produit le développement des organes des sens. Mais ceci n'explique pas pourquoi et comment les causes internes tiennent sous leur dépendance le développement des organismes.

Lamarck et les néolamarckistes, usant de la terminologie psychologique, ont assis la biologie évolutionniste sur la psychologie comparée. Pour Perrier, comme pour Lamarck, il faut chercher la cause de la modification de l'organisme dans ses fonctions physiologiques. La structure du corps est intimement liée au développement intellectuel, aux mœurs et instincts des animaux. La sensibilité éveille l'intelligence ; celle-ci dirige les articles moteurs en les mettant de plus en plus en harmonie avec le genre de vie ainsi qu'avec les conditions dans lesquelles se trouve l'animal. Les organes s'adaptent de plus en plus complètement à ce genre de vie. Ils fournissent à l'intelligence des renseignements de plus en plus exacts, grâce auxquels elle s'aiguise ; les organes deviennent pour elle des instruments à l'aide de qui sont obtenus de nouveaux perfectionnements, agissant de rechef sur les facultés intellectuelles.

Nœhet-Souplet critique en ces termes cette manière de voir.

« M. Perrier s'efforce de prouver que les animaux ont été modifiés en *vertu de causes qui résident en eux*, par suite de leur propre faculté d'agir avec indépendance, sous la direction de la volonté considérée comme un pouvoir éminemment autonome. Cette faculté devient donc le plus puissant organe de l'évolution.

« Si nous admettons ce point de vue, il n'est pas nécessaire de chercher plus longtemps comment des vers ont pu provenir les échinodermes, les mollusques et les vertébrés. Nous dirons simplement : pour arriver à ce but, il suffit de s'adresser à la volonté. »

Il est manifeste que les deux camps ne consentent pas à céder leurs positions, et qu'ils ont à cela tous les droits. Est-il vraiment possible d'exclure l'influence des lois mécaniques sur le développement de l'organisme? Les organismes sont composés des mêmes parcelles matérielles que tout l'univers ; il ne peut donc y avoir de doute : les influences mécaniques ont tout autant d'importance pour eux. Peut-on nier, d'autre part, que les organismes ne soient ni des pierres, ni des cristaux, et qu'en eux n'existe un facteur nouveau qui ne saurait être mis en parallèle avec les objets de la nature inanimée.

Ce facteur nouveau, connu sous le nom de psychique, ne peut être ignoré, car c'est un fait de la nature dont aucun raisonnement ne réussirait à nous débarrasser. Ils se méprennent donc profondément ceux qui, des facteurs du développement organique éliminent le rôle du psychique. Les mécaniciens, pourtant, s'efforcent de saper son importance en lui substituant les vieux brandons de discorde de la vieille école de philosophie psychologique, comme la volonté, l'intelligence, etc. Au lieu d'essayer d'évaluer la manifestation du psychique par ses émanations objectives, ils ne voient en lui que le côté subjectif ; ils se refusent à comprendre que tous ces phénomènes subjectifs, que nous découvrons en nous-mêmes par l'introspection, puissent être envisagés comme des facteurs du développement organique ; ils perdent de vue que les phénomènes subjectifs sont les corrélatifs de modifications objectives du cerveau simultanées.

G. Bohn (1) est tombé dans le même malentendu. Après avoir dit que les théories de Lamarck obtiennent un grand succès dans le monde scientifique, il souligne : « On peut s'en étonner ; car faire *souvent* appel à la psychologie pour expliquer la biologie, c'est faire justement l'inverse de ce que l'on devrait faire, c'est verser dans l'erreur de l'anthropomorphisme, c'est entrer dans la voie rétrograde de la métaphysique. » Il s'attache en outre à la contradiction étrange que l'on rencontre, suivant lui, parmi les biologistes contemporains. « Quand il s'agit de physiologie pure, ils l'examinent strictement à la lumière de la physico-chimie, c'est-à-dire de la mécani-

(1) G. Bohn. Biologie générale. *Revue scientifique*, 1905, n° 12.

que ; quand ces mêmes biologistes considèrent la loi d'évolution, ils en reviennent aux antiques erreurs d'après lesquelles l'homme, qui a de tout temps servi de mesure à tous les phénomènes, reste le canevas de leurs explications. »

Nous n'hésitons pas à déclarer que c'est ostensiblement se méprendre que d'affirmer qu'en psychologie pure les phénomènes psychiques ne méritent pas droit de cité. La physiologie cérébrale et la psychologie physiologique tout entière prouvent que la physiologie introduit dans le cercle de ses recherches les faits psychologiques, en tant qu'ils sont objectivement saisissables, et ne les exclut pas. Il est clair que la biologie aurait mauvaise grâce à les éliminer.

Par contre Bohn a parfaitement raison d'exprimer le regret que le langage des évolutionnistes soit souvent subjectif et que leurs raisonnements n'aient fréquemment rien de commun avec une science exempte de toutes considérations religieuses et métaphysiques. On sait que la nouvelle école nie la psychologie animale et considère qu'avoir recours à la terminologie psychologique pour expliquer les phénomènes de l'évolution c'est rétrograder. Ces errements, pour Bohn, doivent être condamnés de façon absolue par tous ceux qui sont réellement pénétrés des principes scientifiques établis successivement par Loeb, Bethe, Uexküll, Th. Beer, Ziegler et Nuel.

Tous ces savants se sont évertués à réagir contre les tentatives d'attribuer partout aux actions des animaux des motifs psychiques identiques à ceux qui dirigent nos actions, les actions humaines.

Romanes est allé jusqu'à prétendre, sans que rien le justifie, que les insectes se précipitent vers la lumière de la bougie parce qu'ils désirent explorer un objet nouveau pour eux, et que, si celle de la lune les laisse indifférents, ce n'est que parce que cet objet leur est familier. Loeb, à juste titre, s'élève contre une telle explication ; pour lui, les phénomènes psychiques sont des réactions physiologiques qui résultent de la mémoire associative. Bethe et Uexküll professent que la psychologie animale ne doit pas exister pour le biologiste. Beer croit même légitime d'abandonner les termes de psychologie tels que l'excitabilité, l'irritabilité, la sensibilité.

Inutile de dire que les termes tels que volonté, instinct, mémoire sont tenus pour nuisibles à la biologie ; ce n'est pas sans raison du reste, car ils expliquent tout ce qu'on veut, et, en réalité, n'expliquent rien.

Nous admettons, pour notre part, dans le psychique, de pair avec les reliquats subjectifs uniquement accessibles par l'introspection, des réactions objectives ou physiologiques qui, en aucun cas, ne peuvent ni ne doivent être ignorées des biologistes pour l'explication des faits de l'évolution.

Il est en effet patent que le rôle essentiel dans l'évolution organique, le rôle d'ajusteur d'une organisation donnée au milieu ambiant, est joué par les forces intérieures de l'organisme, autrement dit, par la même énergie inhérente à tout organisme que celle qui constitue la base, comme nous l'avons vu plus haut, des échanges nutritifs et de la nutrition des tissus et qui sert, en même temps, de cause au psychisme dans la plus large acception du mot.

L'influence du milieu ambiant sur l'organisme se notifie par les irritations extérieures ; toute adaptation s'effectue par la modification qu'imposent aux échanges intrà-organiques et à la nutrition les conditions extérieures, et qui se traduit par l'accroissement ou l'atrophie d'organes ; par le développement de telles ou telles secrétions ou même par des réactions vasomotrices correspondantes ; et par des actes moteurs devenant, en vertu d'une répétition fréquente, habituels et, par suite, d'une réalisation facile.

Des recherches récentes de toute une catégorie d'auteurs (Spieschnew, Kehmel, Govarini), mettent hors de doute l'influence de l'électricité sur la culture des végétaux, la germination des semences, la croissance et le développement des plantes. L'importance de la chaleur, de la lumière et des propriétés chimiques du sol sur leur développement est tout aussi certaine. On sait aussi depuis longtemps que les organismes végétaux se modifient sous l'influence des changements introduits dans les conditions de la nutrition, au point de former de nouvelles variétés morphologiques. D'autres recherches nous convainquent de faits aussi authentiques relatifs aux animaux.

Les exemples grossiers de l'influence de la lumière sur le développement des organes ne manquent pas. Tout le monde connaît son action sur la coloration et les formes extérieures des plantes, On la constate tout anssi aisément, dans certaines conditions, chez les animaux. A. Viret, dans les cavernes du laboratoire du Jardin des Plantes de Paris, a obtenu des résultats particulièrement didactiques. Chez les animaux inférieurs, chez l'écrevisse maintenue dans l'obscurité, les organes visuels s'atrophient rapidement, tandis que ses palpes tactiles et ses organes olfactifs s'hypertrophient.

Tout aussi incontestable est l'influence de la chaleur et des conditions climatériques sur le développement. Un climat froid tient sous sa dépendance une luxurieuse production de panicule adipeux sous-cutané qui se réfléchit sur l'état du pigment dans les annexes de la peau.

Les conditions locales de la nutrition ne sont pas non plus sans retentir sur la complexion et la forme de l'organisme animal. On connaît l'exemple du papillon qui revêt trois aspects distincts par leurs caractères extérieurs. (Vanessa levana, v. prorsa, v. porima), alors qu'en réalité il s'agit des trois générations (de printemps, d'été, d'automne) d'une seule et même espèce. Ces variétés tiennent à l'éclosion de l'animal sous un climat froid ou chaud. Weissmann et Standfouss ont artificiellement produit telles ou telles modifications des formes extérieures de ces papillons et d'autres en faisant agir sur leurs chrysalides des degrés différents de chaleur. Les recherches de Pictet A. (*Revue scientifique*, déc. 1902) ont prouvé qu'en nourrissant les chenilles de diverses sortes d'aliments, on obtenait des variétés ou des formes variées de papillons. En modifiant l'alimentation, on a pu provoquer un changement dans la couleur des ailes, et même dans la taille de ces insectes. Un des meilleurs exemples de l'influence exercée par la nutrition sur la complexion de l'organisme est fourni par l'abeille ; en poussant la nourriture, on transforme en mère un embryon d'ouvrière.

Nul n'ignore les recherches de Dastre et Féré sur les œufs de poule ; il en découle que, si l'on soumet ces œufs à des influences diverses, on réussit à déterminer des déviations variées dans le développement et la taille des poulets. Les mêmes expériences montrent encore l'influence particulière des substances alimentaires sur le développement de l'organisme. Nous avons dans notre laboratoire recherché l'effet d'injections, de mélanges

11.

alcooliques sur l'œuf de poule (Rerrz) ; nous avons, comme Féué, vu que les embryons qui vivent dans ces conditions, sont de dimensions considérablement moindres que ceux dont le milieu nutritif demeure sans changement.

On sait depuis longtemps déjà que les organismes végétaux se modifient sous l'influence de changements de nutrition jusqu'à former des espèces variées.

Eh bien ! si chaleur, lumière, électricité, alimentation et nutrition jouent sur le développement et la stature de l'organisme un rôle si prodigieux ; si ces agents sont capables de modifier les caractères apparents de la forme, surtout quand ils opèrent à la période de la conception et du développement primordial, n'est-ce pas à eux qu'il convient essentiellement de faire remonter la genèse de la variété d'organisation que nous rattachons à l'idée d'espèce.

N'est-ce pas parce qu'ils vivent en des milieux différents que les habitants des pays chauds et ceux des pays froids, les animaux terrestres et aquatiques, les hôtes des espaces boisés et fertiles et des déserts arides doivent de posséder une organisation distincte. Le milieu se manifeste en ce cas par le terroir qui détermine ce qui peut croître, pousser et se développer sur lui, et dans quelles conditions.

Cette modification, ce nuancement des processus internes de l'organisme, suscité par des conditions extérieures données, ne peut, évidemment, dépendre que de ce que chaque organisme en général représente un système fermé qui résonne à toutes les irritations externes avec une certaine force et avec une certaine continuité. Plus grande est la provision d'énergie latente de l'organisme, plus intense est, certainement, sa résonnance aux irritations extérieures ; ceci fixe à son tour le degré plus ou moins grand de mutabilité de l'organisme.

Les organismes jeunes possédant, à raison d'échanges intraorganiques plus énergiques, une plus grande aptitude à libérer de l'énergie vive que les vieux, il est évident que la résonnance aux irritations externes. et, conséquemment, la mutabilité des organismes jeunes se montre supérieure par comparaison à celle des vieux ; ceci, comme nous le verrons plus bas, joue un rôle considérable dans l'évolution.

Il est aussi des faits qui sont en faveur de la localisation de l'énergie dans le système nerveux, sauf toutefois pour les protistes et les végétaux qui ne possèdent pas de tissu nerveux ! En réalité, si l'on enlève le système nerveux, on prive l'animal de toute influence active sur le développement de ses organes. Ainsi, l'on sait que quelques animaux inférieurs, par exemple les écrevisses, sont capables de restaurer des portions de leurs extrémités ou de leurs pinces qu'elles ont perdues. Cette réfection n'a cependant lieu que si l'on ne détruit pas chez elles certaines parties du système nerveux. HERBERT s'est convaincu que la destruction d'une certaine partie du système nerveux central fait perdre à l'animal l'aptitude à régénérer l'organe de la vue qu'on lui a enlevé ; mais il est remplacé par l'accroissement des palpes spéciales qui représentent l'organe du toucher, celui de l'olfaction, et aussi celui de l'ouïe. L'importance des forces intérieures de l'organisme, de son énergie dans le développement des organes et, par conséquent, dans le perfectionnement des espèces ressort de cela clairement.

CHAPITRE XVIII

L'activité de l'organisme vis-à-vis du milieu ambiant.

Les développements qui précèdent pourraient faire penser que toutes les variétés des organismes sont déterminées par les conditions du milieu environnant.

Il ne faut cependant point perdre de vue l'activité des êtres organisés à l'égard du milieu qui les entoure, afin d'obtenir les conditions les plus favorables pour eux. Cette activité permet à l'organisme de se rendre en une certaine mesure indépendant des conditions ambiantes, et même d'adapter ces dernières à ses besoins, voire de les transformer à son usage, dans certains cas, comme il convient.

Ainsi il est hors de doute que ce n'est pas le terrain ou le milieu qui joue constamment le rôle essentiel ; il ne fait que créer des conditions déterminées ; c'est le facteur interne de l'organisation, qui représente la quantité active ; c'est la vitalité, qui se traduit tant par sa faculté d'adaptation aux conditions ambiantes que par la transformation qu'elle fait subir à ces dernières pour organiser l'être animé par elle.

Les êtres qui s'adaptent le mieux aux conditions ambiantes sont les plantes et les organismes rudimentaires surtout ceux-ci ; ils se multiplient dans les conditions de température les plus différentes absolument. incompatibles avec la vie des organismes supérieurs. Il n'en est pas moins aisé de se convaincre que si le milieu exerce sur eux une certaine influence, leur activité créatrice, propre à tout organisme, ne dépend nullement du milieu ; elle est commandée par les forces intérieures de l'organisme sur lesquelles repose la croissance et la multiplication de l'espèce.

Quand la plante s'étend vers la lumière, quand ses feuilles se tournent du côté du soleil, quand ses racines recherchent les conditions les meilleures que puisse leur offrir le sol, on conviendra qu'il s'agit non de la soumission passive aux conditions ambiantes, mais de l'énergie latente du végétal qui poursuit la réalisation des conditions les plus propices à son existence.

Un autre facteur considérable aboutissant à la modification de l'espèce dans le monde animal aussi bien que dans le monde végétal, c'est le *croisement des races*. Ici encore les forces intérieures de l'organisme ont la prééminence ; les conditions extérieures ne peuvent y jouer qu'un rôle des plus subalternes.

Le règne animal nous montre aussi partout la même activité sur ce qui l'entoure, le même effort pour obtenir les meilleures conditions de l'existence. C'est pour se conformer aux besoins de son organisme que l'animal se réchauffe au soleil, se cache dans son gîte, ou se plonge dans l'eau.

Il faut placer sur le même plan le travail d'édification intérieure qui s'exprime par les échanges intra-organiques ; il a pour couronnement l'accroissement et la multiplication de l'espèce ; il se ramène finalement à l'adaptation aux besoins de l'organisation des

substances ambiantes et à la transformation des matériaux environnants en les combinaisons complexes de
l'organisme. D'autres moyens d'adaptation sont en dernier lieu employés ; exemples : le sol est protégé contre
la sécheresse à l'aide d'un feuillage épais et fourni ;
l'animal se construit des terriers, des nids, des demeures etc.

Nous rencontrons donc partout, à côté de la faculté
d'adaptation qui découle directement de l'organisation,
l'initiative active d'adaptation de l'organisme aux conditions ambiantes qui, à son maximum de développement,
finit par transformer celles-ci, par les plier à ses besoins
personnels.

Supposons qu'un type zoologique quelconque émigre
du Sud au Nord. L'adaptation de l'organisme aux nouvelles conditions du milieu, son acclimatation commence
par une contraction plus vive des vaisseaux de la peau
sous l'influence de l'abaissement de la température ;
grâce à cela la surface du corps abandonne moins de
chaleur et l'organisme en produit davantage. L'animal
s'efforce en outre de se préserver des conditions climatériques qui lui sont défavorables ; il cherche le salut contre les intempéries dans des endroits protégés. Dans le
premier cas, il s'agit d'une *adaptivité passivo-active*, par
ce que l'active participation des forces de l'organisme
n'est pas complètement exclue ; dans le second, nous
avons affaire à *l'adaptivité active*.

L'animal peut encore donner carrière à son activité
d'adaptation en se bâtissant gîtes et demeures pour se
préserver des injures du temps. C'est déjà intentionnel-
lement transformer le milieu ambiant à son usage. Le
milieu n'est pas ici sans valeur pour le développement de
l'organisme, mais il n'agit que comme excitant, il n'en

constitue pas le fond ; l'organisme tire son développement de ses ressources et forces propres.

Les êtres inférieurs font de préférence preuve d'adaptivité organique ; l'organisme étant chez eux moins spé-
cialisé, elle s'y donne une carrière particulièrement
large. Cette adaptivité passivo-active leur assure l'existence dans les conditions extérieures les plus variées,
tout en la rendant tributaire de tous les agents acciden-
tels possibles de destruction. Par contre, chez les animaux plus élevés en organisation, et par conséquent
plus spécialisés, la faculté d'adaptation organique, déjà
plus étroitement limitée, se double d'une adaptivité active plus ou moins entreprenante. Que le degré du
développement se poursuive, et à l'adaptivité active
s'associera la transformation consciente des conditions
ambiantes dans la mesure des besoins de l'organisme.

L'adaptivité organique, se réalisant par des modifications profitables à une organisation donnée, dépend tant
des influences extérieures que de l'énergie de l'organisme. L'adaptivité active reçoit l'impulsion externe du
milieu ambiant, mais elle a toujours pour base l'activité
de l'être vivant entier, c'est-à-dire l'énergie inhérente aux
organismes. A l'adaptivité active se rattachent : l'ensemble des mouvements d'un utilitarisme achevé, merveilleux dans leur genre, que manifestent les végétaux et
leurs organes partiels pour obtenir la fécondation ; la
recherche par les filaments des racines d'un sol plus
avantageux ; enfin toute la série des mouvements réflexes
d'ordre végétatif des animaux qui se distinguent également par un opportunisme très accusé. La transformation des conditions ambiantes pour garantir la vie met le
comble à l'adaptivité active.

L'adaptivité active nous met en présence de deux conjonctures : 1° L'influence plus ou moins immédiate des impulsions psychiques ; 2° l'action sur l'organisation, au moyen d'un exercice prolongé, d'organes qui tendent ouvertement à un but déterminé.

Au premier ordre de phénomènes se rapporte l'influence que le psychique exerce sur les processus vaso-moteurs et végétatifs de notre corps, qui ont lieu sans l'intervention de la volonté, et qui cependant peuvent sur l'évolution jouer un rôle des plus importants, d'autant qu'ils sont susceptibles de se montrer extrêmement avantageux pour l'organisme. Tels sont, chez l'homme, toute la série des phénomènes idéomoteurs, psychoréflexes et des mouvements affectifs ; telles sont encore les modifications des fonctions organiques qui accompagnent les réactions psychiques, suggestions et autosuggestions. On a de ce dernier genre de manifestations un éclatant témoignage, d'un intérêt sans égal, dans les stigmates hémorrhagiques qui, chez les hystériques, se localisent aux régions de la surface cutanée d'où le sang coula dans le crucifiement du Christ (voyez plutôt Louise LATEAU).

Il y a pourtant des raisons de penser que l'influence directe du psychique sur les organes du corps est bien plus marquée et bien plus variée chez les animaux inférieurs que chez les animaux supérieurs. C'est à elle probablement que ressortissent : les fameux phénomènes de coloration protectrice des revêtements somatiques harmonisée au milieu, des animaux inférieurs, connue sous le nom de mimétisme ; ceux d'engourdissement si répandus parmi nombre d'animaux, qui imitent la mort (telle la mort simulée des scarabées et autres).

La sphère de réaction directe du psychique sur les organes de l'économie étant, soit dit d'une manière géné-

rale, excessivement vaste, l'influence du psychique sur
l'évolution s'impose, surtout si nous nous la représentons
sous les formes qu'elle revêt chez l'homme qui possède
un organe de la pensée éminemment développé. Il devient
alors probable que le psychique est capable d'exercer à
un degré quelconque une influence immédiate sur les
échelons les plus différents de la vie organique.

Évidemment cet ordre de phénomènes doit embrasser
non seulement les faits semblables à la torpeur qui s'em-
pare de l'oiseau en présence du serpent à sonnettes, mais
l'engourdissement transitoire du scarabée, simulant la
mort de l'animal. Du moins n'est-il pas possible d'expliquer ces manifestations spéciales, originales, sans avoir
recours à l'influence du psychique au moment où l'animal
a conscience du péril (1).

La seconde modalité de cas concerne des efforts inten-
tionnels dirigés vers un certain but. C'est ainsi que, par
l'exercice appliqué à un dessein précis, on augmente le
développement des organes, tandis que leur état d'inaction, par absence de mobiles psychomoteurs, en entraî-
nera l'affaiblissement et l'atrophie lente. Ces faits, dont
LAMARCK avait noté l'importance dans l'évolution de l'organisme sont trop communs pour qu'on s'y étende avec
plus de détails.

Enfin la palme, au titre d'agent de l'évolution appartient à la transformation intentionnelle des conditions
ambiantes dans un intérêt personnel ; elle prend sa source
dans l'activité des êtres vivants à l'égard du milieu. Cette
méthode qui consiste à agir sur la nature environnante
pour l'adapter à son organisme, et se faciliter, par suite,

(1) Remarquons ici que S. A. Famintzyne introduit dans l'évolution organique l'autosuggestion en qualité de facteur actif.

les conditions de la vie, qui mobilise toutes les ressources et forces de l'individu et les dirige vers un autre objectif, fait déjà son apparition dans le règne végétal et
chez les animaux inférieurs qui savent se préparer un
asile contre les réactions défavorables du milieu. A mesure que, dans la série ascendante des animaux, l'activité
psychique se développe, cette méthode de réaction sur
le milieu ambiant domine de plus en plus, pour atteindre
chez l'homme son apogée gigantesque.

A quel degré peut-elle parvenir? Nous en avons la démonstration dans la civilisation contemporaine de l'humanité ; dans ses édifices grandioses ; dans les moyens de
protection artificiels de son corps contre l'action du froid ;
dans les systèmes de chauffage ingénieux de ses habita-
tions ; dans les divers procédés d'éclairage ; dans les
méthodes habiles de travailler la terre ; dans la culture
des animaux et plantes domestiques ; dans les moyens de
transport, merveilleux de rapidité, y compris les locomo-
tives les plus modernes, les sous-marins, les ballons di-
rigeables ; dans les modes encore plus surprenants de
communication à travers des étendues colossales par les
télégraphes, les téléphones, etc., etc.

Il est hors de doute que ce processus considérable, qui
constitue la pierre angulaire du perfectionnement de l'espèce, tient exclusivement au rôle du domaine psychique ;
il apparaît comme la manifestation sublime de l'énergie
interne de l'organisme.

Qui donne l'impulsion à cette transformation des conditions ambiantes, aux résultats grandioses ? C'est, sans
conteste, l'énergie latente qui se révèle sous la forme
d'activité psychique se perfectionnant graduellement et,
par conséquent, grosse, pour l'avenir, des produits,

encore plus expressifs, de l'asservissement de la nature
à l'intelligence humaine.

L'énergie latente, substruction du psychisme, apparaît en somme comme une grandeur active, qui agit dans
le processus d'adaptation de l'organisme aux conditions
ambiantes et dans celui de la transformation de ces dernières à son profit.

L'organe du psychique chez tous les animaux supérieurs, c'est manifestement le *cerveau*. Il subit l'em-
preinte de la réaction du monde extérieur et des processus intérieurs de l'organisme, et, en même temps, conserve, combine et remanie les impressions de toutes ces
influences qui sont en intime corrélation les unes avec
les autres. Le résultat de cette élaboration se traduit par
l'entrée en scène des instruments extérieurs du corps,
par la mise en train du système cardiovasculaire et d'autres appareils internes de l'économie ; mais le caractère,
la force et la durée de ces réactions, qui surgissent sous
l'influence des impressions en question, se règlent sur
de nouvelles empreintes d'origine extérieure et sur les
corrélations qui s'établissent entre celles-ci et les produits de l'élaboration des anciennes. Tel est le mécanisme qui détermine en propre le rôle du psychique dans
les manifestations et l'activité de l'organisme. C'est grâce
à lui que tout être vivant, en possession du psychique,
jouit de l'activité utilitaire.

Sous sa forme la plus élémentaire, le psychique est
doué au plus haut degré de la propriété de fixer les rapports de l'organisme vivant avec le milieu qui l'entoure.
La faculté de discerner et de choisir le mouvement qui

convient, ces deux phénomènes psychiques fondamentaux, naturels à tout organisme vivant, constituent les
moyens majeurs de le préserver des influences destruc-
tives de la nature et de la poursuite des brigands. Il est
clair que, plus parfait sera le discernement, plus judicieux sera le choix du mouvement qui le suit, plus l'organisme aura de chances d'échapper aux influences nuisibles de la nature ambiante et de profiter à fond de ses
influences favorables. Et, s'il en est ainsi, il est clair que,
dans la lutte pour l'existence, ce sont les êtres les mieux
dotés au point de vue mental qui doivent triompher.

Il est un point qu'il est impossible de ne pas remarquer. La sélection naturelle, qui suppose une force aveugle de la nature se traduisant en anomalies accidentelles,
ne fournit point l'explication du rôle de l'activité psychique qui intervient au premier plan dans la lutte
contre les forces naturelles et contre les conditions ambiantes, qui a le pouvoir de s'en débarrasser et même de
les transformer au mieux des besoins de l'organisme. On
peut dire que dans cette lutte, le triomphe appartient à
l'animal qui possède la plus grande impressionnabilité, le
talent le plus parfait d'imitation, le maximum de savoir-
faire, d'adresse, de ruse, de présence d'esprit, d'expérience et d'intelligence, quand bien même il n'aurait pas
pour lui les adaptations physiques.

Il n'est donc pas possible de fermer les yeux sur l'importance de la *sélection psychique*, théorie que je me
suis efforcé de développer dans mon travail sur « la portée biologique du psychique (1) ».

---

(1) Viestnick psichologii, criminalnoi antropologii i hipnostisma
cah. 1, 2, 3, 1904. Voy. également *Journal f. Psych. u. Neurolog.*
1905.

À la vérité, il est des qualités intellectuelles qui sont, dans une certaine mesure, naturelles ; l'hérédité doit jouer un certain rôle sous ce rapport. Mais il n'est pas douteux que le perfectionnement progressif du psychique ne soit obtenu par l'éducation, l'expérience de la vie, l'exercice, qu'il ne se transmette d'individu à individu, de race à à race, grâce à l'imitation, à l'impressionnabilité, à l'assimilation favorisées par les moyens de communication ; et que, partant, il ne se consolide dans la postérité par d'autres expédients que le jeu de la variété des espèces imputable à la sélection naturelle.

La sélection psychique donne aisément la clef de l'importance des principes moraux dans les groupes sociaux des animaux supérieurs et de l'homme. La tendance à la *sociabilité* n'apparaît pas elle-même comme le résultat de la sélection naturelle ; elle constitue la conséquence naturelle de ce don du psychique dont jouit l'être vivant, et, par suite, résulte de ladite sélection psychique.

Dans les groupes sociaux, les individus sont séparément astreints aux conditions de la vie commune, fussent-elles dommageables aux tendances individuelles ; c'est pour cela que chaque individu prospère et s'élève d'autant plus au-dessus des autres qu'il conforme davantage ses actes aux intérêts publics.

CHAPITRE XIX

La transmission héréditaire des caractères acquis.

La théorie de l'évolution, telle qu'elle a été exposée plus haut, exige, cela ne fait pas de doute, que les particularités que l'organisme a acquises dans le cours de sa vie, par suite de son adaptation aux conditions ambiantes, se consolident chez ses descendants ; sinon, toute adaptation obtenue par une génération disparaîtrait dans l'autre, et le processus serait entaché d'un caractère purement personnel ou individuel. L'espèce entière serait condamnée au travail de *Sisyphe*, elle n'en tirerait que peu, voire pas du tout de profit et, en tout cas, il n'entraînerait pas l'évolution organique dans la série intégrale des générations, n'engendrerait pas de nouvelles espèces.

Deux questions d'un intérêt impérieux se dressent donc devant nous.

Les caractères particuliers qu'a acquis l'organisme de chaque individu dans le courant de sa vie, et qui résultent de son adaptation personnelle, se transmettent-ils à ses descendants ? Ce qu'il a acquis par la transformation consciente qu'il a opérée de la nature ambiante à son profit individuel s'affermira-t-il, se fixera-t-il dans sa postérité ?

Bien que Darwin ait admis la transmission aux descendants des caractères acquis, les représentants les
plus tardifs de l'école ont formulé des réserves. Pour
eux, les caractères qui apparaissent à l'occasion chez
tels ou tels individus au moment de la *naissance* sont
susceptibles de se fixer chez leurs descendants par voie
de transmission héréditaire *s'ils sont avantageux pour
une espèce donnée. Nec plura.* En un mot, le terrain du
darwinisme a fait germer une théorie qui ne reconnaît
pour règle que la transmission à la postérité des caractères datant de la naissance ; aucun des attributs acquis
dans le cours de la vie ne se transmettrait par hérédité ;
ils seraient, par suite, perdus pour les successeurs.

Il est une théorie d'un des représentants marquants
du néo-darwinisme qui a eu un retentissement spécial ;
c'est celle de Weissmann.

D'après lui, la multiplication de l'espèce ayant lieu par
fusion des cellules sexuelles des deux organismes mâle
et femelle, il n'y aurait que les particularités de l'organisme inhérentes à ces cellules qui puissent se transmettre aux descendants. Tous les caractères acquis dans le
cours de la vie sont frappés de stérilité pour la postérité.
Cette dernière conclusion, qui suppose, sans motifs suffisants, aux cellules sexuelles, une situation à part dans
l'organisme, se fonde sur l'analyse critique d'une série
d'indications relatives à la transmission aux descendants
les plus proches de certaines avaries artificielles ; on a
par exemple vu des petits d'animaux auxquels on avait fait
des balafres ou coupé la queue venir au monde porteurs
des mêmes cicatrices, ou sans queue.

En admettant que la théorie de Weissmann fût exacte
et irréprochable, elle n'aurait de valeur que pour la reproduction des animaux supérieurs ; disons de suite qu'il

s'en faut de beaucoup qu'elle soit aussi solide à son sujet que le veut son auteur. En ce qui concerne la multiplication par division et greffe, il n'est guère probable qu'il puisse y avoir de distinction entre la transmission aux descendants des particularités acquises par l'organisme dans le cours de sa vie et celle des caractères qu'il tient de ses ancêtres.

En dépit de la somme de travail fourni par WEISSMANN pour développer et démontrer son hypothèse, en dépit des articles nombreux qu'il a écrits dans ce but, il n'a pas réuni tous les suffrages ; on compte des partisans et des adversaires tout aussi fermes de cette manière de voir. C'est une question de biologie restée vague ; on n'a pour s'en convaincre qu'à consulter les conclusions de DELAGE qui a rassemblé un énorme bagage de faits : « Il n'a pas été prouvé expérimentalement que les caractères acquis par l'exercice ou l'inaction se transmettent héréditairement à la descendance ; il n'a même pas été prouvé qu'ils se soient jamais transmis. » Impossible de ne pas souscrire à cette déclaration, car elle est la simple expression des faits.

Toutefois, certains faits de la vie des plantes et des animaux plaident absolument en faveur de la transmission héréditaire des modifications de l'organisation acquises, sans quoi plusieurs particularités de cette organisation demeureraient inexplicables. Nous nous abstiendrons de détails. Nous nous bornerons à relever que, si ingénieuse que soit en soi l'hypothèse de WEISSMANN avec sa matière sexuelle éternellement jeune, c'est à l'expérimentation, établie sur des principes fort larges, que doit incomber le dernier mot. Il n'est pas inutile, au surplus, d'avoir présent à l'esprit qu'à chaque période de son développement tel ou tel organisme acquiert cer-

tain caractère, certaine particularité. Je connais, par
exemple une chienne qui dans le jeune âge avait été
atteinte d'une fracture à consolidation vicieuse d'une des
pattes de devant ; elle mit bas à plusieurs reprises, et
nombre de petits chiens vinrent au monde avec une
extrémité antérieure à courbure difforme (1).

Il ne suffit pas, à notre sens, il s'en faut de ·beaucoup,
pour résoudre la question de la transmission héréditaire
des caractères et stigmates acquis, de se cantonner aux
balafres et aux queues coupées de chiens et de chats
ressortissant au cours de leur vie. Il n'y a là, tout le
monde le comprend, que des ·incidents fortuits n'ayant
rien de commun avec le fond de l'organisation même. Il
en est tout autrement des particularités de l'organisme,
découlant de ses besoins les plus essentiels, acquises
par l'intermédiaire de l'influence immédiate du psychique
sur l'organisation, ou par un long exercice dans lequel
l'énergie latente a joué le rôle actif. Ces particularités ne
doivent pas être pour l'espèce aussi fragiles, aussi passa-
gères que les balafres ou queues coupées. En décider
autrement équivaudrait à dire que les perfectionnements
qu'ont obtenus par leur initiative personnelle les organismes dans le courant de leur vie, restent peine perdue
pour leurs descendants ; et que le système nerveux, qui
joue dans ces perfectionnements privés le rôle prédo-
minant, n'exerce aucune influence sur la matière sexuelle,
et cependant il existe des faits qui y contredisent péremptoirement.

Les expériences de Brown-Séquard sur les cobayes
sont particulièrement instructives sous ce rapport. Il
leur résèque le sciatique ou des portions de moelle épi-

nière ; cette mutilation provoque des attaques d'épilepsie.
Les attaques sont ou indépendantes, ou consécutives à
l'irritation d'une zone sensible spéciale épileptogène
située dans le territoire du trijumeau. L'épilepsie expérimentale ainsi provoquée se transmet héréditairement, et
cette épilepsie héréditaire présente les mêmes manifestations que l'autre.

Bien plus tard, les recherches de BROWN-SÉQUARD ont
été confirmées par les travaux expérimentaux d'OBERSTEI-
NER et HOUTNIKOW. A la vérité, elles ont soulevé des objections, notamment de la part de SOMMER ; néanmoins les
arguments des adversaires de la transmission héréditaire
des caractères acquis d'ordre pathologique ne peuvent être
tenus pour suffisamment convaincants. Tout neuropatho-
logiste, tout psychiatre a sous la main des faits du même
genre dans la pathologie humaine. On n'a qu'à parcourir
les tableaux généalogiques des épileptiques pour se persuader que l'épilepsie acquise sous l'influence de circonstances quelconques par les générateurs dans le courant
de leur vie est facilement transmise à leurs descendants.
Il en est ainsi pour nombre de maladies nerveuses et
mentales.

On pourrait citer toute une légion de faits qui montrent
surabondamment que les désordres morbides neuropsy-
chiques acquis par un sujet dans le cours de sa vie sont
susceptibles de se transmettre à sa postérité, bien plus,
qu'ils sévissent fréquemment sur de nombreuses générations successives (1).

(1) Désire-t-on faire plus ample connaissance avec les faits de
ce genre, qu'on se reporte aux ouvrages de pathologie mentale et
nerveuse. Citons celui de Ribot : L'Hérédité des attributs mentaux.
Quelques faits dignes d'attention relatifs à la transmission possi-

Or, si les désordres morbides acquis dans le cours de la vie de tel ou tel organisme se peuvent transmettre héréditairement, pourquoi les autres particularités acquises de la même façon, telles qu'hypertrophie ou atrophie d'organes, dépendant de l'exercice ou de l'inaction, feraient-elles exception ?

Il n'existe évidemment pas de raisons pour le nier. Par conséquent, guidé sur les données précédentes, nous croyons que la thèse des néodarwinistes, Weissmann en tête, qui va à l'encontre des idées de Darwin, d'après laquelle les caractères acquis par l'organisme dans le cours de sa vie et, en particulier, à un âge tendre, sont, dans quelques conditions que ce soit, incapables de se transmettre à la descendance ; nous croyons que cette thèse ne bénéficie pas de l'appui de faits, au moins suffisants.

Moll (1) a raison de dire : « Tous les genres d'activité mis en pratique par plusieurs générations finissent chez les dernières par devenir héréditaires quand même à l'origine ils n'eussent été qu'honorablement acquis. Je me contenterai d'indiquer les dispositions des castors. »

———

Il y a en tout cas bien des motifs de penser que l'influence du système nerveux et du domaine psychique en particulier, sur l'organisation en général et, notamment, sur l'exercice qui préside au travail d'adaptation de l'or-

ble aux descendants des influences psychiques ont été relatés par Spodiapolski dans son article, *les Impressions ou suggestions paternelles ou maternelles se transmettent-elles aux enfants ? Revue de l'hypnotisme*, janvier 1904.

(1) *Libido sexualis.* Traduct. russe, p. 209.

ganisation individuelle, ne puisse être totalement exclue
des facteurs actifs de l'évolution.

La constante répétition du même acte d'adaptation
provoque l'acquisition par l'organisme de mouvements
habituels d'un genre particulier, qui dépendent de l'installation dans le système nerveux et du parfait fonctionnement, en rapport avec un long exercice, de mécanismes absolument spéciaux, ou voies frayées d'une espèce
à part. Il se peut donc fort bien que la transmission de
ces actes aux descendants, et leur consolidation procède
de la transmission héréditaire de ces mécanismes nerveux tout prêts qui facilitent essentiellement l'élaboration
et l'acquisition d'actes semblables dans la série des générations suivantes. Ainsi se peuvent expliquer les manifestations instinctives transmises de générations en générations, qui jouent indubitablement un rôle considérable
dans le développement des organismes.

Quant au processus en vertu duquel l'individu transforme la nature ambiante au mieux de ses intérêts personnels, et qui joue un rôle non moins considérable,
quoiqu'indirect, dans le développement, il est évident
que nous avons ici affaire à la consolidation dans la descendance de résultats obtenus ; c'est l'imitation immédiate, c'est l'éducation directe qui en sont les fauteurs.
Les preuves abondent tant en faits qu'en observations
dans le monde des animaux munis d'un système nerveux (1).

Nous ferons remarquer en dernier lieu que dans cette
question de la transmission héréditaire, il ne faut pas
perdre de vue un élément sérieux.

(1) Je renvoie à mon travail déjà cité (Biologitcheskoé znatché-
nié psichiki. in *Viestnik psichologii, criminalnoï antropologii*, etc.,
1901, fasc. 1, 2, 3.

Les observations cliniques nous enseignent que l'hérédité pathologique est bien plus lourde, toutes choses
étant égales d'ailleurs, quand les deux générateurs sont
affectés de processus morbides similaires que lorsque,
l'un des générateurs étant malade, l'autre est resté bien
portant. Ainsi, l'hérédité sera par dessus tout fatale aux
descendants, quand les deux générateurs présenteront
une déviation quelconque de la normale dans le domaine
psychique ou dans l'activité nerveuse. En ce cas, les descendants, quelques membres de la famille au moins,
offriront l'exagération des particularités pathologiques
des générateurs. C'est, à notre avis, cette forme de l'hérédité qu'il conviendrait le plus justement d'appeler hérédité *cumulative*.

Ces exemples ont leurs pendants identiques en biologie; quand les deux générateurs trahissent des caractères semblables, leurs descendants, au moins certains
individus, sont susceptibles de les présenter à un degré
renforcé. Cette constatation acquiert une signification
particulière, en ce sens que, dans ces conditions, l'hérédité cesse d'être une force exclusivement conservatrice,
comme on l'avait accepté jusqu'à ce jour; au contraire,
dans certaines circonstances, elle peut devenir un principe actif dans le processus de l'évolution. Cette attitude
prend une valeur encore plus grande dans la multiplication sexuelle par monogamie, où l'influence des deux
générateurs l'un sur l'autre a toute latitude pour s'exercer avec une intensité sans contrôle dans le cours d'une
longue existence commune.

CHAPITRE XX

L'importance de l'énergie électrique dans la nature et dans l'organisme.

Avant de passer à l'examen de la nature de l'énergie des êtres organisés, il est par dessus tout nécessaire d'avoir présent à l'esprit que la forme fondamental de l'énergie, c'est l'énergie électrique qui se manifeste dans tous les processus chimiques et physiques.

« Il n'est possible, dit le professeur Skvortzow, de se représenter dans la matière primordiale ou *protomatière* ni atomes, ni *à fortiori* molécules ; il ne peut donc y être question de la manifestation de quelque énergie que ce soit. Notre esprit ne sépare pas l'énergie de la matière, il les identifie même ; l'apparition du premier atome de matière rend possible la manifestation de l'énergie, qu'elle traduise des différences de potentiels ou un certain état dynamique identifiable à l'état électromagnétique. L'état dynamique peut pourtant se révéler à notre vue sous forme de lumière ; celle-ci ne représente alors *que la sensation subjective* perçue par *nous* d'un certain état dynamique objectif d'une masse quelconque de matière (1). »

(1) Professeur J. P., Skvortzow. *Dinamitcheskaia téoria i prilojénié iéia k jizni i zdoroviou* (La théorie dynamique et son application à la vie et à la santé). Moscou 1900, p. 10.

D'autre part, « les phénomènes photo-électriques correspondent sûrement à un certain état électromagnétique du milieu dans lequel se trouve l'œil ». Actuellement la théorie électro-magnétique de la lumière s'est conquis dans la science une place telle qu'il n'est guère possible de douter que la lumière ne soit autre chose que l'état subjectif de notre œil qui perçoit une forme définie des phénomènes électromagnétiques de la nature.

De même la conception la plus juste que l'on puisse se faire de l'affinité chimique, ainsi que des phénomènes d'attraction réciproque des éléments, on la doit à la théorie électro-chimique.

Il y a aussi toutes raisons d'admettre que la chaleur dépend de l'énergie électrique. On sait que la manifestation dans les corps de l'énergie électrique développe de la chaleur dont la quantité est égale à la résistance multipliée par le carré de l'intensité du courant ; la chaleur exprime donc un certain état électromagnétique de molécules individuelles. On sait encore que la chaleur ne se transforme pas immédiatement en énergie électrique. Une température élevée exclut même la possibilité de la manifestation de l'état électromagnétique d'un corps.

Nous rencontrons également dans la nature ambiante des phénomènes qui nous poussent à croire que les phénomènes thermiques dépendent de phénomènes électromagnétiques. Leur dépendance réciproque sur la terre a pour elle la presque coïncidence de la direction des lignes isothermiques et isomagnétiques et la proximité des pôles magnétiques et thermiques terrestres (J. P. Skvortzow).

Les tourbillons ou trombes terrestres fournissent en outre des arguments permettant de les rattacher à des phénomènes électromagnétiques. Il y a toutes raisons de

croire que, dans notre atmosphère, deux énormes tourbillons à axes verticaux agissent sur les pôles, faisant
mouvoir l'air de l'Ouest à l'Est ; et qu'il en existe deux
autres, dans la région intermédiaire, de chaque côté de
l'équateur, à axes horizontaux. Il est impossible, pour
Skvourtzow, de ne pas voir que les axes de ces tourbillons coïncident avec la position de l'aiguille aimantée
qui tend à la verticale aux pôles, et à l'horizontale près de
l'équateur. Il ressort de là, en toute évidence, que, à
l'égal des influences thermiques, les tourbillons terrestres dépendent dans une notable mesure de courants
électriques aériens qui, entraînant derrière eux les particules d'air, en déterminent le mouvement et provoquent,
par cela même, des différences de pression atmosphéri-
que.

Impossible de nier que l'énergie qui nous est transmise par les rayons solaires ne soit l'expression de
l'énergie radiante qui, d'après les toutes nouvelles recherches de la physique, constitue, de par sa nature, un
phénomène complexe. C'est dans cette énergie radiante
que nous devons chercher les sources de l'influence électromagnétique exercée par eux sur toutes les planètes du
système du monde. Nous sommes profondément convaincu que le temps viendra où les lois de l'attraction seront ramenées à des influences électriques des astres célestes les uns sur les autres. Quoi qu'il en soit, l'état
électromagnétique de notre planète ne peut soulever
aucun doute.

« Nous vivons, écrit Skvourtzow, dans *un milieu fortement dynamisé.* Ceci s'applique non seulement à l'air,
mais aussi à l'eau et à la terre ferme. Cette *dynamisa-
tion dépend* en première ligne des *courants électromagnétiques excités par le soleil sur la terre et dans la*

terre ; ils engendrent eux-mêmes, outre l'électricité aérienne et le magnétisme terrestre, la lumière et la chaleur. »

Le magnétisme terrestre émane, nul ne l'ignore, des courants électro-magnétiques de la terre. La force de ce magnétisme équivaut, d'après Gauss, à celle de 8.464 trillions de livres de barres d'acier aimantées à saturation. Cette évaluation doit à son tour nous fournir l'image de la force colossale de l'électricité du globe. On estime le potentiel électrique de la terre à 4.000 millions de volts (1).

Point n'est besoin d'aborder ici l'explication détaillée du rôle que doit jouer l'électricité terrestre dans tels ou tels phénomènes météorologiques, volcaniques, climatéques et autres, à la surface du globe. Mais nous ne pouvons nous dispenser de nous arrêter sur le développement et l'importance de l'électricité dans les êtres organisés.

Rappelons-nous, c'est indispensable, que l'organisme animal réunit des conditions extraordinairement favorables au développement de l'électricité. C'est à cette conclusion que mène infailliblement la *théorie osmotique du courant galvanique*, aux termes de laquelle la différence entre les pressions osmotiques de deux gaz ou de mélanges constitués par l'union de ces derniers véhicules s'exprime par un courant galvanique dont l'intensité correspond à l'énergie de nivellement osmotique. Or l'organisme animal représente une masse partout imbibée de solutions de sels minéraux et de diverses substances or-

(1) J. Daru. *Elektritchestvo v prirodié* (l'électricité dans la nature) en russe.

ganiques ; elle est partagée par d'innombrables membranes qui isolent des organes, des groupes d'organismes minuscules ou cellules, des tissus comme on les appelle, et enfin des cellules séparées subdivisées elles-mêmes en parties intégrantes, entrant dans la formation de la cellule, telles que noyau, nucléole, etc.

Ces conditions créent évidemment une prodigieuse variété de processus osmotiques dans l'organisme ; par conséquent, si nous suivons la théorie dynamico-moléculaire des mélanges, nous sommes forcés d'en arriver à conclure que l'économie est le siége d'un extraordinaire développement de courants électriques en rapport avec les échanges intra-organiques ou métabolisme. L'électricité biologique dérive, en ce cas, de toute une catégorie de processus qui s'accomplissent constamment au sein de l'organisme, tels qu'osmose, diffusion, filtration, capillarité, etc., sans parler des opérations chimiques elles-mêmes ou chimisme. Puis, c'est la dissociation électrique des sels minéraux, notamment du chlorure de sodium, contenus dans le plasma sanguin et autres liquides de notre corps, qui doit jouer un rôle considérable.

Comment, en présence de cela, ne pas reconnaître que tous les êtres vivants en général manifestent des phénomènes électriques. Suivant D'ARSONVAL (1) « l'électricité d'origine animale s'apprend principalement dans les nerfs et les muscles. Cependant il est incontestable qu'elle est plus universelle et accompagne tous les phénomènes de la vie. L'électrogénèse, comme la thermogénèse, est un phénomène cellulaire basé sur la même cause, c'est-à-dire les combustions respiratoires nécessaires à la vie. »

(1) D'Arsonval. *Archives de physiolog. norm. et patholog.* 1890. p. 161.

Naturellement, les conditions d'action de l'énergie électrique dans les êtres organisés participent d'une très grande variété, qui dépend de la différence de conductibilité électrique des tissus (expériences de ZIEMSSEN et autres auteurs). Il faut considérer que les enveloppes des cellules et des fibres, celles aussi des organes, de leurs composants et faisceaux, sont plus résistantes au courant galvanique que leur contenu.

Ainsi les enveloppes comme le sarcolemme, le névrilème et le manchon de myéline des fibres, doivent être tenues pour des conducteurs extrêmement mauvais de l'électricité ; ils peuvent être assimilés à des diélectriques, tandis que leur contenu, fibres musculaires et cylindre-axes, en sont d'excellents conducteurs.

Sont également mauvais conducteurs de l'électricité, les tissus kératoïdes, tels que la névroglie, les revêtements extérieurs de notre corps, en particulier ceux qui sont secs ; de même les éléments gras. Les téguments externes avec la couche adipeuse sous-cutanée constituent pour notre organisme de véritables garnitures diélectriques comparables aux garnitures artificielles des jarres de Leyde.

Les sources les plus considérables du courant électrique de l'organisme, ce sont, indubitablement, les éléments cellulaires des tissus dont la structure et la composition réunissent les conditions les plus favorables sous ce rapport.

KOHN (1) se prononce très catégoriquement à ce sujet.

(1) Ehrlich. *Potrebnostj organizma v kislorodié* (Besoin d'oxygène de l'organisme). Traduction russe.

« En dehors de l'organisme nous constatons des centaines de milliers d'oscillations de l'équilibre chimique, qui, toutes sans exception, s'accompagnent d'oscillations de l'équilibre électrique ; nous ne sommes pas en état de signaler un seul fait d'un caractère opposé. Ne serait-il donc pas absolument antiscientifique de nous appesantir sur le mécanisme de la cellule, sur ses chefs-d'œuvre d'attraction, de lumière, de chaleur, de chimisme, d'osmose, et de ne mentionner qu'en passant, à propos des musles, des nerfs, des glandes, etc., l'énergie la plus variée, la plus souple et la plus vive de toutes, j'ai nommé l'électricité. Beaucoup peut être croient que l'électricité tient tout entière, en temps d'orage, dans le muscle de grenouille préparé par GALVANI ; d'autres n'y voient guère que cette électricité des jours de fête bohne simplement à mettre en mouvement des jouets coûteux et à animer de petites lampes à incandescence. Et cependant il n'est pas de corps sans différence de potentiel électrique, pas de processus chimique qu'il ne faille considérer comme électro-chimique. »

SKVORTZOW détaille :

« Le seul déplacement de solutions chargées d'*ions* à l'intérieur de la cellule et en dehors d'elle suffit pour la maintenir en un état de dynamisme énergique qui se traduit par sa nutrition, sa croissance et sa multiplication. Il s'y joint d'ailleurs des particularités spécifiques excessivement importantes (1). C'est avant tout, le contraste entre l'endoplasme et le paraplasme de la cellule vis à vis de l'oxygène ; le premier mène en quel-

(1) Professeur Skvortzow, *loc. cit.*, p. 17.

que sorte une existence anaérobique alors que le second se trouve dans les conditions de l'aérobie (1).

« Autre particularité : le protoplasma des cellules contient de préférence des albumines soufrées, tandis que leur noyau renferme principalement des phosphites d'albumine (nucléo-albumines).

« Enfin, dernier caractère, la concentration du noyau est différente de celle du corps de la cellule, les réactions aux matières colorantes et d'autres données militent positivement en faveur d'une bien moins grande richesse en eau du noyau que du corps cellulaire. »

L'ensemble des descriptions précédentes sont topiques. L'organisme vivant peut être assimilé à une vaste batterie galvanique dans laquelle les éléments et leurs combinaisons sont séparés par des enveloppes diélectriques (2).

A ceci, il convient d'ajouter que les revêtements cutanés développent aussi une quantité marquée d'électricité. On sait que les courants électriques de la peau peuvent, au moins chez quelques personnes, posséder une tension considérable. C'est le plus souvent dans les cheveux qu'on en a observé d'une intensité notable. Ainsi s'explique l'apparition d'étincelles quand on peigne la chevelure, celle en particulier des femmes. On sait également que lorsqu'elle est très sèche il suffit de passer la main au-dessus des cheveux pour qu'ils se soulèvent à l'instant.

Certaines individualités, exceptionnelles, jouissent même de la faculté de dégager par la surface de la peau des décharges d'une force assez accusée. On raconte d'une Américaine qu'elle donnait une étincelle de un centimètre

---

(1) Kohn *Studien und Versuche über physiologische Electrochemie*, 1899.

(2) Skvortzow, *loc. cit.*, p. 16.

et demi de long. En 1888 d'Arsonval et Féré (1) ont présenté une femme chez laquelle il y avait une telle accumulation d'électricité qu'on en obtenait facilement des décharges par la surface du corps ; elle attirait même des morceaux de papier et autres objets légers (2).

D'ailleurs, on s'est rendu compte que des irritations déterminées, telles l'action sur la vue du verre bleu et de l'éther sur l'odorat, modifiaient la force de l'électricité cutanée ; on a pu montrer que celle-ci avait pour principale source les frottements de la robe sur la surface de la peau.

Les investigations de d'Arsonval prouvent que la surface même de la peau est incapable de développer une tension électrique de plus d'un volt. Impossible pourtant de ne pas relever que d'Arsonval perd en ceci de vue une source majeure d'électricité cutanée ; c'est l'électricité de l'atmosphère qui nous entoure. Actuellement, après les recherches de physique de Hertz sur la propagation des rayons électriques, et, surtout, après celles de V. J. Daniliewsky (3), sur l'action physiologique de l'électricité à distance, il est acquis que c'est elle qui charge les téguments de la peau, si tant est qu'elle se limite là (4).

---

(1) D'Arsonval et Féré. *Bull. de la Soc. de Biologie,* 1888.

(2) A. Danilievsky assure que la fameuse Eusapia Paladino possédait une aptitude semblable.

(3) *Izsliédovanié nad 'fisiologitcheskime dieistviéme élektritchestva na razstoianii,* 1900.

(4) Mentionnons ici les recherches de Waller (voy. Biedermann *Electrophysiologie,* II, p. 346). Il a démontré que la tête, le bras droit et la moitié droite de la poitrine décèlent un potentiel électropositif, tandis que le bras gauche, la moitié gauche de la poitrine et les jambes ont un potentiel électronégatif. Il y a des raisons de penser que cette originale particularité de l'organisme

Le *tissu nerveux* des organismes supérieurs constitue sans doute un *accumulateur* en son genre d'énergie électrique. Grâce aux conducteurs partout éparpillés dans l'organisme sous forme de nerfs centripètes munis d'enveloppes isolantes, qui, partis des diverses parties de l'économie, servent de foyer aux processus moléculaires dynamiques, les courants oscillent constamment dans les centres. De même, grâce aux irritations externes, qui agissent sur les organes de réception périphériques, des courants d'un genre semblable naissent dans les nerfs spéciaux des organes ses sens.

Enfin les impulsions parties des centres pour la périphérie provoquent le développement continu de courants dans les conducteurs nerveux et les muscles mêmes, indépendamment de la transformation d'une certaine portion de l'énergie en travail musculaire mécanique.

humain se rattache à l'activité du cœur dont la masse principale occupe la moitié gauche du thorax.

CHAPITRE XXI

La nature du courant nerveux.

On a, sur la nature du courant nerveux, émis des hypothèses fort différentes.

Ainsi, pour DELBŒUF, d'ARSONVAL et autres, il s'agirait d'une onde *mécanique*, de la transmission onduleuse aux centres des variations subies par l'élasticité des appareils épithéliaux périphériques et des terminaisons nerveuses ; ou bien encore des fluctuations ondulatoires de la colonne liquide du contenu des fibres nerveuses.

Évidemment, cette hypothèse ne serait suffisamment justifiée que s'il était prouvé que les fibres nerveuses sont des tuyaux à contenu liquide ou semi-liquide, et si l'on pouvait reconnaître la contractilité des cellules périphériques sous l'influence des stimulations du dehors. L'hypothèse de la structure tubulaire de la fibre nerveuse avait jadis trouvé un vif appui dans la découverte du cylindraxe renfermé dans l'axolemme et enveloppé d'une garniture molle, du manchon de myéline. Mais, à partir du moment où le cylindraxe fut décomposé en une masse de fibrilles primitives, elle perdit de sa valeur ; car le caractère canaliculaire des fibrilles, non seulement n'était pas prouvé, mais devenait fort peu vraisemblable.

Quant à la contractilité des cellules nerveuses sous l'influence des stimuli accourus de la périphérie, elle manque de faits positifs, malgré les documents sur la mobilité des rameaux cellulaires ou dendrites successivement produits par les recherches de RABL-BURKCHARDT et DUVAL et d'autres auteurs, au nombre desquelles il faut compter le travail de NARBOUTTE de notre laboratoire.

La théorie mécanique, disent ses défenseurs, pourrait expliquer la périodicité des décharges des cellules nerveuses ; car il est démontré que toutes les impulsions parties des centres nerveux pour aller aux muscles se transmettent sous la forme d'une file de chocs qui se suivent l'un l'autre, avec une rapidité variable (1).

Cette périodicité pourrait, sans difficulté, être ramenée à celle des contractions mécaniques de la cellule. Mais quelle valeur reste-t-il à cette supposition, si l'on ne peut considérer comme établie la contractilité périodique des cellules nerveuses ?

Il est clair que la théorie mécanique des impulsions nerveuses, en dépit de son attrait qu'elle doit à sa simplicité, ne saurait actuellement être prise pour guide.

On entre, avec le processus nerveux de GAULE (2) sur un terrain un peu plus compliqué, mais encore d'ordre mécanique, ou, plus exactement *mécanico-moléculaire*. D'après cet auteur, sur tout trajet nerveux, a lieu un processus en vertu duquel le cylindraxe détache une sécrétion spéciale qui est absorbée par son enveloppe. Les

---

(1) Pour la tension volontaire des muscles, le nombre de ces chocs est approximativement fixé de 10 à 16 par seconde.

(2) Gaule. Was ist unser Nervensystem. *Zeitschr. f. Psych. u. Phys. der Sinnesorganen*, 1891.

réactions l'origine extérieure ont pour effet de modifier, dans toute l'étendue de l'arc nerveux, le processus en question : la sécrétion se transvase à travers l'arc réflexe entier de la périphérie aux muscles. M. GAULE suppose en outre que : tantôt la cellule nerveuse se borne à recevoir ce qui est excrété par le nerf sensitif ; tantôt, si l'excitation est plus vive, elle excrète elle-même un produit de sécrétion qui s'en va jusqu'à la périphérie, aux muscles.

Il nous faut relever, d'abord, que la structure tubulaire de la fibre nerveuse n'est pas prouvée ; puis, que cette hypothèse, comme la précédente, contredit aux plus récentes manières de voir sur les neurones, d'après lesquelles il est impossible d'admettre la continuité de l'arc réflexe. D'un autre côté, le processus de l'élimination par les cylindraxes d'une sécrétion et de son absorption par l'enveloppe est difficilement applicable aux fibrilles les plus minces en lesquelles s'éparpille le cylindraxe. Cette hypothèse, qui se distingue par sa complication et l'absence de preuves, est du reste passible d'autres objections.

Les hypothèses mécaniques ont pu avoir une certaine valeur dans la science avant la théorie des neurones ; elles se heurtent depuis à des obstacles peu ordinaires qu'il est impossible d'écarter sans forcer les explications (1).

En face de leurs défauts évidents, d'autres auteurs se sont adressés, pour expliquer le processus nerveux, à l'hypothèse purement *chimique*.

(1) Il est vrai que dans ces derniers temps on a fait aussi des objections à la théorie des neurones (Apathie, Bethe), mais elles ne semblent pas, même si elles étaient justifiées par des recherches subséquentes, pouvoir déraciner cette théorie.

Hering fait consister le courant nerveux dans une modification chimique de la fibre, ayant lieu sous l'influence
d'irritations quelconques et s'étendant, telle une explo-
sion dans la mèche de poudre, à travers les nerfs.

L'hypothèse, également chimique de Rosenbach est plus
complexe. Le système nerveux, par l'intermédiaire de
l'oxygène, transforme l'énergie chimique en énergie
nerveuse spécifique.

Pour les défenseurs de la théorie chimique de la conductibilité nerveuse, les phénomènes électriques observés
dans le nerf seraient en quelque sorte accessoires, con-
comitants des modifications moléculaires de la fibre
qui ont lieu au moment du courant nerveux.

Il existe incontestablement actuellement des indications
relatives aux opérations chimiques ou chimisme des cellules pendant leur travail. Il se produirait des modifications du pourpre rétinien ; il se manifesterait, quand les
cellules cérébrales sont en activité, dans l'écorce une
réaction acide explicable par l'apparition d'acide lacti-
que ; enfin la substance grise corticale présenterait pendant l'activité intellectuelle une élévation de température.
Ces constatations cadrent avec l'irrigation sanguine des
cellules nerveuses, assurées, mieux que toutes les autres,
de la fourniture de ce liquide ; ceci constitue évidemment
une des conditions essentielles de leur chimisme ou de
leurs échanges intràorganiques.

Particulièrement instructifs à cet égard sont les résultats des recherches sur l'état de la température de la substance corticale à l'occasion de telles ou telles irritations
périphériques.

Schiff (1) est le premier qui, à l'aide d'aiguilles thermo-

(1) Recherches sur l'échauffement des nerfs et des centres nerveux etc. *Arch. de phys.*, 1869, II.— *Rec. de mém. phys.*, III.

électriques fichées en diverses parties de l'écorce, de préférence en des régions symétriques, ait observé que toute portion en activité de ce domaine révèle un échauffement plus grand qu'une localité inactive. Faisait-il mouvoir les membres, la partie moyenne des hémisphères présentait une plus grande élévation thermique que les régions antérieures et postérieures. Les irritations sonores et lumineuses se traduisaient exclusivement par une hyperthermie de l'hémisphère opposé. L'élévation thermique du cerveau en activité ne pouvait être rattachée à des modifications de la circulation; car elle se développait encore douze minutes après qu'on avait arrêté le cœur.

Les recherches de Schiff, Dohr et autres prouvent d'une manière génrale que l'irritation de l'écorce cérébrale s'accompagne d'une élévation de température du tissu du cerveau, indépendante de la température du sang lui-même. Cette élévation atteint parfois trois à quatre dixièmes de degré centigrade, au-dessus de la température du sang. Il y a donc lieu de l'imputer à des processus chimiques s'effectuant dans les cellules.

Tanzi (1) en 1888 a répété les expériences de Schiff. Il a obtenu des résultats semblables. Il est arrivé à la conclusion qu'il existe des oscillations thermiques, élévations ou abaissements, plus ou moins marquées qui sont sous la dépendance immédiate de l'activité fonctionnelle du cerveau et ne relèvent point de l'état de la circulation. Pendant le sommeil, et au moment du repos, la température du cerveau s'abaisse de nouveau, pour tomber même au-dessous de celle du sang. Les recherches de Corso (2)

---

(1) Tanzi. *Dict. de phys.*; cerveau par Richet. Ricerche termoelectriche sulla corteccia cerebral. Reggio Emilia, 1889.

(2) Corso. L'aumento e la diminuzione del calore nel cervello per il lavoro intellettuale. Florence, 1881.

ont cependant montré que l'excitation d'un des organes des sens provoque une diminution correspondante de la température du cerveau. Mosso, par contre, procédant à l'aide des thermomètres mercuriels ordinaires, s'est convaincu que les processus chimiques, qui entraînent une élévation thermique, dépendent d'irritations périphériques sensitives, et non de modifications de la circulation cérébrale.

Mentionnons encore les investigations postérieures de G. Mirto (1) par la méthode thermo-électrique chez un épileptique porteur d'une lacune de la calotte cranienne. Il a, comme les auteurs précités, acquis la preuve que les courants thermo-électriques de l'écorce ne dépendent pas de changements de la circulation du sang. Il a trouvé que, pendant l'attaque d'épilepsie, l'écorce présente une élévation de température. Il est bon de faire remarquer que, s'il existe dans la science des divergences sur l'état de la température du cerveau pendant qu'il agit, il est impossible de perdre de vue que cet organe peut, tandis qu'il travaille, être le siège tout aussi bien d'absorption que de production de chaleur ; les processus de réparation doivent évidemment s'accompagner d'absorption de calorique, il n'y a que ceux de désagrégation qui doivent aboutir à la formation de chaleur.

On a la démonstration de l'augmentation du chimisme ou plus exactement, du métabolisme des cellules nerveuses pendant l'activité intellectuelle, dans certains faits témoignant de l'accroissement de la quantité des phosphates dans l'urine (Dondkrs, *thèse* de Paris, 1868 ; Mosler, etc.). D'autres signalent l'hyperexcrétion de

(1) G. Mirto. Recherches thermo-électriques. *Archives italiennes de biologie*, 1890.

l'azote et de l'acide phosphorique (Byasson). Speck (*Archiv f. exper. Path. u Therap.*, XV, 1882), n'a pas trouvé pendant le travail intellectuel de produits dénotant l'exagération des échanges intrà-organiques; mais il admet que les processus chimiques qui ont lieu alors peuvent, à raison de leur insignifiance, passer tout à fait inaperçus. D'aucuns croient que le travail psychique ne s'accompagne généralement pas d'un développement d'énergie (Belmondo, *Rivista sper. di freniat*, 1896, XXII) ; cette opinion, exceptionnelle, est combattue par une légion d'autres auteurs (Schtscherbak, Mosso, Tanzi, Mosler, Tanzerani, etc.), dont les recherches sont résolument en faveur du chimisme des cellules nerveuses pendant leur travail.

Les recherches du professeur Schtscherbak ont le mérite d'être à la fois complètes et précises (*Thèse* de Saint-Pétersbourg, 1890) Voici les conclusions auxquelles il est parvenu.

« Le métabolisme général du phosphore chez l'homme dépend nettement en certains cas de l'état d'activité du cerveau ; quand l'effort intellectuel est excessif, la métamorphose des substances qui contiennent du phosphore est augmentée ; des investigations sur une idiote microcéphale montrent que son organisme a un besoin de phosphore faible mais plus constant que chez l'homme normal. » L'auteur s'est d'ailleurs, par des expériences particulières avec exploration chimique du sang artériel et veineux, assuré que la substance nerveuse du cerveau prend probablement part aux fluctuations du métabolisme du phosphore.

Quel est l'état des nerfs pendant qu'ils conduisent le courant ? Les connaissances actuelles sur les changements chimiques qui s'y effectuent sont plutôt négatives que positives.

Nous savons que, pendant que le nerf travaille, on n'observe ni de modifications de sa température, ni de changements tranchés dans ses échanges intrà-organiques, ni de lassitude physique qui devrait fatalement se développer sous l'influence de l'augmentation des transformations métaboliques. On a, à la vérité, signalé qu'au moment où les stimuli traversent le tronc nerveux, on réussit à y découvrir un certain dégagement de chaleur (ROLLESTON) ; s'il est insignifiant, dit-on, c'est peut-être parce que le manchon de myéline est un bon conducteur de la chaleur. Il n'est pas aisé non plus, ajoute-t-on, de surprendre la réaction acide du nerf, entouré qu'il est de liquide lymphatique alcalin, d'autant que, dans la substance blanche du cerveau, on ne parvient pas à remarquer de réaction acide, pendant le travail des hémisphères. Il est possible que l'infatigabilité de la fibre nerveuse dépende de la rapidité avec laquelle le nerf restaure sa nutrition aux dépens des matériaux contenus dans le manchon de myéline. Enfin, l'oscillation négative du courant électrique serait amoindrie dans le nerf par la longue durée de son travail. Toutefois, en dépit de toutes les données et considérations sus-indiquées, on est bien obligé de reconnaître la fa' lesse 'et la défectuosité des pièces du débat sur lesque les s'étaie la théorie chimique de la conductibilité de la fibre nerveuse ; il n'y a pas là de théorie au vrai sens du mot.

Comment au reste concilier avec ces processus chimiques insignifiants, insaisissables, même par nos méthodes de recherches contemporaines. les oscillations

tranchées du courant électrique découvertes dans le nerf
en activité si on envisage celles-ci comme le produit du
chimisme de la fibre nerveuse ? La contradiction est si
brutale, si flagrante, que son explication se dérobe à
toutes considérations en faveur exclusive de la théorie
chimique. Voilà pourquoi, tout en concédant sans réti-
cence que les processus chimiques jouent un certain rôle
dans le courant nerveux, de préférence dans les éléments
cellulaires et, seulement en une faible mesure, dans les
nerfs eux-mêmes, nous devons avouer l'impossibilité
d'expliquer par les seules modifications chimiques le
processus entier de la conductibilité à travers cellules et
nerfs ; surtout si l'on prend la peine de considérer que,
pendant que le nerf agit, les échanges intra-organiques
n'augmentent pas sensiblement (ainsi l'excrétion d'acide
carbonique ne progresse pas), la température ne monte
pas, il ne se produit pas de lassitude physique de l'organe
nerveux, ainsi que le prouvent les recherches de toute
une pléiade d'auteurs (1).

Actuellement la question de l'infatigabilité du nerf a
reçu des travaux de N. Vvédenski un relief particulier (2).
Il l'explique ainsi : Le nerf, dans sa longueur, transmet un mouvement moléculaire, en quelque sorte tout
prêt, qui lui est communiqué par la cellule nerveuse ou

(1) Borûttau. Untersuchung über die elektrischen Erscheinungen am thætigen. Nerven. *Pflüger's Arch.*, t. LVIII, LIX,
LXIII. Voy. aussi les recherches de Bowdich et du professeur
Vvédenski. *Vozboujdénié, tormojénié i narkoze.* (Excitation, arrêt et
narcose.) Communication à la Société des psychiatres russes,
1900.

(2) N. Vvédenski. *O niéoutomliaiémosti nervov* (De l'infatigabilité
des nerfs). Saint-Pétersbourg, 1901.

par les terminaisons de la fibre nerveuse, plus exactement par les appareils d'aptatation périphériques spéciaux des organes sensitifs ; le nerf lui-même ne sert que
pour la transmission des signaux, il ne participe pas au
développement de l'énergie vive.

Quoi qu'il en soit, pour ne pas parler de l'infatigabilité
absolue, pour nous limiter à l'infatigabilité relative des
nerfs, nous conformant en cela à la préoccupation qui
semble se dégager des expériences d'autres auteurs,
d'HERTZEN, par exemple, l'hypothèse chimique de la conductibilité n'y peut pas davantage être admise dans l'état
contemporain de nos connaissances.

———

En présence de la difficulté d'expliquer le phénomène
du processus nerveux par les seules conditions mécaniques ou par les seules conditions chimiques, le professeur ORSCHANSKI (1) a tenté d'admettre que le processus
nerveux, n'était pas partout identique à lui-même, et
d'en distinguer quelques types principaux par régions
en ces termes :

« 1° Le caractère du processus nerveux diffère essentiellement dans la cellule et dans la fibre nerveuse.
2° Dans les cellules, à, quelque territoire de la moelle ou
du cerveau qu'elles appartiennent, le processus nerveux
est toujours au fond identique ; il consiste principalement
à libérer, accumuler et distribuer l'énergie élaborée à
l'aide des opérations chimiques. 3° Dans les fibres nerveuses des divers organes des sens, le processus nerveux

(1) *Loc. cit.*, p. 262.

n'est, selon toutes probabilités, pas de nature identique ; et, dans le même nerf, il convient de supposer qu'il peut exister, même simultanément, différentes formes d'onde nerveuse. »

Nous n'entrerons pas dans l'examen détaillé des manières de voir de cet auteur. Nous croyons que cette *théorie de l'hétérogénisme*, ainsi qu'il l'appelle, ne disposant pas de faits suffisants, ne coupe pas dans leur racine les défauts existants tant de la théorie mécanique que de la théorie chimique.

———

Depuis les remarquables recherches de du Bois-Reymond, nombre d'auteurs se sont attachés à pousser l'*hypothèse électrique* pour expliquer la transmission des impulsions nerveuses ; ils ont notamment appliqué à son profit les phénomènes qui prouvent l'infatigabilité des nerfs et l'absence de l'augmentation sensible des échanges nutritifs dans les nerfs pendant qu'ils sont en activité.

Le nerf ou la fibre nerveuse, grâce à sa structure, offre des conditions particulièrement favorables à la transmission des courants ; on sait que seul le cylindraxe possède pour le courant une excellente conductibilité, le manchon de myéline constituant une espèce d'isolateur. Si la vitesse du courant nerveux est de beaucoup moindre que celle du courant électrique, cela s'explique, évidemment, par les obstacles, adaptés à un but utilitaire, qui occupent le trajet de la fibre nerveuse. Ces obstacles sont préposés à dessein au ralentissement du courant nerveux, ralentissement qui, comme on doit le penser, augmente l'effet final de l'excitation nerveuse.

Comme la réception de l'irritation externe à la périphérie ne peut, grâce au caractère même des irritants extérieurs, grâce aussi à l'organisation des appareils récepteurs, être instantanée, il est évident qu'il serait excessivement préjudiciable aux fins générales de l'organisme que le courant nerveux transmît instantanément aux centres les irritations reçues à la périphérie ; il en résulterait qu'une seule et même irritation, opérant à la périphérie, produirait non un seul effet massif, mais plusieurs effets dépareillés. Ce sont ces obstacles à la conductibilité de la fibre nerveuse qui, sans doute, expliquent ce que l'on désigne sous le nom de seuils de l'irritation ; car, autrement, les irritations les plus minimes arriveraient, par les nerfs, jusqu'aux centres et épuiseraient ainsi, sans nécessité spéciale, l'activité de ces derniers.

BORÖTTAU compare le nerf, en son état physiologique, à un fil de platine placé dans le sérum physiologique de chlorure de sodium à 0,6 p. 100 ; les phénomènes électriques qui s'y développent ne s'accompagnent que d'une perte insignifiante d'énergie, pour aboutir à un métabolisme considérable : il n'y a dépense d'énergie que dans les organes rattachés à la fibre nerveuse. Il est par conséquent naturel que, dans tous les actes de l'organisme, provoqués par l'activité nerveuse, nous devions rencontrer les phénomènes du courant galvanique au sein des organes actifs. Ainsi, quand nous irritons les nerfs sécrétoires, avec l'excrétion de la sécrétion glandulaire, nous trouvons dans la glande un courant de sécrétion spécial. Dans les muscles, le développement du courant précède celui de la contraction qui s'accompagne aussi de phénomènes galvaniques. La preuve palpable de la présence de courants galvaniques dans le muscle qui travaille, nous est fournie par la fameuse expérience que l'on sait.

Si nous plaçons le nerf d'une préparation neuro-musculaire de grenouille sur un muscle qui se contracte, par exemple sur le cœur battant violemment, aussitôt dans le muscle de la préparation se développe une contraction. Il est banal que le diaphragme, après la résection du phrénique, se contracte chaque fois que le cœur le choque. Enfin, si l'on plonge un muscle curarisé de grenouille dans une solution contenant 5 grammes de chlorure de sodium, 2 grammes de phosphate acide de soude, 0 gr. 50 de carbonate de soude, pour un litre d'eau, à 10° C., ce muscle se met à se contracter rythmiquement ; ces contractions se prolongent parfois pendant quelques jours.

E. Solvay (1) professe même que la source capitale d'électricité de l'organisme, ce sont les muscles ; les processus d'oxydation y possèdent en effet une intensité qui défie toute concurrence. A son avis, ils sont, en quelque sorte, la batterie physiologique de l'organisme, tandis que le tissu nerveux n'est qu'un excellent conducteur d'électricité ; mais ce conducteur joue communément dans les processus de l'organisme un rôle considérable.

(1) E. Solvay. *Du rôle de l'électricité dans les phénomènes de la vie animale.* Bruxelles, 1894.

CHAPITRE XXII

Les oscillations électriques dans les nerfs

Il est hors de doute que le tissu nerveux n'est pas seulement un conducteur d'électricité animale ; il en est aussi un prodigieux collecteur, car tous les processus qui se déroulent dans le système nerveux s'accompagnent obligatoirement de phénomènes électromoteurs.

Le premier grand pas qui ait été fait sous ce rapport après les recherches fameuses de GALVANI, appartient à DU BOIS-REYMOND. Ses travaux ont constitué la base de l'électrophysiologie contemporaine des nerfs et des muscles. Après avoir inventé un appareil extrêmement sensible pour surprendre le courant électrique, son multiplicateur des sinus, et l'avoir muni d'électrodes impolarisables, il a, pour la première fois, établi les lois du courant musculaire suivies de celles analogues du courant nerveux ; elles sont contenues dans la proposition que l'on sait : tous les points de la surface longitudinale des nerfs et muscles sont électropositifs par rapport à ceux des segments transverses. De même, dans les centres, tous les points de la surface du cerveau et de la moelle sont électropositifs par rapport à n'importe quel endroit des sections transversales (1).

En 1843 du Bois-Reymond découvrait que le courant du nerf diminue quand on irrite ce dernier ; c'est ce qu'il nomme l'*oscillation électronégative du courant nerveux*. Cette oscillation électronégative s'étend dans le nerf à partir du lieu de l'irritation dans les deux sens centripète et centrifuge ; elle ne dépend pas du tout de la qualité de l'irritant, et, caractérisant l'état d'excitation du nerf, se développe sous l'influence non pas seulement de l'irritation électrique, mais encore des irritations mécaniques et chimiques ; elle a lieu encore quand un réflexe parti des parties éloignées du corps traverse les régions centrales. Les irritations du nerf ne créant pas de conditions propres à y augmenter les obstacles ; la diminution du courant ne se peut expliquer que par l'affaiblissement des sources de l'énergie électrique.

L'oscillation négative est bien l'expression du courant nerveux lui-même ; la preuve, c'est que sa quantité ne dépend pas de l'endroit où l'on applique l'irritation ; par suite le courant nerveux passe par le nerf sans perdre de son énergie. En outre, la transmission transversale du courant dans le nerf et les muscles ne s'accompagne pas de contraction musculaire, ni d'oscillation négative dans le nerf.

Voilà ce que vit du Bois-Reymond. Les recherches plus tardives de Bernstein (2) qui, à l'aide de son rhéotome différentiel effectue en une seconde plusieurs irrita-

---

(1) Du Bois-Reymond. *Untersuchungen über thierische Electricitæt*, 1848-1860.

(2) Bernstein. *Untersuch. über den Erregungsvorgang im Nerven und Muskelsysteme*. Heidelberg, 1871.

tions du tissu et établit des alternatives si fréquentes de
communication et de disjonction entre ce dernier et le
galvanomètre, ont mis en évidence que le moment où
l'oscillation négative se propage par le nerf se confond
avec celui de l'excitation.

Laissons de côté les considérations théoriques de du
Bois-Reymond sur les molécules péripolaires et bipolai-
res du tissu neuromusculaire, sur la présence dans nerfs
et muscles de sources électromotrices, qui ont provoqué
une foule d'objections de la part de Helmholtz, Matteucci (1), Hermann et autres et n'ont pas pris pied dans
la science.

Remarquons simplement que l'oscillation électronégative a soulevé des controverses réitérées sur la nature du
phénomène. Convient-il de l'envisager comme un phénomène physiologique ou comme un phénomène physique ?
C'était, pour du Bois-Reymond, un phénomène physiologique. Il s'appuyait sur ce fait qu'elle se manifeste à
l'occasion d'un courant irritant si faible, qu'étant donné
la distance entre la portion de nerf introduite dans le
multiplicateur et l'endroit où l'on applique les électrodes,
il est impossible de s'attendre déjà à l'influence de l'élec-
trotonus. Indépendamment de cela, le phénomène électronégatif s'obtient, comme nous l'avons dit, par des irritations mécaniques et chimiques, qui n'ont, par conséquent,
rien de commun avec l'électricité.

Malgré le caractère convaincant de ces données, quelques auteurs, même tout près de nous, tels Frédérick,

(1) Matteucci. Leçons sur l'électricité animale, 1856. Cours
d'électrophysiologie, 1858.

STEINACH et en particulier BORÜTTAU (1), HOORWEG (2)
etc,, ont essayé de nier l'importance physiologique de
l'oscillation électronégative dans les nerfs irrités. Mais
les recherches de BIEDERMANN (3), TZIBOULSKI et Sos-
NOVSKI (4), réfutant les objections, lui ont restitué la valeur que lui attribuent à juste raison la plupart des physiologistes contemporains.

D'après HERMANN, dans les tissus à l'état de repos, non
détériorés, il n'y a pas de courants ; la force électromo-
trice des tissus lésés dépend exclusivement de l'avarie
elle-même. Toute section provoque un processus de mortification du tissu qui se propage à l'intérieur à partir de
la coupe et se traduit par une réaction acide ; donc, si
l'on admet que la matière mourante est électronégative
par rapport au tissu cérébral vivant, ainsi s'expliquent
de façon pleinement satisfaisante les processus attribués
aux tissus jouissant de l'état de repos. Quant aux phénomènes électriques observés à la période d'activité du
nerf, ils s'expliquent, toujours pour HERMANN, ainsi ; il n'y
a pas que la matière mortifiée qui soit électronégative
par rapport à la portion intacte et stagnante de la fibre ;
la matière en état d'excitation jouit aussi de cette propriété (5).

Donc, pour HERMANN, l'apparition de l'oscillation électronégative dans les nerfs ou du *courant d'action*, ainsi

(1) Borüttau. *Pflüger's. Archiv.*, 1894.
(2) Hoorweg. *Ibid*, 1898, t. 71.
(3) Biedermann. *Electrophysiologie*, II, 1895.
(4) Tziboulski et Sosnowski. *Centralblatt für Physiologie,* 1899,
nº 20.
(5) Hermann. *Roukowodstvo k fisiologii* (manuel de physiologie (en russe).

qu'il l'appelle, s'explique par les transformations moléculaires ou chimiques qui se produisent quand le tissu se
meurt ou quand on stimule son activité.

Cependant, dans les tissus vivants il ne saurait être
question de repos vrai. Les processus d'osmose, de filtration, de capillarité, d'échanges intra-organiques, de
mortification et de régénération ont lieu sans discontinuer dans le tissu vivant et dans ses cellules ; il est donc
naturel que dans le tissu vivant, encore *qu'il se repose*,
qu'il stagne, se doivent révéler des courants qui, pour
les distinguer des courants d'action, doivent être appelés
courants de repos et peuvent être facilement décelés à
l'aide d'un galvanomètre sensible (1).

N'oublions pas que le sens du courant n'est pas mar-
qué au sceau d'une grandeur constante ; il varie selon les
diverses conditions des opérations chimiques dans les
tissus. Dans les tissus vivants, le courant est généralement d'autant plus fort que les phénomènes chimiques
qui s'accomplissent en deux portions d'un tissu sont plus
opposés ; mais sa direction doit aussi se modifier
suivant le caractère et les rapports mutuels de ces phénomènes.

(1) Il n'y a pas longtemps le professeur Tchiriew (de Kiew) a
émis l'idée (Travaux de l'Académie des Sciences de Saint-Pétersbourg 1902) que l'oscillation électronégative n'est autre qu'un phénomène artificiel. Mais cette affirmation ne se concilie pas avec sa
genèse dans les réflexes qui, passant par les régions centrales,
sont provoqués par des irritations naturelles, c'est-à-dire physiologiques, agissant à la périphérie. De même, dans les centres, nous
le verrons plus loin, on peut observer une oscillation du courant
sous l'influence de l'action sur les organes des sens des irritants
naturels, par exemple d'une bougie sur la rétine, alors qu'aucune
des parties explorées du système nerveux ne présente de lésions à
quelque degré que ce soit.

Des recherches ultérieures sur les courants d'action ont montré qu'ils sont eux-mêmes d'un caractère complexe, que chacun d'eux se compose de deux courants d'un sens différent, l'un qui se dirige vers l'extrémité du nerf exploré, l'autre qui va en sens contraire. Suivant que l'un d'eux prédomine, la résultante, qui est l'expression du courant dit d'action, aura telle ou telle force, telle ou telle direction. HERMANN décompose les courants d'action en trois espèces.

1º Les courants compensés, qui représentent au vrai sens du mot l'oscillation négative de DU BOIS-REYMOND ; 2º les courants phasés, qui dépendent de l'état électronégatif du tissu excité par rapport aux tissus stagnants ; 3º les courants différentiels (décrémentitiels) qui relèvent de la différence d'intensité de l'excitation inhérente aux deux points sur lesquels sont appliquées les électrodes. Mais il est incontestable que la question de la nature intime des courants d'action n'a pas encore dit son dernier mot.

CHAPITRE XXIII

Rapport de l'oscillation électronégative avec l'état actif du nerf.

Sans entrer dans d'autres détails sur les courants d'action, il nous faut élucider la question que voici.

Convient-il de considérer l'oscillation électronégative ou courant d'action comme l'expression de l'état actif du nerf, ou n'est-ce qu'un phénomène physiologique qui ne coïncide pas toujours avec son état d'activité ?

Bien que, jusqu'à présent, il n'ait pas été apporté d'exemple témoignant de l'absence du courant d'action dans un nerf agissant, il y a néanmoins lieu de se demander si le nerf ne pourrait pas, tout en restant inactif, trahir un courant d'action.

Henzen répond affirmativement, à la lumière d'expériences spéciales, ayant eu pour but de rechercher l'oscillation électronégative sur des nerfs fatigués, syncopés et curarisés. Ses recherches montrent qu'au moment où le bout central ne peut, dans les conditions sus-indiquées, fournir de contractions musculaires, on n'observe pas moins dans le nerf l'oscillation négative sous une forme absolument nette ; on peut d'ailleurs, par le bout périphérique, provoquer la contraction du muscle. Cela veut dire que, dans un nerf qui a conservé son aptitude à l'activité, il se produit une oscillation négative, alors que les phénomènes musculaires ne trahissent pas en lui d'état actif.

Nous n'entrerons pas dans les particularités de ces fines recherches. Nous nous contenterons de citer les conclusions suivantes de l'auteur relatives à l'action du curare sur les nerfs.

« La plupart des physiologistes font ressortir le moment où, *aucune* irritation du nerf ne pouvant plus provoquer de contraction musculaire, le galvanomètre continue cependant à enregistrer une oscillation négative à chaque irritation ; ils en concluent que le nerf continue à fonctionner comme devant, *qu'il n'est pas fatigué, qu'il n'a pas subi de dommages de la part du curare* ; en d'autres termes, que ni la fatigue, ni le curare ne touchent au nerf, qu'ils agissent *exclusivement* sur la plaque motrice (terminaison nerveuse), seule accessible à l'épuisement du travail excessif ou à la paralysie toxique. Or, cette explication n'est pas d'accord avec les faits que j'ai signalés. A la minute où le bout central du nerf est privé déjà de son influence sur le muscle, le bout périphérique est encore en possession de cette influence ; il est encore en état de fonctionner, et fonctionne effectivement, pour peu que le nerf lui transmette l'irritation physiologique. Comment se fait-il donc alors que les irritations du bout central du nerf soient fonctionnellement impuissantes, et que, cependant, elles provoquent l'oscillation négative le *long du nerf entier* sans que le bout périphérique de celui-ci, qui possède encore son excitabilité et son aptitude à exciter le muscle, entre en activité? Le phénomène électrique est, à ce qu'il paraît, un signe d'activité physiologique moins immuable qu'on ne le pense et peut, en certains cas, se produire seul, sans que le nerf agisse (1). »

Les phénomènes de la mort lente des nerfs sont, enfin, dignes d'attention. Ce sont, au surplus, des phénomènes conformes à ceux que l'on observe dans les nerfs de l'animal curarisé ou fatigués. Ici, comme tout le monde le reconnaît, la mort a lieu du centre à la périphérie ; à un certain moment du processus, l'irritation de la portion centrale du nerf ne provoque plus de contraction musculaire alors qu'on observe l'oscillation négative sur toute sa longueur. L'oscillation négative n'est donc pas non plus, en l'espèce, indissolublement liée à l'activité physiologique ; autrement elle ne devrait pas se manifester au moment où il n'existe plus d'activité physiologique. Il est clair qu'il y a un certain degré de modification du nerf caractérisé par la perte de l'activité fonctionnelle contrastant avec la manifestation de l'oscillation négative. Il convient d'en conclure encore une fois à l'impossibilité d'identifier les phénomènes galvaniques avec la conductibilité nerveuse.

Mais, dans les cas visés plus haut, il s'agissait de nerfs modifiés. Pour parer à cette objection, HERZEN empoisonne une certaine portion du nerf à la chloralose qui, de même que la cocaïne, a pour propriété de lui faire perdre, à l'endroit intoxiqué, son excitabilité mais non sa conductibilité. Le nerf est donc empoisonné *in situ* au milieu des muscles ; pour en rechercher l'oscillation négative, on isole le muscle par une section circulaire rapide, et l'on

(1) A. Herzen. *Loc. cital.*, p. 19. Ist die negative Schwankung unfelb. Zeichen d. phys. Thœtigkeit. *Centralbl. f. Physiol.*, t. XII, n° 18, 1899. Une question préjudicielle d'électrophysiologie nerveuse. *Revue scientifique,* t. XIII, 1900.

met l'extrémité périphérique du nerf en communication avec le galvanomètre. Ces expériences ont donné les mêmes résultats que les précédentes. L'irritation du bout soumis à l'action de la chloralose, incapable de provoquer de contraction musculaire, s'accompagnait d'une oscillation négative « *superbe* ». De plus, malgré l'inexcitabilité du bout narcosé, une faible irritation du bout central entraînait des contractions musculaires.

Ces expériences paraissaient, en somme, ébranler dans sa base l'opinion en faveur d'un lien intime entre les phénomènes électriques du nerf et son état d'activité ; elles semblaient donner matière à penser que ces phénomènes électriques sont, à cet égard, non essentiels, mais simplement accessoires, et ne coïncident pas toujours avec l'activité des nerfs.

Et pourtant d'autres investigations sans nombre sont venues prouver qu'il n'en est pas ainsi, que le dispositif des expériences d'Herzen est foncièrement infidèle. Tziboulski et Sosnowski (1) qui les ont répétées se sont convaincus qu'il aurait eu affaire non à l'oscillation négative du courant, mais à des phénomènes catélectriques particuliers, provoqués par l'action du courant faradique. Il est vrai que Radzikowski (2) ne tarda pas à réfuter cette supposition. Mais, si les phénomènes sont bien tels que Herzen les a présentés, ils pèchent par la base, par l'imperfection de l'installation expérimentale.

(1) Tziboulski et Sosnowski. Zur Frage : ist die negative Schwankung ein unfelbares Zeichen, etc. *Centralb. f. Physiol.*, t. XIII, n° 20, 1899.

(2) Radzikowski. Neue Versuche überd. Actionstrom in un erregbaren Nerven. *Pflüger's Archiv.*, t. LXXXIV, 1900. *Centralb. f. Phys.*, t. XV, cah. 10, 1901.

Telle était déjà la conclusion qui se dégageait du travail de Borüttau (1) qui ne confirmait pas complètement les recherches de Herzen. Le professeur I. E. Vvédenski (2) a mis les points sur les *i*. La méthode d'expérimentation d'Herzen est accusée de grossière inexactitude ; les électrodes, en plongeant dans la chloralose qui imprègne les muscles agissent sur la densité du courant ; la recherche de l'oscillation négative sur un nerf déjà extrait change tout à fait les conditions de l'expérience. Vvédenski a donc rectifié les procédés ; il a soumis le nerf à toute une série de narcotiques, y compris la chloralose. Il a acquis la conviction que l'inexcitabilité d'une portion déterminée de nerf et l'apparition de contractions musculaires sous l'influence de faibles irritations du bout central n'existent pas. Puis, appliquant à l'exploration du nerf le téléphone, il a perçu le son spécial du courant d'action et a affirmé le parallélisme complet de l'oscillation négative et de l'état d'activité du nerf, dont l'oscillation négative ou courant d'action serait l'expression directe. Les recherches à l'aide du galvanomètre ont abouti à des résultats absolument identiques.

Ayant été personnellement témoin de la plus grande partie des expériences de Vvédenski, je dois en reconnaître la pleine probance, d'ailleurs confirmée par Borüttau et Herzen lui-même, qui assistait au XIIIe congrès international de médecine de Paris. En un mot, le problème se résume comme suit.

Il ne saurait être question de la génèse de l'oscillation

(1) Borüttau. Die Actionstroeme und die Theorie d. Nervenleitung. *Pflüger's Arch.*, t. LXXXI, LXXXIV, XC, 1902.

2) I Vvédenski. *Pflüger's Archiv.*, t. LXXXII, 1900. Vozboujdénié tormojénié i. narkoze (déjà cité), St-Pétersbourg, 1901.

négative dans un nerf inactif; de même que sans oscillation négative il ne peut y avoir d'état d'activité du nerf, de même, inversement, il ne peut y avoir d'oscillation négative, sans état d'activité.

Il sied encore de s'occuper de *l'oscillation positive consécutive* (*positive Nachschwankung*), qui d'ordinaire se produit dans le nerf quand on cesse de l'exciter. Quand on cesse subitement d'irriter le nerf, l'aiguille du galvanomètre ne revient pas de son état d'oscillation négative à sa position première; elle vacille plus ou moins notablement dans la direction positive, exhibant ainsi une sorte de renforcement du courant de repos primitif.

Les auteurs ont fait de cette oscillation subséquente l'expression de l'activité vitale du nerf; son plus ou moins d'épuisement aurait pour caractère que l'oscillation positive consécutive, au moment où on cesse l'excitation, serait loin d'être aussi accusée que dans un nerf bien portant et pourrait même manquer.

Cette opinion est soutenue par HERING, ENGELMANN, HEAD et quelques autres. Il semble qu'il y ait de réelles raisons d'admettre que l'oscillation consécutive est bien l'expression de l'activité vitale du nerf. Mais cette oscillation peut-elle servir de mesure à son épuisement et, par suite, à son excitabilité? La question exige de plus amples recherches.

Les phénomènes électriques observés dans le nerf narcosé par le professeur VVÉDENSKI, présentent un vif intérêt. Une première série d'expériences lui a montré clairement que la narcose n'est point une simple prostration, qu'elle est un état d'activité spécial du nerf. Si l'on introduit dans un multiplicateur deux points du nerf, et

qu'on pratique sur la première région une narcose à
l'aide d'une solution de cocaïne à 1 p. 100 ou d'acide
phénique, en laissant le second segment indemne, l'oscillation électronégative du nerf apparaît aussitôt; cesse-
t-on la narcose, l'oscillation disparaît graduellement.
Suit-on maintenant le développement de cette oscillation
pendant la narcose.de la première portion du nerf, on
voit qu'il se développe d'abord une onde électropositive
(l'auteur n'est cependant pas convaincu de la constance
de ce phénomène) ; puis, vient l'oscillation électronégative ; enfin le nerf est-il réveillé, au moyen par exemple
d'un lavage, l'oscillation électronégative devient graduellement électropositive, après quoi, l'aiguille du multiplicateur passe à l'état de repos. Notons que, dans ces
expériences, le stade de transition s'accompagne d'oscillations vigoureuses, comparables aux tempêtes magnétiques de la nature ; aussi Vvédenski les appelle-t-il
tempêtes électriques des nerfs.

Ne perdons pas de vue que les mêmes modifications
électriques des nerfs se retrouvent à l'occasion de l'irritation spécifique des organes des sens. Du Bois-Reymond avait déjà fait des expériences de ce genre sur les
irritations tactiles et douloureuses de la peau de la grenouille ; il avait obtenu l'oscillation négative du courant
dans le nerf sciatique. Holmgren (1) confirmait plus tard
l'indication de du Bois-Reymond d'après laquelle la couche des cônes et des bâtonnets est électro-négative par
rapport aux fibres du nerf optique. Il se convainquait,
en outre, que. chez les animaux supérieurs, l'irritation
de la rétine par la lumière et l'obscurité ne sont pas seu-

(1) Holmgren. *Untersuchungen aus dem Physiolog. Institut der
Universitæt Heidelberg*, t. III, p. 278.

les à provoquer l'oscillation électro-négative dans le premier cas, l'oscillation électro-positive dans le second ; la variation de l'intensité lumineuse produit un effet correspondant à l'égard des phénomènes électriques du nerf (1).

L'influence exercée par les irritations de la peau sur les courants des nerfs est documentée par les recherches de S. Fuchs (2) sur les sélaciens et les torpilles. On sait que, chez ces animaux, il existe, dans la région où le nerf trijumeau se ramifie, des canaux spéciaux (ampoules de Lorenzini, vésicules de Lavi) qui constituent, c'est au moins présumable, un organe sensoriel particulier. Après avoir écarté le cerveau et la moelle de ces animaux, l'auteur applique sur le segment central du trijumeau les électrodes impolarisables. Il constate alors qu'il suffit de toucher légèrement la peau au niveau des ampoules pour que le galvanomètre décèle aussitôt l'oscillation négative. Évidemment il s'agit, en ce cas, de l'irritation physiologique d'un organe des sens original.

J. Dewar et J. G. M'Kendrick (3) ont, de leur côté, trouvé que, lorsqu'on passe de l'obscurité à la lumière, l'oscillation du courant de la rétine se renforce en accusant le courant de repos ; la force électro-stimulante de l'œil dans ces conditions augmente chez les divers animaux de 3 à 10 p. 100.

Par d'autres expériences, ils se sont proposé d'examiner quelle est la distance à laquelle se propage le cou-

(1) Chez les animaux inférieurs, l'action sur la rétine de la lumière et sa suppression déterminent d'après *Holmgren* un effet électro-positff.

(2) Fuchs. *Pflüger's Archiv*, t. LIX, 1859.

(3) J. Dewar et J, G. M'Kendrick. *On the physiological action of light. Trans. of the Royal Society of Edimburg*, t. XXVII.

ant dans la direction des centres du cerveau. Ils ont
onstaté que c'est dans la région centrale des tubercules
quadrijumeaux que les phénomènes présentent un degré
extrèmement tranché. Si, sur des pigeons narcosés, on
recueille le courant qui passe par la cornée de l'œil droit
à la région visuelle gauche des tubercules bijumeaux
lobe optique gauche), on provoque, quand on éclaire
l'œil droit, à l'instant une exagération marquée de l'intensité de l'oscillation primordiale de ce courant. Trans-
porte-t-on alors le conducteur antérieur sur la cornée de
l'œil gauche, en laissant encore le conducteur postérieur
sur le lobe optique gauche, l'éclairage de l'œil droit
fournit des phénomènes d'un caractère invariable mais
plus faibles ; l'éclairage simultané des deux yeux, pour
la même installation de l'expérience, provoque des oscillations renforcées du courant.

Kühne et Steiner (1) se sont, comme les autres, convaincus que la couche des cônes et des bâtonnets est
électro-négative par rapport au nerf optique. Ils ont
également trouvé que lorsqu'on passe de l'obscurité à la
lumière, et *vice versa*, il se produit des oscillations excessivement accusées du courant. Ils ont habituellement
observé sous l'action de la lumière une oscillation négative, précédée d'une petite oscillation positive ; il se produit, quand on passe de la lumière dans les ténèbres, une
oscillation positive. Kühne et Steiner expliquent que si
leurs résultats sont en contradiction avec ceux des auteurs antérieurs, c'est que ceux ci se trouvaient en présence de rétines qui n'étaient déjà plus normales, qui se
mouraient lentement.

(1) Kühne et Steiner. Ueber das electromotorische Verhalten der
Netzhaut. *Physiolog. Untersuchungen Heidelberg*, t. III.

Plus tard ils ont décrit plus en détail les phénomènes électro-moteurs de la rétine sous l'action de la lumière et de l'obscurité, qui sont du reste plus complexes qu'ils ne l'avaient paru auparavant. Quand agit la lumière, on observe habituellement une oscillation positive très prononcée ; puis se révèle, en quelque sorte par sauts séparés, une oscillation négative qui se continue quelque temps : enlève-t-on soudain la lumière, le retour de l'oscillation positive s'accuse. Le sens du courant de la rétine dans les ténèbres n'exerce pas d'influence sur le caractère, la manifestation et la force des phénomènes photo-électriques.

Ces faits ont été corroborés dans la suite par d'autres savants, en particulier par le travail de Fuchs (1). Voici comment il explique la complexité des courants de la rétine quand on l'éclaire. Outre les courants centripètes, ont lieu des courants d'un autre sens venus des régions centrales (2). Ceci se trouve en complète harmonie avec l'existence dans les nerfs optiques de fibres de directions diverses. A noter que les différents irritants externes n'influencent pas identiquement les terminaisons nerveuses. Ainsi, J. Dewar et J. G. M'Kendrick avaient déjà (loc. cit.) constaté qu'aux rayons jaunes revenait le maximum d'effet sur l'oscillation du courant ; puis vien-

(1) Fuchs. Untersuchungen d. galv. Vorgænge in der Netzhaut. Pflüger's Archiv, t. LVI, 1894.

(2) N'oublions pas que la lumière agit directement sur les nerfs. D'après les recherches de Savitzki, les rayons lumineux augmentent de 1 à 2 divisions le courant de repos primordial du nerf. De même l'influence de la lumière sur la peau de la grenouille fournit des modifications électro-motrices correspondantes ; la lumière du jour agit plus fortement que la lumière artificielle.

nent, du plus au moins, les rayons verts, les rayons rouges, enfin les rayons bleus d'azur.

CHATIN opérant sur les crustacés et les mollusques, a prouvé que la couleur blanche est celle qui modifie le plus le courant ; la couleur rouge est celle qui exerce le moindre effet. D'ailleurs le pourpre visuel, qu'on fasse agir l'éclairage ordinaire ou coloré, ne témoigne pas d'une influence particulière sur l'oscillation du courant électrique dans le nerf optique (*Kühne* et *Steiner*).

CHAPITRE XXIV

Les phénomènes électriques dans le système nerveux central.

Les expériences de Dewar et Kendrick ont montré qu'il se produit aussi sous l'influence des irritations périphériques, des oscillations de courants dans le système nerveux central.

Les recherches du professeur Siétchénow (1) sur les grenouilles présentent à cet égard un intérêt spécial. Il place le *bulbe* soigneusement isolé des tissus ambiants et sectionné en avant dans la chambre humide ; puis il compense, selon la méthode de du Bois-Reymond, le courant de repos ; il constate alors que, même en l'absence d'irritations à la périphérie, il s'y produit périodiquement des oscillations de courants irrégulières. Siétchénow les attribue à des décharges indépendantes ayant lieu dans le bulbe sous l'influence d'excitations périodiques de cet organe. Ces décharges diminuent graduellement dans les coupes transverses qu'on en effectue de haut en bas ; elles n'existent pas dans la moelle ; l'auteur est donc per-

(1) Siétchénow. *O galvanitcheskikh iavléniiakh v prodolgovatome mozgou liégouschki.* Des phénomènes galvaniques dans le bulbe de la grenouille. *Vratch*, 1882, n° 32.

suadé que la région des décharges occupe la partie supérieure du bulbe. Fait remarquable ; les oscillations en question ne s'observent chez la grenouille qu'au printemps, époque où son activité vitale est augmentée ; on ne les observe point en automne, saison de sa diminution.

Toute irritation accentuée de l'ouïe, par les trois premiers octaves de longues trompettes en cuivre, s'est traduite par une oscillation nette du courant.

Siétchénow l'impute aux vibrations mécaniques de l'air transmises au cerveau. En irritant les nerfs à la périphérie, on observerait toujours une oscillation du courant bulbaire à caractère négatif.

Le professeur Viérigo (1) repousse l'existence des courants de repos dans le tissu non détérioré de l'encéphale. Hermann l'avait déjà dit. Il suffit d'exercer sur l'encéphale de la grenouille la moindre pression, ne fût-ce qu'avec une baguette de verre, pour qu'aussitôt se manifeste, dans la région comprimée, une oscillation de courant électronégative. La simple apposition des électrodes provoque un effet semblable ; un ébranlement également. C'est pour cela que dans ses recherches il a mis à profit les réflexes.

Il applique les électrodes alternativement sur le renflement lombaire et la portion moyenne plus mince de la moelle ; puis sur le renflement scapulaire et la même partie moyenne de la *moelle* ; dans ces conditions, chaque fois que l'animal exécute des mouvements indépendants des pattes postérieures, chaque fois aussi qu'on irrite ces

_____

(1) Viérigo. Toki diéistviia v mozgou liégouschki. (Courants d'action de l'encéphale de la grenouille). *Viestnik. klin. i soud. psichiatrii i névropatologii*, 1889, VII, cah. 1.

membres et la peau de la tête en les pinçant, les renflements spinaux révèlent des oscillations électronégatives.
L'auteur en conclut que les renflements représentent des
centres spéciaux de la moelle.

D'autre part, si quand les électrodes étaient appliquées
simultanément aux deux renflements, on provoquait,
des réflexes, l'un des renflements, indifféremment,
devenait chez les diverses grenouilles électronégatif par
rapport à l'autre, ou bien, chez le même animal, l'oscillation électronégative se manifestait dans l'un quelconque
des renflements. Dans une autre communication, M. Viérigo (1) précise. L'oscillation électronégative du système
nerveux central se rattache toujours à la région excitée ;
il est donc possible d'appliquer cette méthode à l'étude
des localisations cérébrospinales, ce qu'a aussi signalé
le professeur Tarkhanow. Ces recherches sur les réflexes
ont été reproduites et confirmées par Beck dans le laboratoire de Tziboulski (2).

Les recherches de Gotch et Horsley (3) sont aussi
attachantes. Ils ont expérimenté sur chattes, lapins, singes et se sont servis d'électrodes en aluminium impolarisables, ainsi que de l'électromètre capillaire de Lipp-
mann. Il apparut que toute irritation du nerf s'accompagnait dans la moelle d'une oscillation du courant inverse
de celle du courant de repos primitif.

(1) Rapport de Viérigo au congrès des médecins russes en la
mémoire de Pirogow, 1888.

(2) Die Bestimmung der Localisation der Gehirns und Rücken-
marks-functionen vermittelst der elektrischen Erscheinungen.
Centralbl. f. Physiologie, 1890, n° 10)

(3) Gotch and Horsley. Proceedings of the Royal society, 1888-
1890. Centralbl. f. Physiolog., 1889. The Journal of. physiology,
1890.

Le professeur N. A. Mislawski (1) répète les expériences de Gotch et Horsley. Recevant le courant d'une
coupe transverse et de la surface longitudinale de la
moelle, il irrite au moyen d'un courant faradique à tour
de rôle les racines antérieures et le nerf sciatique, les
racines postérieures demeurant intactes ou ayant été
sectionnées. Il constate que l'irritation des racines antérieures et du sciatique, après la résection des racines
postérieures, n'est pas suivie de l'apparition dans la
moelle de courants d'action. Mais l'irritation du sciatique,
quand les racines postérieures sont restées intactes,
donne toujours naissance à des oscillations négatives ac-
centuées dans la moelle. De même, si l'on irrite la
peau au moyen de pincements, de la chaleur ou du froid,
on obtient toujours des oscillations négatives spinales,
quand bien même l'action de la chaleur ou du froid sur
le sciatique n'aurait pas produit d'effet.

———

Il va de soi que les recherches sur les courants d'action
dans l'*écorce cérébrale* sous l'influence d'irritations périphériques quelconques sont éminemment intéressantes.

C'est encore du Bois Reymond qui a fourni les premières indications sur ce sujet. Mais c'est à la communication de R. Caton, en 1875, qu'on est redevable d'observations plus exactes (2).

Il expérimente sur des lapins et des singes. Il place
ses électrodes sur la face externe de chaque hémisphère,
ou bien il en applique une sur l'écorce cérébrale, l'autre

---

(1) N. A. Mislawski. Obe otritzatelnome kolebanié v spinnome
mozgoome. (De l'oscillation négative dans la moelle épinière). *Vratch*,
1894, p. 159. *Nevrol. Viestnik*, 1894.

(2) Caton. The electric currents of the brain. *Brit. med. Journal*, 1875, II.

sur la surface du crâne. Il constate, de même que, Du Bois-Reymond, que la surface de l'écorce du cerveau est électropositive par rapport à toute coupe transverse de l'organe, mais son état d'activité s'exprime par l'oscillation électronégative.

Un autre travail sert de complément aux premières recherches (1). Le passage du sommeil à l'état de veille, ainsi que le moment de la mort s'accompagne habituellement du renforcement des courants corticaux ; après la mort, ces courants s'affaiblissent et disparaissent. De même, l'état d'activité d'organes quelconques de l'économie est accompagné de l'oscillation électronégative du courant dans les centres corticaux (2) ; on la trouve dans les centres moteurs quand l'animal exécute des mouvements de rotation de la tête et de mastication ; on la trouve encore, lorsqu'on éclaire la rétine d'un œil, dans la partie postéro-externe ou centre visuel de l'hémisphère opposé. Par contre, tout pincement de la peau des lèvres et des joues se traduit par un affaiblissement du courant dans le centre cortical de la mastication. Ce sont du reste les seules régions du corps dont l'irritation ait retenti sur les courants de l'écorce cérébrale.

Caton conclut que l'oscillation négative de l'écorce peut permettre d'asseoir des conclusions sur les localisations des fonctions du cerveau.

En 1876, sans avoir eu connaissance des expériences de Caton, le professeur W. J. Daniliewski (2) trouvait chez des chiens curarisés, qu'en irritant les nerfs sensi-

(1) Caton. Id. *Ibid* ; 1876. Communication au Congrès international de médecine de Washington.
(2) W. J. Daniliewski. Zur Frage über die electromotorischen Vorgænge im Gehirn. *Centralbl. f. Physiologie*, 1891, t. V, n° 1.

tifs de la peau on provoquait l'oscillation du courant dans les portions antérieures de l'écorce ; toute irritation auditive déterminait des courants d'action en des segments plus postérieurs.

En 1883, le professeur Fleisch (1) ne saisit que des courants très faibles lorsqu'il applique les électrodes en des parties symétriques de l'écorce ; mais elles décèlent des courants d'action dès qu'on irrite un organe des sens quelconque. Si la lumière agit sur l'œil, les courants d'action émanent des centres occipitaux de la vue : ces courants affectent une direction différente suivant que l'excitation porte sur l'œil droit ou sur l'œil gauche. Les irritations olfactives et cutanées n'ont pas produit d'effet. La chloroformisation n'a pas non plus engendré de courants d'action.

Indication qui peut n'être pas sans valeur, les courants d'action peuvent être recueillis non pas seulement sur le cerveau, mais aussi sur la dure-mère, le crâne et même la peau du crâne ; il serait donc possible en collectant ces courants par la peau du crâne, d'explorer l'activité psychique de l'homme.

Le travail déjà cité du professeur Viérico renferme également les résultats obtenus par lui sur l'écorce du cerveau de la grenouille. Les électrodes étaient appliquées sur les portions antérieures et postérieures des hémisphères. La pluralité des expériences ont été indécises. En deux d'entre elles seulement, l'irritation des membres postérieurs de l'animal s'est manifestée par l'apparition de l'oscillation électronégative du courant à la partie antérieure de l'écorce.

(1) Fleisch von Marxow. *Mittheilung betreffend die Physiolgie d. Hirnrinde*, 1890, n° 18.

Le professeur A. Vvédenski (1) s'est servi de la méthode téléphonique déjà utilisée par Hermann et Büdcke, pour démasquer des courants dans le tissu nerveux, notamment dans l'écorce cérébrale: Il fut constaté que lorsqu'on introduit dans le circuit des troncs de nerfs et aussi l'écorce du cerveau, on peut entendre dans le récepteur téléphonique le bruissement des courants qui se développent dans les tissus. Toutefois, il ne fut pas fait de recherches plus approfondies sur l'écorce cérébrale par ce procédé.

Goren et Horsley, dans leur travail précédemment indiqué, n'avaient pas oublié l'écorce. En irritant le centre cortical du membre inférieur à l'aide du courant faradique, de même qu'en provoquant l'épilepsie corticale, ils obtenaient dans la moelle épinière des courants d'action ; mais le sciatique n'en révélait point. En outre, si l'on joint par les électrodes des parties symétriques de l'écorce, les courants d'action sont presque absents ; quand au contraire, dans ces conditions, on irrite des régions périphériques, on détruit aussitôt l'équilibre entre les deux hémisphères et l'on enregistre des phénomènes électromoteurs.

Le professeur Tarkhanow (2) a prouvé l'influence exercée chez l'homme par les processus nerveux et psychiques

---

(1) A. Vvédenski. *Télephonitcheskiia izsliédovaniia nade électritcheskimi iavléniiami myschelchnykh i nervnykh apparatakh.* (Recherches téléphoniques sur les phénomènes électriques des appareils musculaires et nerveux). Saint-Pétersbourg, 1884.

(2) Professeur N. R. Tarkhanow. O galvanitcheskikh iavléniakh v kojié tchéloviéka pri razdrajéniakh organow tchouvstv i razlitchnykh formakh oumstvennoï diéiatelnosti. (Des phénomènes galvaniques de la peau de l'homme sous l'influence de l'irritation des organes des sens et des diverses formes de l'activité intellectuelle). *Viestn. klin. i soud. psych.,* 1889, VII, cah. 1.

sur les courants de la peau ; il les regarde comme des courants qui dépendent de l'activité des glandes sudoripares. Il suffit d'ouvrir subitement les yeux après les avoir tenus longtemps fermés pour provoquer la modification des courants cutanés ; l'action des couleurs donne en l'espèce des effets variables. L'activité psychique aussi, comme par exemple toute représentation mentale simple sur la chaleur ou le froid, et n'importe quelle opération intellectuelle, en général, voire l'état mental de l'attente, provoquent des oscillations plus ou moins nettes des courants de la peau. La répétition des irritations en affaiblit d'ordinaire l'effet.

M. Tarkhanow croit que c'est par l'influence qu'ils exercent sur le centre sudoral que se transmettent les processus centraux nerveux et psychiques. Cette explication ne nous paraît pas suffisamment fondée. Mieux vaudrait admettre que toute irritation centrale détruit l'équilibre général dynamique, et que cette déséquilibration se réfléchit également sur les courants de la peau. Larionow (1) est d'avis qu'il pourrait bien s'agir ici de courants transmis du cerveau.

Des recherches de Tarkhanow on doit rapprocher le travail de Th. W. Engelmann (2). L'irritation d'un œil par la lumière se manifeste par des courants dans la peau de la paupière de l'autre. L'auteur interprète ce fait de la façon suivante :

L'oscillation négative provoquée dans le nerf optique s'étend à l'entrecroisement, passe ensuite, en suivant la

(1) Larionow. O korkovykh tzentrakh sloukha. (Des centres corticaux de l'ouïe). Travaux de la clinique des maladies mentales et nerveuses de St-Pétersbourg, 1899.

(2) Engelmann. Ueber electrische Vorgœnge im Auge, etc. Festschr. f. Helmholtz, 1891.

direction centrifuge, par l'autre nerf optique, à l'œil opposé, et de là à la peau de la paupière. Il est de fait que, si l'on coupe le nerf optique correspondant, le courant présente un affaiblissement très accusé. Mais, les recherches de Tarknanow ayant montré que n'importe quelle excitation du système nerveux central modifie les courants cutanés, point n'est besoin de recourir à l'explication d'Engelmann sur le passage du courant à travers l'entrecroisement pour rejoindre l'autre nerf optique. Il est plus correct de considérer les phénomènes en question comme émanés de la transmission d'un courant issu des centres ; peu importe, au reste que nous nous en tenions à la manière de voir de Tarknanow qui voit dans l'apparition des courants l'influence de l'excitation du centre sudoral, ou que nous admettions avoir affaire à une onde inverse de l'excitation nerveuse transmise des centres par les conducteurs centrifuges.

Beck (1) a en outre entrepris sur les courants de l'écorce, dans le laboratoire du professeur Tziboulski, des recherches circonstanciées, chez grenouilles, lapins et chiens. Il a d'abord établi que les régions centrales du cerveau sont toujours électronégatives par rapport aux régions périphériques.

Ces courants primordiaux, que révèle l'écorce, ne jouissent pas d'une constance complète ; ils sont soumis à des oscillations périodiques qui proviennent des impulsions parties des centres nerveux. Pendant la chloroformisation, et aussi quand on irrite les conducteurs sensitifs, ces oscillations cessent pour faire place à la déclinaison négative lente du courant. En irritant certains

(1) Beck. Die Bestimmung der Localisation der Gehirn-und Rückenmarks functionen. *Centralb. f. Physiolog.*, 1890, n° 16.

districts de la peau, l'auteur a observé l'apparition du courant d'action dans les régions correspondantes de l'écorce cérébrale.

L'irritation de la rétine par la lumière du magnésium chez les chiens et les lapins détermine une oscillation électro-négative extrêmement tranchée du courant dans le deux lobes occipitaux, de préférence dans l'hémisphère opposé. Les irritations sonores agissent de la même façon sur les centres auditifs, mais il s'en faut de beaucoup que l'effet soit aussi accusé et il est bien moins constant.

Plus tard Beck et Tziboulski (1) ont de concert expérimenté chez les singes. Ils ont dans la plupart des cas observé une sension électro-positive dans les portions frontales antérieures de la surface, une tension électro-négative dans ses portions postérieures (occipitales). Ils ont en sus déterminé que l'irritation des membres antérieurs provoquait une oscillation du courant dans la partie moyenne et inférieure de la circonvolution centrale postérieure.

L'irritation des membres postérieurs faisait osciller les courants dans la circonvolution centrale antérieure. Les résultats restaient les mêmes quand ils avaient enlevé le tissu musculaire environnant, ce qui coupe court à l'hypothèse du caractère mixte des courants obtenus dans les recherches de ce genre, de l'enregistrement par le galvanomètre d'un courant venu des muscles. D'ailleurs les expérimentateurs n'ont garde, et ils ont grandement raison, d'oublier que la parfaite netteté des expériences rencontre un obstacle essentiel dans l'inévitable dénudation du cerveau qui le place dans un état anormal.

_____

(1) Beck et Tziboulski. *Centralbl. f. Physiologie*, t. VI.

Les recherches sur les oscillations des courants de l'écorce cérébrale en tant que délatrices de l'excitation du cerveau ayant une importance particulièrement grave, et les différents observateurs n'ayant pas tant s'en faut abouti à des résultats achevés, nous avons proposé aux docteurs LARIONOW et TRIVOUSSE qui travaillaient dans notre laboratoire d'y exécuter des expériences systématiques.

LARIONOW (1) a recherché chez les chiens les courants de l'écorce qui se produisent sous l'influence de l'irritation de l'organe de l'ouïe, à l'aide des diapasons sonores à vibrations variées. Les courants étaient dirigés sur le galvanomètre d'ARSONVAL-WIEDEMANN ; une électrode était appliquée sur l'aponévrose musculaire ; l'autre, sur diverses parties du centre des sons, qui, d'après les recherches du même auteur ici-même, occupe, chez cet animal, la portion postéro-inférieure des deuxième et troisième circonvolutions temporales, et la partie postérieure de la quatrième ; ces zones forment une échelle gradative (2). On prit les diapasons A, a^1, c^3 et on les plaça à l'oreille du chien à tour de rôle.

Voici ce que l'on observa. Le diapason A se traduisit par une oscillation négative dans la région de la deuxième temporale ; les diapasons a^1 et c^3 renforcèrent les courants de repos de cette région. Le diapason a^1 pro-

(1) Larionow. Galvanométritcheskiia oprediéleniia tokow kory bolschovo mozga v oblasti tonovykh tzentrow pri razdrajénii périféritcheskikh sloukhovykh organow. (Déterminations galvanométriques des courants de l'écorce cérébrale dans la région des centres du son, sous l'influence des irritations périphériques des organes de l'ouïe. *Nevr. Viestnik*, 1889, VII, 3.

(2) Larionow. *O korkovykh tzentrakh sloukha* (des centres corticaux de l'ouïe.) Travaux de la clinique des maladies mentales et nerveuses de Saint-Pétersbourg, 1899.

duisit l'oscillation négative dans la partie temporale de la troisième circonvolution ; les diapasons A et c^3 y renforcèrent les courants de repos. La partie postérieure de la quatrième manifesta une oscillation négative sous l'irritation produite par le diapason c^3 ; les diapasons a^1 et A n'y déterminèrent que l'augmentation du courant de repos. Aucun des diapasons n'engendra d'oscillation négative dans les autres portions des hémisphères.

Ces résultats sont tout à fait conformes à ceux des expériences basées sur la destruction des diverses localités de la région auditive, puisque la zone temporale de la deuxième circonvolution contient le centre des sons graves émis par le diapason A, celui des sons fournis par le diapason a^1 résidant dans la partie temporale de la troisième, et la portion postérieure de la quatrième centralisant les sons du diapason c^3.

On a donc, pour la première fois, réussi à établir un complet accord entre les données des recherches sur la distribution des cases du centre cortical de l'ouïe, et le développement de l'oscillation négative dans l'écorce, sous l'influence des diverses irritations sonores ; on a réussi, par cela même, à montrer que la méthode d'observation des oscillations négatives qui correspondent aux irritations sensitives est applicable à l'exploration topographique des centres de l'écorce.

Nous devons signaler encore que les irritations olfactives déterminées par une substance odorante se sont expérimentalement traduites par une oscillation négative à l'extrémité antérieure du segment temporal de la quatrième circonvolution, c'est-à-dire dans la région voisine du centre olfactif de l'écorce.

Le docteur Trivousse (1) s'est mis à l'œuvre immédiatement après le docteur Larionow. Il s'est également adressé aux chiens. Pour démasquer le courant, il a appliqué le galvanomètre d'Arsonval. Vingt-six expériences ont été effectuées ; elles ont servi de base à ses conclusions.

On a pu avant tout se convaincre que l'intensité absolue des courants du système nerveux central était sujette à des oscillations notables ; dix fois supérieure, dans certaines expériences, à la quantité moyenne (deux centièmes de Daniel pour du Bois-Reymond et Gotch et Horsley), elle tombait à zéro en d'autres. D'ailleurs la force et la direction du courant primitif de l'écorce est influencée par des agents de divers genres. C'est ainsi que le courant de repos augmentait à la fin de l'expérience, non moins que sous l'influence de la narcose générale, ce qu'avait déjà signalé Caton.

On observait encore l'augmentation du courant primordial quand on introduisait dans l'organisme la solution physiologique de sel de cuisine. Comme Beck, on constatait que le caractère des courants corticaux dépend, par dessus tout, de l'état de l'écorce même ; elle n'est qu'à une faible mesure sous la dépendance de la respiration et de la circulation. Leur direction primordiale tient à des causes qui ne sont pas toujours explicables ; tantôt ils entrent dans l'écorce, tantôt ils en sortent. Quand on plaçait les électrodes l'une sur l'écorce, l'autre sur l'aponévrose musculaire, le courant entrait dans l'écorce ; les installait-on symétriquement sur deux points symétriques des deux hémisphères, sa direction était inconstante,

(1) Trivousse. Toki diéistviia v. korié polouscharii golovnovo mozga, etc. (Les courants d'action dans l'écorce des hémisphères cérébraux). *Thèse*, Saint-Pétersbourg, 1900.

même au cours de là même expérience. Si on les plaçait
sur les régions antérieure et postérieure d'un hémisphère,
la plupart du temps (il s'en faut que ce fût toujours) les
régions antérieures étaient électropositives par rapport
aux régions postérieures. Ces relations inconstantes des
courants de repos se peuvent expliquer par l'état d'activité permanent d'un tissu à fonctions aussi complexes
que le tissu nerveux ; par suite, *les courants de repos de
l'écorce sont, en réalité,* comme l'a fait si justement
remarquer Beck, des *courants d'action.* Il est donc impossible de les comparer aux courants de repos des nerfs
et des muscles, surtout quand ceux-ci sont extirpés de
l'organisme.

Néanmoins, ni la force ni la direction des courants de
repos de l'écorce cérébrale n'influencent essentiellement
les courants d'action qui, d'ordinaire, se développent très
vigoureusement à l'occasion des irritations périphériques.

Tandis que les courants de repos ont accusé, pour la
plupart, une tension marquée, et que, parfois même, la
surface entière des hémisphères cérébraux a présenté un
courant de repos identique, les courants d'action ont
toujours revêtu un caractère local.

Toujours l'irritation de l'œil par la lumière, qu'il s'agit
d'une bougie, d'une lampe, de la lumière électrique, de
celle du jour, ou de là transition déterminée par la sortie
de l'obscurité, a provoqué l'apparition dans le lobe occipital de l'écorce des hémisphères de courants d'action
plus ou moins vifs. Parfois, la lumière a également
engendré des courants d'action en d'autres régions cérébrales ; cette incursion pouvait dépendre de l'activité
d'association de l'écorce. On a instauré des expériences
propres à élucider l'influence exercée sur les phénomènes

électromoteurs des diverses zones du lobe occipital par l'éclairage des différentes portions de la rétine ; elles n'ont point permis de constater de différences d'effets.

L'éclairage d'un seul œil s'est traduit généralement par une identité d'effet presque absolue sur les deux hémisphères ensemble ; l'entrecroisement incomplet des fibres optiques chez le chien est susceptible de l'expliquer. En tout cas, l'éclairage des deux yeux a toujours accentué plus vivement l'effet produit que celui d'un seul œil. L'augmentation de l'éclairage n'a généralement point accusé de rapport précis entre elle et la grandeur des courants d'action corticaux.

Mentionnons que l'éclairage de l'œil fournit aussi des courants d'action dans la dure-mère des circonvolutions occipitales, comme l'avait observé FLEISCH. L'éclairage coloré en gros agit plus faiblement que la lumière ordinaire jaune blanc ; il n'a été constaté que des différences insignifiantes entre les couleurs individuelles.

Un éclairage d'une durée moyenne de 20 à 30 secondes produit sur l'écorce du cerveau un effet électromoteur qui se maintient environ 2 minutes, notablement plus longtemps, par conséquent, que l'irritation causale.

On a obtenu des résultats analogues sur la sphère auditive, de la part des irritations sonores.

Les irritations gustatives ont donné des courants d'action comparativement faibles et d'un caractère vague, sur la surface externe de l'écorce ; l'auteur n'est pas arrivé, par les oscillations électriques, à délimiter exactement le centre du goût. Cet insuccès paraît dépendre de la provocation instantanée par les sensations gustatives de mouvements de la langue et de la mâchoire qui obscurcissent le résultat de l'effet électromoteur.

Il n'y a que l'ammoniaque qui, parmi les agents d'irri-

tation olfactive, ait agi vivement. Et encore l'effet obtenu
ne présentait-il pas de caractère local ; c'est dans la modification générale de la circulation du cerveau qu'on en
peut chercher l'explication.

En somme, les expériences de Thivousse ont donné
des résultats plus complets que jusqu'alors, sur les centres visuels de l'écorce en particulier ; celles de Larionow
ont fourni d'excellents résultats sur le centre de l'ouïe du
lobe temporal.

Les données précitées ne laissent au demeurant pas de
doute sur ce point. Le système nerveux tout entier apparaît comme un énorme collecteur et conservateur d'énergie électrique, dans lequel s'effectuent des oscillations
indépendantes et périodiques de courants. Ce n'est pas
tout. Les éléments obtenus plaident sans ambage en
faveur de l'attribution du rôle d'accumulateur d'énergie
principalement sinon exclusivement à la substance grise
avec ses cellules ou, plus exactement, aux cellules nerveuses elles-mêmes.

C'est grâce à cela que tout travail des centres s'accompagne obligatoirement de phénomènes électromoteurs
compliqués que nous généralisons par la dénomination
commune de courants d'action, et qui, le plus souvent,
s'expriment par les oscillations électronégatives, en des
cas plus rares, par les oscillations électropositives.

CHAPITRE XXV

Eléments physiques de la conductibilité
de la fibre nerveuse.

Si nous nous sommes appesanti sur les recherches que nous venons de détailler, c'est surtout parce qu'elles ont les plus proches relations avec la question de la théorie électrique du processus nerveux, ou, comme l'on dit, du courant nerveux.

Il y a longtemps déjà qu'on a émis l'hypothèse que l'électricité jouait un rôle dans la transmission de l'excitabilité par les conducteurs nerveux.

Quelques vieux auteurs, tels que JOHANNES MÜLLER, suivant en cela l'exemple de GALVANI, avaient identifié à l'énergie électrique le processus nerveux ; MÜLLER croyait même à l'impossibilité de calculer la vitesse du courant nerveux, ce en quoi il se trompait comme l'on sait.

Du Bois Reymond (1), de son côté, tout en gardant des ménagements, n'en est pas moins précis : « Si je ne m'abuse du tout au tout, dit-il, je suis parvenu à donner un corps au rêve des physiciens et des physiologistes sur l'identité du courant nerveux et de l'électricité, bien que

---

(1) Du Bois Reymond. *Vorrede zur thierisch. Electricit.*, 1848, p. XV.

sous une forme quelque peu modifiée... J'ai prouvé l'exis-
de courants électriques dans tous les départements du
système nerveux de divers animaux. »

Cette assertion est détruite par la rapidité de la propagation de l'excitation dans les nerfs sensitifs de l'homme,
qui, ainsi que l'a démontré HELMHOLTZ, ne dépasse guère
61 m. 5 à la seconde, et par conséquent ne peut être
mise en parallèle de celle du courant électrique.

Quoi qu'il en soit, bien des auteurs passant outre à
cette contradiction restent attachés à la théorie électrique du courant nerveux qu'ils accommodent à l'explication de n'importe quels phénomènes s'accomplissant
au sein du système nerveux ou effectués par lui en
d'autres tissus.

Ainsi, depuis longtemps on suppose que l'énergie électrique intervient dans le processus de l'excitation des
muscles. Du Bois REYMOND indiquait déjà que (1) de
tous les processus connus susceptibles de provoquer
l'excitation du muscle, on n'en peut accepter que deux.
Ou bien il peut exister à la limite de la terminaison du
nerf et de la substance contractile du muscle quelque sécrétion irritante. Ou bien l'excitation du muscle doit s'effectuer sous l'influence de l'irritation électrique. La dernière hypothèse a reçu pleine et entière confirmation des
recherches de S. I. TCHIRIEW ; pour lui, le stimulant du
muscle, c'est le courant d'action qui se développe dans le
nerf à la période de son excitation.

La théorie de la propagation de l'excitation par les
voies nerveuses s'est heurtée à de nouvelles difficultés,
quand est entrée en scène la doctrine des neurones, de
ces unités nerveuses plus ou moins isolées qui se joi-

_____

(1) Du Bois Reymond. *Gesamm. Abhandl.*, t. II.

gnent entre elles par simple contact, ou se contentent de
voisiner, les ramifications terminales du cylindraxe d'un
neurone ne dépassant pas les limites de la proximité à
l'égard des rameaux protoplasmiques (dendrites) de la
cellule d'un autre neurone.

Ces connexions anatomiques devaient fatalement être
prises en considération par les théories nouvelles qui im-
portaient l'énergie électrique dans la question de la conductibilité nerveuse.

Celle de Schaffer (1) mérite d'être rapportée avant
toutes. Le courant nerveux étant pour lui spécifique,
l'énergie électrique joue le simple rôle de médiatrice de
la transmission de courant nerveux d'un neurone à l'autre.
Grâce aux modifications de la tension électrique qui s'effectuent lors de l'excitation nerveuse, il s'établit une
sorte d'induction successive des neurones individuels;
l'onde nerveuse qui s'élève dans un neurone et qui, au
moyen de l'électricité, surmonte la résistance s'opposant
à son passage d'un neurone à l'autre, changé de rythme
à chaque neurone suivant.

Voici maintenant N. A. Mislawski (2) qui, fort de ses
expériences sur la propagation de l'oscillation négative
dans les nerfs, convaincu que l'excitation ne se transmet
d'un élément nerveux à l'autre que par les appareils terminaux du rameau cylindraxile et de ses collatérales,
prend en charge également l'hypothèse du professeur
Tchiriew pour la transplanter sur le terrain des corrélations mutuelles des neurones. D'après lui, les appareils
terminaux des neurones moteurs sont identiques aux

(1) Schaffer. *The nerve cellul. Brain*, t. XVI.
(2) N. A. Mislawski. *O fisiologitcheskoï roli dendritow.* (Du
rôle physiologique des dentrites), *Névrol. Viestnnik*, 1895,
chap. IV.

pinceaux des cylindraxes des neurones centraux et de leurs collatérales ; donc le moyen de réaction d'un neuron sur l'autre doit être le même que celui d'un neurone moteur périphérique sur le muscle ; il doit être électrique. Cette hypothèse ne préjuge pas du caractère de la réaction électrique des neurones voisins l'un sur l'autre ; de plus, elle limite, à mon avis, sans raisons suffisantes, aux ramifications terminales des cylindraxes, l'influence d'un neurone sur l'autre, car il y a des motifs de penser que l'excitation nerveuse se puisse aussi transmettre par l'intermédiaire des dendrites d'une cellule à l'autre.

J'ai moi-même, en 1896, publié un travail (1) sur la réaction des neurones les uns sur les autres. Il se fait entre les neurones voisins des décharges d'énergie qui dépendent de la différence de tension de celle-ci dans ces organes au moment où l'excitation de l'un d'entre eux développe l'oscillation négative.

On doit, ainsi que je l'ai écrit, se représenter le courant nerveux comme composé d'une file d'excitations nerveuses indépendantes qui se succèdent, qui se développent dans les anneaux consécutifs d'un trajet nerveux donné.

La résistance à la conductibilité dépend du nombre des neurones et, par suite, de la distance plus ou moins grande qui sépare les ramifications terminales d'un neurone de l'origine de l'autre et constitue l'obstacle à vaincre par les décharges.

Il va de soi que l'excitation qui se développe en chaque élément séparé, tout en étant indépendante, se rattache de très près à celle qui se développe dans l'élément nerveux précédent. S'il n'y avait pas là un rapport de causa-

(1) Obozrénié psichiatrii, 1896. *Neurol. Centralbl.*, 1896.

lité, nous ne pourrions nous imaginer l'ordre de succession qui s'accomplit dans l'excitation nerveuse sur une voie conductrice donnée.

La cause fondamentale du courant nerveux réside donc, d'après moi, dans la rupture de l'équilibre de la tension en énergie des neurones disposés en enfilade (1). Nous n'irons pas plus avant dans les détails de cette théorie ; nous les réserverons pour plus tard.

Deux ans après la publication de mon travail, M. Ameline (2) s'efforçait de montrer que les neurones forment un système électrocapillaire qui convertit l'énergie, et que les phénomènes mentaux obéissent aux lois de la physique générale.

Immédiatement après lui, Sollier (3) exposait une théorie du mécanisme de la mémoire fondée sur l'analogie existant entre les phénomènes psychiques et les phénomènes électriques. Analysant les diverses phases du souvenir, il s'évertue à prouver que chaque événement de cet acte peut être reproduit par un appareil électrique ordinaire. Sans identifier tout à fait l'énergie nerveuse avec l'énergie électrique, il part pourtant de ce principe que l'énergie nerveuse est en réalité une forme particu-

(1) R. Sleeswijk, se fondant sur mon hypothèse, dit qu'il faut se représenter le courant électrique comme passant d'une extrémité d'un neurone à l'autre, d'un neurone à la cellule d'un tissu, d'une cellule d'un tissu à l'autre ; il doit aussi se décomposer en une multitude de déséquilibrations séparées à périodes diverses, comme il arrive pour les diverses oscillations du rayon lumineux. (*Der Kampf des thierischen Organismus und der pflanzlichen Zelle.*, 1902, p. 101.)

(2) M. M. Ameline. Energie, entropie, pensée. *Thèse*, Paris 1898. Cité d'après Sollier. L'énergie nerveuse et l'énergie électrique. *Archives de Neurologie*, 1900.

(3) Sollier. *Loc. citat.*

lière de l'énergie ne se distinguant en rien de l'énergie
physique et pouvant être totalement comparée à l'électricité. Il existe, pour lui, entre les phénomènes nerveux
et psychiques et les phénomènes électriques une telle
analogie qu'il est impossible de citer un seul phénomène
neuropsychique qui ne puisse être reproduit au moyen
d'appareils électriques. En un mot SOLLIER s'est proposé
de faire voir l'identité des phénomènes physiques et des
phénomènes psychiques et nerveux, d'investir les phénomènes nerveux de la dignité de phénomènes physiques.

Tout dernièrement BINET-SANGLÉ (1) a appliqué la
théorie de l'excitation nerveuse à la pathologie du système nerveux, sous le nom de théorie des neurodiélectriques. La théorie de la simple excitation nerveuse ne
saurait, à son sens, être regardée comme suffisant à
l'explication des phénomènes, tels que tremblement,
myoclonie, attaques d'épilepsie et accès d'hystérie. Ainsi
les opinions ayant cours sont impuissantes à donner la
clef :

1º De la diminution ou de la cessation temporaire du
tremblement alcoolique sous l'influence de l'absorption
d'une nouvelle dose d'alcool;

2º De l'apparition du tremblement hémilatéral ou de
l'hémi-chorée posthémiplégique au moment ou l'hémiplégie s'améliore ;

3º De la coïncidence fréquente sur le même territoire
musculaire de spasmes pathologiques et de parésie ;

4º De la soudaineté des attaques d'hystérie et d'épilepsie ;

1) Binet-Sanglé. Théorie des neurodiélectriques. *Archives de
Neurologie*, 1900, t. X.

5° De l'intermittence des contractions athétosiques, des spasmes choréiques et des tics.

L'auteur tire sa théorie des idées de SCHROEDER VAN DER KOLK et d'HUGHLINGS JACKSON, mais il s'en sépare en assimilant la cellule nerveuse non à un condensateur construit comme la bouteille de LEYDE, mais à un accumulateur de PLANTÉ, qui ne produit pas de condensation au sens propre du mot, tant que ne se développent point certaines lésions nerveuses déterminées ; ce sont elles que M. BINET-SANGLÉ appelle les *neurodiélectriques pathologiques.* Il admet d'ailleurs que toutes les cellules nerveuses soient assimilables à un élément électrique ; il ne réserve pas aux attaques d'épilepsie le concept des décharges nerveuses, il l'étend à tous les états nerveux en général. Pour lui, le résultat général des travaux de d'ARSONVAL, les expériences de SCANVIS sur la vitesse avec laquelle l'électricité se meut dans les conducteurs animaux, les recherches de BERNSTEIN sur l'oscillation négative dans les nerfs, les récentes investigations de CHARPENTIER sur la longueur d'onde des oscillations nerveuses permettent d'admettre, d'accord avec DU BOIS-REYMOND, que ces oscillations sont de nature électrique.

Des expériences de BÉCQUEREL et d'ARSONVAL d'une part, des explorations de KÜHNE sur la réaction de la cellule d'autre part, il suit que chaque cellule représente un élément électrique, un couple électrocapillaire. Les neurones, paraît-il, constituent des éléments mutuellement unis, disposés en séries. Leur activité diminue ou disparaît quand ils sont encrassés ; elle se manifeste de nouveau quand les liquides qui y circulent les ont lavés.

En somme, le système nerveux, d'après BINET-SANGLÉ (cette manière de voir est, au reste, assez généralement

répandue) tient ses impressions de mouvements mécaniques, physiques et chimiques ; d'un autre côté, en vertu
de la loi de la conservation de l'énergie et de la transformation des forces, il effectue des contractions musculaires
et des mouvements physiques et chimiques d'un autre
ordre (chaleur animale, électricité organique, trophisme).
Son activité étant faible par moments, notamment pendant le sommeil, anormale en d'autres, à l'occasion par
exemple de grands efforts, l'auteur conclut à l'existence
d'obstacles intrânerveux qu'il nomme les neurodiélectriques. Il qualifie ainsi tous les mauvais conducteurs
placés entre deux corps bons conducteurs. Il se peut
former des *neurodiélectriques normaux* à raison de la
contraction des neurones, dont la plasticité est démontrée.
Que deux rameaux de deux neurones qui se touchent se
séparent rapidement, voilà un neurodiélectrique ; qu'il se
produise à l'intérieur du neurone lui-même des modifications locales dans sa consistance au moment où il se
contracte, en voilà un second.

A la formation de neurodiélectriques pathologiques
seraient dues les contractions de l'athétose, les diverses
formes du tremblement, de la chorée, des tics, les
attaques d'épilepsie et d'hystérie, et aussi les paralysies.
Ces neurodiélectriques pathologiques résultent :

1º De l'action sur le conducteur nerveux d'un poison
microbien ou non (tremblement alcoolique, chorée, rhu-
matisme, etc.) ;

2º Du déplacement des molécules par une commotion
(tremblement, hystérie traumatique, etc.);

3º Du déplacement des molécules par compression ou
action expansive (hémichorée consécutive à une affection
cérébrale, à l'épilepsie, à une tumeur cérébrale, etc.) ;

par déchirure de fibres nerveuses (paralysies traumatiques diverses).

A partir de l'instant où le conducteur nerveux a subi une modification physique, chimique ou histologique en un point quelconque de son étendue, le neuro-diélectrique est formé en ce point.

On ne connaît encore que les neuro-diélectriques les plus grossiers, ceux qui représentent les lésions nerveuses en relations avec les contractions pathologiques et les paralysies. Tels sont :

1° L'aspect brillant du corps du neurone ;

2° Son atrophie simple ;

3° L'ectopie du nucléole ;

4° Celle du noyau ;

5° Les différentes déformations de ces éléments, entre autres l'aspect moniliforme ;

6° Les néoformations ;

7° La vacuolisation ;

8° Les pigmentations anormales, la dégénérescence amyloïde, graisseuse, calcaire;

9° La chromatolyse ;

10° La désagrégation et la disparition de la substance achromatique ;

11° La rupture des dendrites ou des axones ;

12° Le détachement et la disparition des dendrites de l'axone ou du corps du neurone.

La résistance du diélectrique dépend de sa composition physique, chimique, histologique, de son épaisseur ; la nature des attaques qu'il tient sous sa dépendance dépend de sa résistance et de sa distribution.

Le mécanisme des attaques s'opère comme suit. Dès que le neuro-diélectrique est formé dans le conducteur, le potentiel ou tension nerveuse augmente peu à peu ; cette hypertension résulte ou de l'arrivée ininterrompue dans le conducteur des ondes qui succèdent aux impressions, ou bien du dégagement de l'accumulateur nerveux. Elle atteint finalement son apogée.

Si le neuro-diélectrique n'est pas absolument insurmontable, il vient un moment où sa tension n'est plus équilibrée par sa résistance ; alors a lieu la décharge, comme dans un conducteur électrique, et, immédiatement après, la contraction musculaire. Puis, la tension, tombée à zéro, augmente de nouveau, une nouvelle décharge se produit, et ainsi de suite. De là l'intermittence des contractions, tremblements, athétoses, chorées, tics, de même que celle des attaques d'épilepsie et d'hystérie.

Dans l'intervalle qui sépare les décharges, ou bien les ondes nerveuses s'épanchent continuellement, ainsi que cela a lieu dans le condensateur électrique, et l'on observe alors la parésie qui peut rester imperceptible à raison d'un travail de compensation musculaire ; ou bien les ondes nerveuses ne passent plus du tout, et s'installe la paralysie qui peut être également masquée en partie par un travail compensateur.

Ainsi s'explique la fréquente coïncidence sur un même territoire musculaire de contractions pathologiques et d'une parésie plus ou moins nette. Mais, si le neuro-diélectrique est tout à fait insurmontable, il n'admet pas de décharges ; la paralysie devient complète.

Cette théorie explique, toujours d'après son auteur, pourquoi l'hémiplégie est souvent précédée d'hémitremblement, d'hémiathétose, d'hémichorée. Dès que s'affaiblit la résistance du neurodiélectrique, ces phénomènes augmentent graduellement ; c'est pour cela que parfois le tremblement hémilatéral et l'hémichorée réapparaissent quand l'hémiplégie s'améliore.

Aussitôt après la publication du travail de Binet-San-glé, apparaissait un article de P. Sollier (1) consacré au même sujet.

Il fait justement remarquer que la théorie diélectrique de Binet-Sanglé a deux faces. Elle assimile l'énergie nerveuse à l'énergie électrique ; c'en est la base. Elle applique cette conception aux états pathologiques tels que tremblements, convulsions, paralysies ; c'en est un cas particulier.

En ce qui concerne la théorie en elle-même, Sollier nous apprend qu'il a fait, cet hiver même, à la nouvelle Université de Bruxelles, une communication sur l'énergie psychique qui n'a pas encore été publiée. Il rappelle que dans son travail sur le problème de la mémoire paru dans la Bibliothèque de philosophie contemporaine (janvier 1900) il a exposé le mécanisme de cette faculté en se basant sur l'analogie des phénomènes psychiques et des phénomènes électriques ; on y trouve la plupart des opinions de Binet-Sanglé.

En définitive, dans son article, Sollier incline en faveur de la manière de voir de Binet-Sanglé sur l'identité des deux espèces de phénomènes, et il indique en toute justice qu'à l'étranger il existe un Institut consacré aux recherches physiologiques, qui, à l'origine, avait été précisément fondé dans le but de prouver cette identité.

Je rappellerai qu'avant Binet-Sanglé et P. Sollier, j'avais développé la théorie des décharges nerveuses d'un neurone à l'autre dans mon article intitulé : Téoria sopri-kosnovénia (Théorie du contact), i outchénié o razriadakh

(1) P. Sollier. L'énergie nerveuse et l'énergie électrique à propos de la théorie des neuro-diélectriques. *Archives de neurologie*, 1900, t. X, p. 297.

nervnoï énergii (et Théorie des décharges de l'énergie nerveuse) (1).

L'équité commande pourtant de relever qu'avant les auteurs sus-indiqués, personne ne s'était encore sérieusement prononcé sur l'identité, ni même sur l'assimilation des phénomènes électriques et des phénomènes proprement psychiques, et non pas simplement nerveux. Il est d'ailleurs peu présumable que l'on soit en mesure de justifier cette manière de voir par quelques données que ce soit.

Il en va tout autrement de la question de l'identité du courant nerveux et du courant électrique, en faveur de laquelle ont, comme nous l'avons vu, témoigné déjà à plusieurs reprises nombre de physiologistes. Mais, avant que de la résoudre, avant que de déclarer s'il y a ou non identité entre le courant nerveux, et l'énergie électrique, voire une énergie quelconque, il est indispensable de tirer au clair la définition du courant nerveux.

Les processus du système nerveux embrassent, on le sait, des opérations de transmission par les conducteurs nerveux, et des opérations d'excitation qui se concentrent dans les cellules nerveuses.

Il n'y a que les processus d'ordre nerveux, c'est-à-dire les processus de conductibilité, qui puissent être mis sur la même ligne que des phénomènes d'ordre physique, que ceux par exemple de l'oscillation du courant électrique.

En faveur de cette assimilation nous citerons en tête l'insignifiance des modifications du métabolisme et l'absence de toute élévation thermique du nerf pendant

(1) *Obozréniè psich.*, 1896. *Neurolog. Centrabl.*, 1896, p. 50, 103.

qu'il conduit le courant. Nous citerons ensuite son infatigabilité prouvée par les recherches les plus récentes.
Enfin il ne s'y révèle aucun changement microscopique.
BERNSTEIN a démontré d'autre part le parallélisme entre
la propagation de l'excitation nerveuse et l'oscillation
négative du courant dans le nerf; ceci semble également
être à l'avantage de l'identité du courant nerveux et de
l'énergie électrique. Il y a encore les influences extérieures diverses telles que le refroidissement qui exercent
une action absolument identique et sur la conductibilité
du nerf et sur la propagation dans ce conducteur de l'oscillation négative.

Malgré cela, il est impossible d'oublier que tout ceci ne
démontre pas encore sans restriction que le courant nerveux soit synonyme de l'oscillation électro-négative.
L'objection la plus grave à l'identité du courant nerveux
et de l'énergie électrique nous vient d'HELMHOLTZ qui a
mis en lumière la différence entre la vitesse de propagation du courant électrique et celle du courant nerveux.
Ceci dénonce évidemment l'existence d'un autre processus présidant à l'oscillation négative du courant électrique, s'accompagnant de l'oscillation de l'énergie électrique. On comprendrait alors que la vitesse de l'oscillation
négative du courant, ou, ce qui est la même chose, la vitesse du courant nerveux doive dépendre de celle du processus fondamental qui aboutit au mouvement du courant
électrique dans le nerf.

En outre, l'oscillation électro-négative se propage
dans les deux sens du conducteur nerveux, bien que sa
conductibilité fonctionnelle soit rigoureusement déterminée par la direction; voilà un argument contraire à
l'identification complète du courant nerveux et de l'éner-

gie électrique, ou, plus exactement, de l'oscillation électro-négative !

Si l'on peut affirmer en toute assurance que l'activité
fonctionnelle du nerf s'accompagne constamment de l'oscillation électro-négative il est encore impossible de
croire l'inverse, de formuler que toute oscillation négative du courant, provoquée par une irritation du nerf,
s'accompagne forcément de son activité fonctionnelle.
On peut reproduire l'oscillation négative dans un appareil réalisant les conditions physiques de la fibre nerveuse : il se compose d'un arbre axial bon conducteur
qui contient une solution d'un sel minéral et d'un manchon comparativement mauvais conducteur fournissant
lorsqu'on fait passer l'électricité, des courants polari-
sés. L'oscillation négative est donc bien un phénomène
physique, que l'on peut fabriquer artificiellement en se
plaçant dans les conditions voulues alors même que l'activité nerveuse n'est pas en jeu. S'il est incontestable
qu'il existe une différence essentielle entre un conducteur vivant et un conducteur inanimé, que les anesthésiques suspendent l'oscillation électro-négative chez le
premier et n'agissent pas de même chez le second, on ne
saurait néanmoins nier l'analogie des deux phénomènes.

Nous avons déjà mentionné qu'il est au fond difficile
de faire droit à l'infatigabilité absolue du nerf. En réalité
il ne jouit que d'une infatigabilité relative, mais elle est
pleinement suffisante pour qu'il transmette pendant longtemps l'irritation physiologique sans que son aptitude au
travail soit sensiblement modifiée. A cet égard, les indications de A. Herzen (1) ne sont pas dénuées de valeur.

(1) A. Herzen. Fisiologitcheskaia diéiatelnostj nerva i elektrit-

1º Quand on irrite à plusieurs reprises un nerf, il arrive un moment où il cesse d'éveiller la contractilité musculaire ; si alors on fait porter l'irritation près du muscle, celui-ci se met à se contracter. L'excitabilité de la plaque terminale est donc tout aussi indéniable en l'espèce que l'impuissance du tronc nerveux à conduire le stimulus jusqu'à elle. Ce tronc était évidemment modifié dans une certaine mesure bien qu'il manifestât encore l'oscillation négative.

2º Si chez un lapin maintenu sous l'influence de l'éther on sectionne un des sciatiques, l'irritabilité disparaît simultanément dans les deux nerfs. Si, après avoir réveillé l'animal, on le tue en lésant le bulbe ou en l'asphyxiant, ce qui provoque d'ordinaire des mouvements convulsifs, on constate que le nerf intact est moins excitable que celui qui avait été sectionné, et en outre que l'excitabilité disparaît plus vite dans le premier que dans le second.

On peut obtenir les mêmes résultats quand aussitôt après avoir sectionné le nerf on tue l'animal en l'empoisonnant par la strychnine. En ce cas, l'excitabilité du nerf réséqué est normale ; elle est notablement moindre sur le nerf intact de l'autre côté, il faut agir près du muscle, pour qu'il se produise une contraction et parfois elle ne se produit pas du tout. Les effets sont complètement identiques lorsqu'après avoir sectionné les deux sciatiques, on irrite l'un par de petites secousses faradiques, l'autre étant laissé en repos.

Evidemment ces phénomènes ne peuvent être compris que sil'on admet que la résistance du nerf augmente à

cheskoe iavlènié soprovojdaiouschtschee idio. (L'activité physiologique du nerf et le phénomène électrique qui l'accompagne). *Aouchnoe Obozrénié*, mars 1901.

proportion de l'excès d'activité qu'on lui impose ; ce qui
ne peut s'expliquer que par la progression de la décomposition de son contenu. Et, malgré tout, le retard dans
la transmission de l'activité fonctionnelle ne supprime
pas la propagation dans le nerf de l'oscillation électro-
négative.

Les expériences d'Herzen montrent en outre que le
curare n'a pas pour effet unique de paralyser la plaque
terminale, comme l'ont admis beaucoup d'auteurs, depuis
les recherches de Claude Bernard ; le conducteur nerveux lui-même témoigne aussi d'une résistance croissante
à la conductibilité.

Sans doute ces expériences ne sont pas à l'abri de
quelques objections ; nous avons déjà dénoncé l'inexactitude des conclusions d'Herzen distrayant l'oscillation
négative de l'état d'activité du nerf. Mais il est impossible
d'en nier l'importance en ce qui concerne l'exténuabilité
des nerfs, au moins dans des conditions qui ne rentrent
ni dans l'ordinaire, ni dans la normale.

Voici en somme ce dont nous devons tenir compte.
Bien qu'on ne puisse alléguer de preuves explicites en
faveur de l'identification du processus de la conductibilité
du nerf et de l'oscillation électro-négative, en tout cas,
la transmission représente un acte principalement physique, tout à fait assimilable au courant électrique. Il en va
donc comme si le nerf était apte à transmettre par toute
son étendue une oscillation moléculaire d'un type déterminé.

CHAPITRE XXVI

Le substratum chimique de l'incitation des éléments cellulaires.

Il est des recherches qui signalent positivement l'existence d'opérations chimiques à la période d'excitation de la cellule nerveuse ; l'apparition dans la substance grise corticale pendant qu'elle est en activité d'une réaction acide, d'une élévation thermique, ainsi que de modifications correspondantes de son métabolisme, leur donner de concert avec les métamorphoses des cellules appartenant aux parties du système nerveux en travail constatées sous le microscope, une confirmation formelle.

L. BOURDEAUX (1) apprécie avec un sens parfait l'importance de la substance nerveuse :

« Plus complexe et plus muable que tout autre, elle renferme parmi ses composants des combinaisons spéciales entre lesquelles s'effectue un chassé-croisé de réactions : c'est une albumine en quelque état particulier ; ce sont des composés oxygénés ternaires, des combinaisons alcalines quaternaires et phosphorées quinaires. A raison de son instabilité chimique émanée de la complexité de cette constitution, la pâte nerveuse s'assi-

(1) Probl. de la vie, déjà cité, p. 30 à 31.

mile très facilement les éléments du sang, les acides, les alcalis, les alcaloïdes, les combinaisons albumineuses dont la force latente s'accumule à l'état de tension dans le système nerveux, pour se dégager sous l'influence des causes excitantes et devenir ainsi une force vive ou un stimulus d'origine interne, issu de la décomposition fonctionnelle des tissus. Il est aisé de comprendre la mobilité de ces fragiles amoncellements d'atomes qui s'unissent et se disjoignent alternativement en vertu de la faiblesse extrême de leurs affinités réciproques ».

On sait que la cellule nerveuse constitue un corps assez compliqué. On y distingue un noyau et le protoplasma. Le protoplasme à son tour se compose d'une matière amorphe achromatique à canaux séreux ; d'une matière achromatique à structure fibrillaire formée par les prolongements des fibres névrogliques ; enfin d'une substance tigroïde qui consiste en grains chromatophiles de grandeurs diverses s'allongeant pour certains auteurs en fibres d'un sens déterminé.

Tandis que le noyau, qui manifeste la propriété de se gonfler par l'humidité, de se rider et de changer de place dans la cellule en quittant le centre qu'il y occupe d'ordinaire pour la périphérie, a pour fonctions principales la nutrition et la reproduction, le protoplasme est la substance aux dépens de laquelle s'effectue l'activité fonctionnelle de la cellule nerveuse. On constate d'ailleurs que la substance colorable ou tigroïde du protoplasme, les corpuscules de NISSL, comme on les appelle, témoignent d'une inconstance quantitative souvent grande et sont exposés dans certains cas à se désagréger.

A quoi sert la substance tigroïde ? Pour les uns, elle contient la provision de la matière nutritive (BECKER, CAJAL, LEENHOSSEK, VAN GEHUCHTEN, etc.) ; d'autres en font un condensateur du courant nerveux (Marinesco, etc.). Nous croyons que, bien qu'il soit impossible de nier ses relations avec la nutrition de la cellule, il y a bien des données en faveur de l'idée que les corpuscules de Nissl sont de préférence des vecteurs de l'énergie de réserve de la cellule nerveuse.

De même que pour tous les processus de métabolisme il se doit dans la cellule nerveuse effectuer deux phases de mutations chimiques ; des opérations de décomposition, des opérations d'édifications qui évidemment sont intimement liées entre elles. Les opérations de décomposition doivent se rattacher à la transformation de l'énergie de réserve en énergie vive, c'est-à-dire en chaleur, travail moléculaire, etc., celles de création se traduisent par l'absorption d'énergie vive, notamment par une fixation d'électricité, de chaleur, etc., et, par ce moyen engendrent l'énergie de réserve. Il va de soi que ces deux phases de l'activité des cellules nerveuses marchent toujours et partout bras dessus bras dessous, mais sans empêcher la prédominance de l'une d'entre elles aux divers moments de l'activité cellulaire.

On s'est, dans ces dernirs temps, à plusieurs reprises, livré à des recherches visant à expliquer les changements de structure que subissent les cellules nerveuses quanp elles agissent. Malheureusement on n'y a pas suffisamment tenu compte de la modalité de l'état des éléments anatomiques, de leur activité vraiment normale ou de l'épuisement qui pouvait déjà les avoir atteints. Il semble que telle est l'origine de quelques contradictions entre les auteurs. Parmi les travaux les plus dignes d'attention, citons ceux de Koriboutte-Daskiewitch, Hodge, Vas, Lugaro, Pergens, Lambert, Mann, Pugnat, Pick, Luchsenburg.

Les expériences de K. Daskiewitch ont porté sur la grenouille dont il irritait la *huitième paire de nerfs rachidiens* au moyen du courant faradique. Il a trouvé des modifications dans la proportion des noyaux. Les noyaux colorables à la safranine avaient plus que triplé par rapport aux noyaux colorés par l'hématoxyline : le chiffre exact est de $\dfrac{3,31}{1}$. A l'endroit qui correspondait à l'entrée du nerf la proportion des premiers était encore plus forte : elle atteignait 3,66 : 1.

Hodge irrite au courant d'induction les *ganglions intervertébraux* et les *racines postérieures des nerfs rachidiens* ; il recherche ensuite les modifications des cellules en se servant de l'acide osmique, et, en d'autres cas de la méthode de Gaule. Il examine en outre l'état du ganglion céphalique de l'abeille et autres insectes après le repos de la nuit, et à la suite de l'activité de la journée. L'irritation qui, il y a lieu de le croire, fournit les modifications ressortissant à la fatigue, se résume ainsi. Le protoplasme cellulaire ne présente qu'une diminution infime de son volume ; la coloration à l'acide osmique en est plus faible ; on y remarque des vacuoles. Le noyau révèle les mêmes modifications de coloration que dans les expériences de Daskiewitch, mais l'auteur pense que son irritation, allant de pair avec la coloration à l'hématoxyline, le faisait paraître p us sombre que le corps de la cellule et lui donnait un aspect rétracté et diminué de volume.

F. Vas opère sur des lapins. Il en irrite avec le courant faradique un des *ganglions cervicaux supérieurs* en agissant sur le nerf à trois centimètres du ganglion. L'irritation dure quinze minutes. Il conclut de ses recherches que ni le corps de la cellule, ni le noyau ne perdent de leurs dimensions. Par contre, et contrairement aux résultats de Hodge, il déclare que cellules et noyaux du côté irrité, s'amplifient. Il note aussi que les corpuscules de chromatine périnucléaires se retirent à la périphérie; il en résulte que la portion centrale de la cellule prend une teinte plus claire. Le noyau lui-même se déplace vers la périphérie; M. Vas ne pense cependant pas que ces constatations prouvent que la substance chromatinique ait diminué à raison de l'état d'activité de la cellule.

Lambert, en contrôlant le travail de Vas, accepte ses résultats; il n'a pourtant pas trouvé que la cellule et son noyau aient augmenté de dimensions.

Lugaro, de même que Vas, et presque par le même procédé, explore les *ganglions sympathiques*. La cellule irritée, pour lui, augmente d'abord de volume pour, plus tard, diminuer par suite de la fatigue. Le volume du noyau et du nucléole se modifie de même façon. Cette amplification dépendrait d'une absorption plus vive de lymphe plasmatique qui emplit les espaces interfibrillaires. La position relative du noyau et du nucléole dans les cellules ne subit aucun changement.

Pergens explore *la rétine*. Il compare l'état des cellules de l'œil soumis à l'action de la lumière et celui des cellules de l'œil préservé. Il trouve que la chromatine a diminué dans presque toutes les couches des cellules rétiniennes du premier; en même temps celles de la couche ganglionnaire sont rapetissées.

———————

G. Mann examine les *cellules sympathiques, motrices et sensitives*. A l'égal de Vas, il voit une augmentation de volume des cellules et des noyaux sous l'influence de leur activité ; mais il n'observe pas de déplacement à la périphérie des grains de chromatine. Il explique l'éclaircie de la portion centrale du protoplasme cellulaire par l'accumulation de lymphe à l'intérieur de cet élément quand il agit, de sorte que la partie colorable du protoplasme subit un changement de composition ; les corpuscules de chromatine seraient donc consommés pendant la phase d'activité.

Autres constatations de Mann. Le hyaloplasme du noyau de la cellule irritée ne se colore pas ; celui de la cellule indemne se colore. La substance chromatinique, c'est-à-dire colorable du noyau diminue un peu ; mais le nucléole augmente légèrement et pâlit. La cellule elle-même grandit également ; il en résulte que l'espace péricellulaire diminue. Toute irritation durant plusieurs heures rend le noyau plus sombre, tend à le rétracter quelque peu, mais la plupart du temps d'un seul côté ; le nombre des corpuscules tingibles (chromatiniques) est moindre, mais ils sont plus pâles.

Pour l'examen des cellules motrices, Mann a eu recours aux chiens. Les uns étaient laissés en repos, les autres étaient assujettis à un travail musculaire de dix heures. Il a ainsi constaté que, chez les chiens qui avaient travaillé, les cellules de la région motrice de l'écorce cérébrale avaient un aspect pâle, bien que la substance interfibrillaire se colorât. Les noyaux des cellules étaient plus grands, comme tuméfiés ; leur hyaloplasme ne se colorait pas. Les cellules de la portion lombaire de la moelle étaient également pâles ; les grains de chromatine présentaient aussi une teinte plus pâle et offraient des dimensions moindres. Les noyaux, fortement ridés, fortement colorés, semblaient homogènes.

Enfin les cellules nerveuses de la rétine, examinées

parallèlement sur l'œil de l'animal privé de lumière pendant douze heures, et sur l'autre œil demeuré libre, or produit les résultats que voici. Les noyaux des cell rétiniennes de l'œil qui avait subi l'action de la lumiè étaient plus petites, et plus pâles ; les corpuscules de chromatine de ces cellules s'étaient crispés et avaient pris un aspect stelliforme.

De l'ensemble de ces recherches circonstanciées, l'auteur conclut que la substance colorable, chromatinique, qui s'amasse dans la cellule à l'état de repos, est consommée pendant qu'elle agit ; simultanément la cellule augmente dans toutes ses dimensions : cette augmentation porte sur le corps, le noyau, le nucléole. Toutes les espèces de cellules, motrices, sensitives et sympathiques, sont d'ailleurs sujettes aux mêmes modifications. La fatigue a pour expression : la contraction du noyau et du corps de la cellule ; la formation d'une substance chromatinique diffuse dans le noyau.

PUGNAT prend de jeunes chats ; il irrite par le nerf les *ganglions spinaux* au moyen du courant faradique. Résultats : réduction des cellules, disparition de la substance chromatinique, colorable, du protoplasma ; diminution proportionnelle du noyau cellulaire qui ne se déplace pas vers la périphérie. Les courants intenses et de courte durée produisent des modifications plus profondes que les courants faibles et prolongés.

Relatons ici les travaux de MAGINI et VALENZA sur *l'organe électrique de la torpille.*

Magini l'a successivement exploré chez de jeunes poissons de ce genre qui n'avaient pas encore donné de décharges électriques, chez des torpilles adultes qu'on avait laissé mourir lentement à l'air, chez des torpilles tuées en pleine santé. Dans le premier et le second cas, les noyaux cellulaires occupaient le centre de l'élément ; ils s'étaient, dans le dernier cas, déplacés dans la direction du nerf électrique ; c'est, pour l'auteur, un indice de l'état d'activité des cellules de l'organe électrique.

Valenza n'a pas trouvé de modifications dans les cellules de l'organe électrique à la suite d'une irritation prolongée des nerfs correspondants.

Par contre, si l'on procède à son irritation directe à l'aide d'un fort courant électrique, on observe deux genres de transformation selon que l'endroit observé est plus ou moins éloigné du lieu d'application de l'agent irritant. Dans les points où l'irritation a agi immédiatement, le noyau de la cellule est diminué ; en son milieu est entassé une plus grande quantité de substance colorable (chromatinique). Un peu plus loin, le noyau est plus grand ; l'accumulation de substance colorable est plus rapprochée de son enveloppe.

———

F. Pick irrite les *centres corticaux d'un hémisphère cérébral* chez des animaux plongés dans la narcose ; il examine ensuite la portion correspondante de la moelle par la méthode de Nissl et compare le côté irrité avec l'autre.

Il attribue à l'irritation un aspect finement grenu des cellules qui dépend de la désagrégation de la substance colorable ; il signale l'augmentation des dimensions du noyau et du nucléole.

———————

Parmi les investigations postérieures à l'aide de la méthode de Nissl, le travail de I. Luxenbourg (1). mérite une mention particulière. Chez de jeunes lapins et chiens, endormis, il ouvre le canal vertébral et pratique deux sections de la moelle. Par l'une d'elles il détache le côté gauche du côté droit ; l'autre, transversale, supprime l'influence du cerveau. Puis il met à nu un des nerfs cruraux, qu'il soumet à des courants faradiques assez forts pour provoquer dans l'extrémité correspondante des contractions nettes. L'irritation est prolongée pendant une heure, mais par séries de cinq minutes séparées par des intervalles de repos d'égale durée. L'expérience se termine par une section sous-bulbaire qui tue l'animal. On plonge alors les centres dans un liquide fixateur et on colore généralement par la méthode de Nissl,

Conclusions : 1º La substance colorable (chromatinique) des *cellules motrices de la moelle* récèle une réserve d'énergie potentielle ; 2º l'état d'activité des cellules motrices s'accompagne de modifications morphologiques s'exprimant par la désagrégation de la substance colorable ; 3º la grandeur du corps de la cellule et de son noyau pendant la période d'activité n'est en somme pas modifiée ; les nucléoles augmentent de volume ; 4º le noyau ne change pas de place ; 5º les rameaux protoplasmiques des cellules nerveuses participent à leur activité ; 6º l'épuisement des cellules s'accompagne de modifications ultérieures des substances colorables et non colorables (chromatinique et achromatinique).

(1) I. Luxenburg. *Neurolog. Centralbl.*, nº 14, 1899.

Enfin dans mon laboratoire, le docteur PASSEK a procédé à des recherches en faisant agir le courant faradique sur *les centres corticaux moteurs séparés de la moelle* par une coupe transverse à la *région dorsale* ; il examinait ensuite les cellules du renflement cervical qui avaient pris part à l'épilepsie corticale et celles du renflement lombaire qui étaient demeurées en repos.

Ce qui frappa dans les cellules du renflement cervical actionnées, ce fut l'excentricité du noyau, sa diminution de volume, une chromatophilie très accentuée.

L'irritation avait-elle durée un temps plus considérable ou avait-elle été plus aiguë, le noyau, tout en demeurant au centre, présentait des rides, une diminution de volume, parfois même des brèches ; on constatait dans le protoplasme de la cellule des phénomènes de chromatolyse très marqués allant jusqu'à la complète disparition de la substance colorable (chromatinique) ou tigroïde.

Évidemment ces résultats plaident péremptoirement en faveur du rôle de fonds de réserve de la substance colorable de la cellule, chargé avant tout d'alimenter le débit d'énergie nerveuse de la cellule pendant qu'elle est en activité.

———

En résumé, si l'on tient compte des toutes dernières recherches, d'une exactitude plus précise, grâce aux méthodes les plus fines (de NISSL) on n'éprouve aucune hésitation,

Les modifications capitales qui s'opèrent dans la cellule nerveuse en action ou plus ou moins épuisée se traduisent par la consommation de la substance colorable ou chromatinique de l'élément et de ses rameaux protoplasmiques (dendrites). Cette substance contient la provision d'énergie latente des centres nerveux.

Les autres modifications consistent en : agrandissement des dimensions de la cellule ; changements de volume du noyau et du nucléole ; déplacement du noyau. Mais elles se distinguent certainement par une constance moins grande que les premières.

L'amplification des proportions de la cellule s'explique à coup sûr par l'afflux plus grand de suc nutritif à l'élément en travail de production ; toutes les parties intégrantes de son protoplasma en sont plus ou moins sensiblement gonflées.

Les diverses espèces de changements du noyau et du nucléole sont, suivant toutes probabilités, les unes passives, les autres actives ; la disparité de leur caractère est explicable par le degré d'épuisement de la cellule.

Il est clair que la substance colorable ou chromatinique forme la partie la plus active, la cheville ouvrière de la cellule, le magasin de réserve de l'énergie nerveuse. En effet, rappelons-nous que le noyau joue dans la multiplication et la nutrition de la cellule le rôle marquant ; il faut donc que la substance colorable soit tenue pour la plus caractéristique [des portions intégrantes du protoplasme] puisque la trame filamenteuse de l'élément cellulaire sert indubitablement de prolongement aux fibrilles que l'on découvre dans le cylindraxe et, conséquemment, doit représenter la partie conductrice de la cellule.

Le protoplasme de la cellule, à raison du changement qu'il subit à la phase d'activité de celle-ci, exerce son influence sur les fibrilles intrà-cellulaires qui se continuent ensuite dans le cylindraxe jusqu'à ses ramifications terminales. Nous devons donc tenir compte avant tout des

processus chimiques qui se passent dans les cellules nerveuses stimulées ; d'où il suit que la stimulation de leur
activité doit avoir pour substratum le processus chimique qui s'accomplit (la chose est d'une netteté indiscu-
table) dans la partie colorable du protoplasme, autrement dit dans les corpuscules de chromatine de Nissl.

Il y a pleine raison d'admettre que les terminaisons
périphériques des fibres nerveuses sensitives, qui le plus
souvent sont protégées par des épithéliums d'aspects variés, sont des appareils d'un genre spécial, dans lesquels,
au moment où ils sont impressionnés, s'accomplissent
des phénomènes moléculaires se réfléchissant sur les
fibres sensibles attenantes.

Il est plus que probable que le processus fondamental
qui détermine la rupture de l'équilibre de l'énergie électrique dans la fibre nerveuse est aussi expressément chimique ou, plus exactement, chimico-moléculaire ; qu'il
s'opère dans la substance de la cellule nerveuse ou dans
l'appareil périphérique ; et qu'il forme le substratum de
leur excitation spécifique.

Il en est à peu près, en ce cas, comme du développement de l'oscillation électro-négative émané d'une
avarie artificielle du tissu nerveux, qui aboutit à un processus mécanique et chimique de décomposition dans le
territoire endommagé.

Nous croyons donc que le processus chimique ou chimico-moléculaire qui se passe dans les cellules pendant
qu'elles sont stimulées, en troublant l'énergie électrique
des fibres nerveuses, devient la cause de l'oscillation négative de ces dernières.

Les cylindraxes des fibres ne contiennent pas de substance colorable ou chromatinique, ils ne se composent que
de fibrilles. Cette structure nous fait toucher du doigt la

différence essentielle qui sépare au point de vue fonctionnel la cellule de la fibre. La première est une chambre d'énergie de réserve d'un genre spécial. La seconde joue le rôle de simple conducteur ; toute son importance se ramène à transmettre l'excitation, autant que possible sans perte inutile, jusqu'aux ramifications terminales de la fibre où l'excitation se propage au neurone suivant en y mettant en branle l'activité de sa cellule.

C'est sûrement ainsi que s'explique la lenteur du cours de l'oscillation électro-négative dans le nerf, mouvement qui jure avec celui du courant électrique ; sa vitesse est en effet déterminée directement par celle du processus chimique qui s'accomplit dans les cellules.

CHAPITRE XXVII

La théorie des décharges nerveuses.

L'explication de l'ensemble du processus de l'excitation nerveuse et de la diffusion des stimuli nerveux à travers les cellules et les fibres procède du schéma du système nerveux. C'est une agglomération de neurones séparés, disposés sous forme de chaîne dans le sens de la longueur ; ils ne font que se toucher, ou bien les ramifications terminales du rameau cylindraxile d'un des neurones se contentent d'avoisiner, de très près il est vrai, les rameaux protoplasmiques (dendrites) et le corps de la cellule d'un autre.

Nous ne pouvons donc évidement nous représenter le courant nerveux comme une excitation qui se transmettrait dans la continuité de la voie anatomique toute entière, dans un tout ininterrompu, puisqu'il n'y a que contact ou proximité entre des parties distinctes. Les neurones dont la chaîne constitue la voie conductrice formant des unités physiologiques indépendantes, nous sommes obligés d'admettre que les excitations nerveuses qui surgissent dans la file successive des neurones à disposition caténulaire sont individuelles, isolées.

Les rapports de simple contact et même, dans quelques cas, de pur voisinage si proche soit-il entre les

neurones nous empêchent de nous représenter le mouvement du courant nerveux comme parcourant leur chaîne
entière sans aucune interruption. Il y a au contraire toutes
raisons de croire que ce courant est constitué par une
série d'excitations naissant indépendamment dans chaque
neurone. Seulement l'excitation d'un neurone quelconque
se rattache aux excitations des neurones voisins ; elle est
à la fois la conséquence de l'excitation du neurone précédent et la cause de celle du neurone suivant. En un mot
nous nous représentons le courant nerveux comme une
enfilade d'excitations séparées surgissant successivement
dans les anneaux de la chaîne des neurones et se com-
mandant l'une l'autre de proche en proche.

La source première du mouvement de ce courant doit,
cela va de soi, être un choc quelconque. Ce choc part
d'ordinaire de la périphérie ; il émane de quelque agent,
la plupart du temps physique, qui agit sur l'appareil de
réception. Le courant peut encore provenir des centres
nerveux indépendamment excités ; leur excitation tient
soit à la composition chimique du sang, soit à une impulsion qui, accourue de la périphérie au centre, y provoque
une décharge de l'énergie de réserve depuis longtemps
accumulée. Quoi qu'il en soit du mécanisme, le résultat
est le même. L'équilibre entre les tensions de l'énergie
des neurones consécutifs est détruit ; telle est la cause
de la propagation de l'excitation nerveuse à travers la
file de ces derniers.

Dans la propagation centrifuge, c'est-à-dire du centre
à la périphérie, de l'excitation, la réaction chimique qui
se fait dans la cellule centrale entraîne également la
rupture de l'équilibre de l'énergie électrique dans le
neurone entier ; elle provoque une déséquilibration électrique entre les ramifications terminales du neurone cen-

tral et les rameaux protoplasmiques ou dendrites et l'élément cellulaire du neurone suivant; cette cellule est, grâce à cela, le siège d'une réaction spécifique qui rompt à son tour l'équilibre de l'énergie électrique de ce neurone et, ainsi de suite, jusqu'à ce que l'excitation atteigne les ramifications terminales du dernier neurone. A la frontière qui sépare celui-ci de la fibre musculaire se développe la décharge aboutissant à la contraction du muscle.

Il s'entend que l'excitation, qu'elle soit centripète ou centrifuge (cette direction dépend de celle des cylindraxes de la cellule), peut aussi gagner les branches latérales des cylindraxes, ou collatérales, s'échapper de côté, et coexciter ainsi des régions reliées à la voie conductrice principale par leurs bourgeons latéraux.

L'indépendance du processus d'excitation permet de comprendre comment parfois un tas de substance grise, de dimensions comparativement petites, parvient à stimuler les territoires nerveux les plus vastes. Il suffit de se souvenir, par exemple, de l'activité multilatérale du noyau moteur minuscule du pneumogastrique; elle serait inexplicable autrement, alors même qu'on admettrait la transmission intégrale, sans être aucunement affaiblie, d'un seul et même courant nerveux jusqu'à la périphérie. L'explication de ces faits ne souffre au contraire aucune difficulté, quand on réfléchit qu'une impulsion amenée par les fibres du nerf vague suffit pour développer dans les ganglions nerveux subordonnés à son activité un processus d'excitation indépendant; de là la stimulation de régions différentes.

Il n'est d'ailleurs pas du tout nécessaire que le stimulus nerveux se transmette à chaque cellule en particulier, ce qui exigerait que les nerfs conducteurs continssent autant de fibres qu'il y a de cellules dans le ganglion périphérique.

Si la théorie d'APATHY (1) et BETHE sur le passage des fibrilles élémentaires d'une cellule à l'autre est exacte, il est évident qu'il suffit de l'afflux de l'énergie dans une des cellules nerveuses pour que toutes celles qui sont reliées à la première soient simultanément excitées.

Notons du reste que des auteurs qui, comme HELD, ont tant travaillé la fine structure de la cellule, hésitent à confirmer que les figures obtenues par le procédé d'APATHY et BETHE soient bien le produit de cellules vivantes non détériorées. En tout cas, il y a lieu, en attendant, de mettre en doute la possibilité d'étendre la théorie en question aux cellules non seulement du système nerveux périphérique mais aussi du système nerveux central des animaux supérieurs (2).

Néanmoins les dendrites peuvent, dans le système nerveux central de l'homme et des animaux supérieurs, faire communiquer entre elles certaines cellules déterminées, sans qu'il y ait passage direct des fibrilles les plus déliées d'une cellule à l'autre. Le simple contact suffit, ainsi que je l'ai indiqué dans mes « Voies conductrices de la moelle et du cerveau (1896-1898) », et dans un travail à part (3).

---

(1) Apathy. Niderl. Tijdschr. voor Geneeskunde, 1898, II. Analyse du Schmidts-Jahrbücher.

(2) Ramon y Cajal s'est aussi tout dernièrement (communication au congrès international de médecine de Madrid) pononcé pour l'origine artificielle des filaments de Bethe. Il n'a pu les trouver ni dans les cellules du cervelet, ni dans les petites cellules de l'écorce cérébrale, ni dans celles de la couche optique.

(3) Bechterew. Obozrénié psichiatrii, 1896. Neurolog. Centralbl. 1896.

Quand deux cellules nerveuses différentes de centres séparés sont reliées par l'enlacement ou le contact plus ou moins intimes de leurs rameaux protoplasmiques (on sait même qu'en quelques cas on rencontre à la périphérie des éléments cellulaires communiquant par un réseau), leur coopération est assurée ; il suffit que l'énergie nerveuse touche quelques éléments pour qu'aussitôt l'excitation se répande graduellement à une certaine partie des cellules voisines contenues dans un centre donné.

Nous admettons donc qu'en certaines conditions l'excitation nerveuse se peut transmettre d'une cellule à sa voisine par l'intermédiaire de dendrites qui s'accrochent ensemble ; et qu'il y ait alors action coopérative de plusieurs cellules à une fonction identique. J'en ai en 1896, à la lumière de documents histologiques et pathologiques, signalé la possibilité. Tout dernièrement, M. D. Lawdowski s'est prononcé dans le même sens (1).

Voici ce que dit R. Sleeswijk (2). Les cellules nerveuses étant entourées de liquide lymphatique, c'est l'existence d'une certaine tension électrique et sa différence en des cellules voisines qui doit présider, sans même qu'il y ait contact entre leurs dendrites, au passage du courant d'une cellule à l'autre.

Point n'est non plus difficile de comprendre que la mobilité des rameaux cellulaires protoplasmiques (dendrites) puisse déjà à l'état physiologique rendre plus ou moins indécises les relations fonctionnelles entre les neurones voisins, les obstacles qui s'opposent à la transmission du courant d'un neurone à l'autre étant plus ou moins

---

(1) M. D. Lawdowski. *Vratch*, 1903.

(2) R. Sleeswijk. *Der Kampf des tierischen Organismus:* Amsterdam, 1904, p. 21.

accentués (diélectriques de BINET-SANGLÉ). Ces obstacles peuvent dans les cas pathologiques dépasser de beaucoup les limites des fluctuations physiologiques ; ils doivent donc tout naturellement aboutir à une pléiade d'états anormaux revêtant la forme de tremblements, convulsions, pertes de connaissance, etc.

La fibre nerveuse ayant pour objet de transmettre l'énergie d'une cellule considérée comme partie primordiale d'un neurone à une autre en lui faisant perdre le moins possible, il est évident que le cylindraxe nu devait être muni d'appareils de protection spéciaux chargés d'empêcher tout excès de déperdition pendant le passage de l'énergie par la fibre. Cette protection est assurée par les enveloppes mauvaises conductrices qui entourent la fibre ; manchons de myéline dans les centres ; gaine de Schwann à la périphérie ; elles servent en même temps à isoler le passage du courant nerveux.

Dans les centres la névroglie joue vraisemblablement aussi le rôle d'isolateur, car elle est un produit de formation kératoïde semblable à celui des éléments du manchon de myéline. Dans les centres nerveux l'isolement est nécessaire non point seulement pour les fibres qui, à leur sortie des cellules, sont représentées par des cylindraxes absolument nus, mais encore pour les cellules avec leurs rameaux protoplasmiques. C'est la névroglie avec sa substance finement grenue, qui, en entourant partout cellules et leurs rameaux, s'oppose à l'excès de dispersion de l'énergie cellulaire, et isole le stimulus nerveux.

De tout ce qui vient d'être exposé, il appert qu'à la base de l'excitation des centres nerveux, nous plaçons un processus chimique ou plus exactement chimico-moléculaire intrà-cellulaire engendrant dans la fibre une opération purement physique qui revêt la forme de courant nerveux avec l'oscillation électro-négative le caractérisant.

En même temps, nous ne pouvons perdre de vue l'extrême intimité des rapports mutuels entre les processus chimiques et moléculaires et les phénomènes électriques. C'est sans doute l'énergie électrique qui doit former le fond des processus chimiques et plus particulièrement des processus moléculaires que nous supposons dans la cellule ; car l'électricité est à la fois la cause et la conséquence de tous les processus moléculaires en général, et plus spécialement de ceux qui, comme l'osmose, la diffusion, la filtration, la capillarité, etc., doivent indubitablement se passer dans les cellules nerveuses.

Evidemment le chimisme intra-cellulaire qui se produit pendant la phase d'excitation des cellules nerveuses s'accompagne et, probablement même, dépend de la rupture, dans leur intérieur, de l'équilibre électrique moléculaire.

En nous plaçant à ce point de vue, nous nous expliquons plus nettement encore la réciprocité des rapports entre le processus chimique et moléculaire qui a lieu dans la cellule lorsqu'elle est excitée, et le processus physique qui s'effectue dans le nerf quand il conduit le courant nerveux. Pour ces deux phases d'excitation et de transmission nous devons nous en référer à l'énergie électrique ; elle nous apparaît dans le premier cas comme la co-associée et l'instigatrice du processus chimique et moléculaire de la cellule ; dans le second, elle transmet les impulsions nerveuses d'un neurone à l'autre.

. Entre les deux processus qui s'opèrent dans les cellules et dans les fibres, s'établit une corrélation physiologique ; les phénomènes électriques qui se développent dans le nerf quand il agit en conducteur, donnent l'impulsion qui aboutit à la rupture de l'équilibre électrique moléculaire dans les cellules nerveuses du neurone le plus proche, et, par suite, à la genèse dans ces cellules d'une réaction spécifique à envisager comme un processus chimico-moléculaire ; d'autre part, le développement de cette réaction spécifique dans la cellule en travail doit développer dans le nerf des phénomènes électriques, car il n'y a pas de processus chimique sans rupture de l'équilibre électrique, et, par conséquent, sans développement de l'oscillation électrique.

CHAPITRE XXVIII

Les sources de l'énergie des centres nerveux.

Si toute cellule en général se révèle comme un centre d'énergie de réserve, il est hors de doute que la propriété d'en emmagasiner une provision prodigieuse appartient expressément à la cellule nerveuse, qui doit cette propriété à l'extraordinaire complexité de sa composition chimique. Consommée par l'activité cellulaire, la réserve est constamment complétée par les processus nutritifs de restauration du tissu nerveux. C'est ainsi que l'énorme quantité de sang qui afflue au cerveau (elle y atteint le cinquième de la quantité totale en circulation), en charriant et apportant avec elle les matériaux de nutrition, constitue une des sources majeures de l'énergie de réserve des cellules nerveuses.

Une autre source de l'énergie accumulée dans le tissu nerveux, c'est ce tissu lui-même, ce sont, en propre les fibres nerveuses, excellents véhicules d'énergie électrique.

Nous savons que tous les processus moléculaires, en général, qui constamment s'effectuent dans l'organisme, tels que, osmose, diffusion, capillarité, filtration, mouvement du sang et de la lymphe à travers les tissus, modification de la tension superficielle, s'accompagnent, à l'instar de tous les processus chimiques quelconques des tissus, de phénomènes électriques, qui forcément stimulent les fibres nerveuses centripètes. Cette excitation des extrémités nerveuses périphériques, en se transmettant par les nerfs vers les centres, sert à y développer l'énergie de réserve ; elle compense pour sa part dans une certaine mesure le déchet subi constamment par les centres à raison de leur activité, et concourt en tout cas avec les processus nutritifs de réparation incessants du tissu nerveux à le suppléer.

Il se peut fort bien que SOLVAY soit aussi dans le vrai quand il dit que les muscles, surtout par les processus d'oxydation énergique dont ils sont le siège, doivent être tenus pour la principale source d'électricité de notre corps. L'électricité dégagée dans les muscles exciterait, d'après lui, les extrémités des nerfs ; cette excitation, en se transmettant par les conducteurs nerveux aux centres en activité, y deviendrait peu à peu de l'énergie de réserve (1).

Pour nous, nous nous attacherons principalement aux considérations suivantes. Les cellules nerveuses semblent des espèces d'appareils spécifiques recevant, transformée en courant nerveux, l'énergie d'influences extérieures hétérogènes (mécaniques, physiques, chimiques), qui agissent à la périphérie du corps. Ces cellules sont, en quelque sorte, des appareils spéciaux, prédestinés à la métamorphose des énergies externes avec lesquelles est,

(1) Au fond, la tonicité musculaire est tout bonnement l'excitation perpétuelle du muscle dont voici le mécanisme. Le muscle envoie, sans discontinuer, des impulsions à nos centres ; et celles-ci, par voie réflexe, reviennent par les conducteurs centrifuges au système musculaire.

à toute seconde, en contact la surface de l'organisme par les organes sensoriels spéciaux dont elle est munie.

Toutes les impressions extérieures, qu'elles soient d'ordre mécanique comme les secousses, les chocs, la pression, les piqûres, etc., d'ordre physique, comme les ondes lumineuses, électriques, sonores et caloriques, d'ordre chimique, comme les combinaisons, décompositions, métamorphoses et destructions, qui s'accomplissent sous des influences externes par le canal de la transformation des forces dans nos organes périphériques, servent à développer de l'énergie dans nos organes des sens. N'étant pas entièrement absorbée par les processus chimiques et moléculaires qui s'effectuent dans ces derniers, cette énergie est alors transmise par les conducteurs nerveux aux organes centraux du système nerveux, foyer de conservation de l'intarissable provision d'énergie, sous la forme de combinaisons chimiques, complexes, sous celle, en particulier, des albumines compliquées que contiennent en abondance les éléments cellulaires des centres et qui sont éminemment sujettes à la désagrégation facile sous l'empire d'influences quelconques (1).

Les recherches du professeur Siеtchénow confirment les vues précédentes. (2) Dans un mémoire intitulé « Contribution à la question du délassement des muscles en

(1) « La matière vivante ne tire pas d'elle-même les forces qu'elle met en action, elle les emprunte à son milieu, se bornant simplement à leur imprimer quelque direction spéciale. La vie se distingue donc des agents physico-chimiques, en ce qu'elle en dirige l'action sans la produire ; ces agents au contraire produisent l'action sans la diriger. (Bourdeaux. *Problème de la vie*, p. 85).

(2) J. M. Sietchénow. Société des amants des sciences naturelles de Moscou, 18 février 1903.

travail, » il parle des impressions sensibles émanées de la
périphérie qui chargent les centres d'énergie. C'est ainsi
que le jeu de la sensibilité musculo-cutanée fait, en une
certaine mesure, disparaître la fatigue du muscle ; quand
celui-ci travaille, il en renforce l'activité. Les recherches
entreprises avec les appareils vibratoires (1) montrent
également qu'il suffit de les appliquer à l'articulation fémo-
rotibiale pour provoquer une augmentation accentuée du
réflexe patellaire avec clonus du genou et tremblement
spasmodique de tout le membre inférieur qui entraîne
alors l'exagération du réflexe patellaire de l'autre côté,
où apparaît, à son tour, le clonus. Des expériences spéciales démontrent d'ailleurs qu'il s'agit en l'espèce d'une
hyperexcitation des régions centrales du cerveau. Les
mouvements passifs, qui généralement raniment et ren-
forcent l'effet des vibrations, exercent également une
influence stimulante sur les réflexes. Il est clair qu'ici
aussi le système nerveux subit une mise en charge d'un
genre spécial au moyen d'irritations périodiques.

Il y a, somme toute, pleines raisons d'admettre dans le
système nerveux une énorme accumulation d'énergie qui
provient de la transformation des énergies extérieures
agissant sur les organes des sens et communément sur
la surface du corps, qui provient aussi de la conversion
des énergies libérées par les processus nutritifs des centres nerveux, ainsi que par les processus moléculaires
variés des divers tissus de l'organisme.

(1) Schtscherbak. Novyia dannyía po fisiologii gloubokikh réflek-
sow (Nouvelles données concernant la physiologie des réflexes profonds). *Obozrénié psichiatrii*, 1902, n° 12. *Revue neurologique*, 1903,
n° 1. Dalniéischia ekspérim. izsliédovania otnositelno fisiologi-
tcheskavo diéistvia mekhanitch vibratzii. (Nouvelles recherches
expérimentales relatives à l'action physiologique des vibrations
mécaniques). *Obozrénié psichiatrii*, 1903.

Il va de soi que l'ample provision d'énergie des centres est sans cesse entamée par la consommation qu'en font les contractions musculaires, la genèse de la chaleur animale, les mouvements des vaisseaux, les fonctions sécrétoires, trophiques ou nutritives ; ainsi est entretenue la rotation circulaire de l'énergie dans l'organisme vivant. Afin d'exécuter le prodigieux travail qui se rattache à la dépense d'énergie, le cerveau est, comme l'on sait, pourvu d'une quantité colossale de sang, du cinquième de la masse totale de cette humeur chez l'homme ; c'est la couche corticale, soit, d'une manière générale, la substance grise, qui en est le plus généreusement fournie. La richesse de l'irrigation sanguine du cerveau crée les conditions favorables à la restauration des forces dépensées. Grâce à elle, même après la défalcation de ce débit d'énergie, il en reste encore et toujours dans les centres nerveux un fonds important, susceptible d'assurer n'importe quels besoins de l'organisme.

Cette permanente réserve d'énergie dans les centres nerveux tient également sous sa dépendance l'action que les organismes exercent sur les conditions ambiantes ; c'est elle notamment qui sert de substructions aux processus volontaires, car, à n'importe quel moment des circonstances correspondantes, elle peut se changer en force vive.

CHAPITRE XXIX

Le psychique et la vie envisagés comme conséquence de l'énergie.

L'analyse à laquelle il vient d'être procédé montre que l'énergie accumulée dans les centres se traduit, en se dégeant, par des phénomènes électro-chimiques et autres réactions à l'intérieur du système nerveux. Nous savons en même temps que, de concert avec les processus matériels ayant lieu dans le système nerveux, dans cet appareil capital des relations des animaux avec le milieu ambiant, cette énergie développe les états subjectifs si caractéristiques des phénomènes connus sous le nom de psychiques. Il en découle évidemment que les phénomènes psychiques sont l'expression de l'énergie de réserve des centres.

Le psychique a pour particularité essentielle, nous l'avons également dit, l'activité utilitaire ; par contre, la caractère essentiel de la nature inanimée est sa passivité, sa lenteur. En réalité, il nous est impossible de nous imaginer, sous leur aspect primitif, ni le psychique ni le matériel sans ces propriétés fondamentales qui seules sont véridiques. Toutes les autres qualités attribuées à la matière, telles son atomicité, sa division en parcel-

les, sont en vérité des hypothèses qui ne fournissent pas à
nos méditations le résultat final que celles-ci en attendaient ;
les atomes, quelque petits qu'ils soient, revêtent, quoique nous fassions, dans notre conception l'image de corpuscules divisibles à l'infini, et, dans cette infinie divisibilité de la matière il ne reste plus du tout de particules
matérielles, il n'y a plus que lenteur ou passivité : celle-
ci ne peut plus être écartée du concept du matériel et
demeure, par conséquent, la seule qualité fondamentale
positive de la matière, la seule qui soit accessible à notre
entendement ; elle en demeure même l'essence.

D'autre part, nous ne songeons pas au psychique, ni à
la vie, sans invoquer l'activité pratique, utilitaire. Cette
activité nous apparaît comme la particularité caractéristique du psychique, tant en notre for intérieur de par
l'analyse subjective, qu'en dehors de nous à la lumière
de l'exploration objective de tous les êtres vivants en général doués de psychique. Dans le monde qui nous entoure nous ne trouvons d'entreprenant judicieux et pratique que le psychique et la vie.

Seuls le psychique et la vie apportent dans le monde le
principe de l'opportunisme actif dont est, de par sa nature, privée la matière inanimée. Or, cet utilitarisme actif ne se révèle autrement que comme le résultat de l'énergie, de ses décharges qui se traduisent et en manifestations extérieures ou objectives, et en manifestations intérieures ou subjectives.

Les énergies de la nature ambiante agissent sur l'organisation physique déterminée qu'elle investit ; elles donnent le branle dans les êtres organisés aux transformations physiques liées au métabolisme des tissus ; en ac-
tionnant le système nerveux et s'y amassant, elles forment la base non seulement des processus - matériels qui

s'y effectuent mais aussi des phénomènes intérieurs ou subjectifs et tiennent, par cela même, sous leur dépendance les relations actives et utilitaires des organismes avec la nature morte environnante.

De là dérive le parallélisme entre les processus intérieurs et les processus matériels qui se passent dans le cerveau. Ce parallélisme élimine le passage direct de l'énergie mécanique ou chimique à l'énergie psychique, admis par Richet (1) et quelques autres. M. Gautier (2) est donc dans le vrai quand il tient les processus psychiques, sensations, perceptions, images, concepts, etc., pour de pures figures naissant dans les organes mêmes qui leur servent de siège, quand il admet qu'ils n'ont pas d'équivalent mécanique, thermique, chimique.

Les expériences de Schiff et autres avaient révélé que le cerveau s'échauffe au moment où l'excitation lui est apportée du dehors ; Gautier affirme que le cerveau aurait dû, si l'on admet que la perception n'est que le produit de l'énergie mécanique ou chimique, présenter un abaissement de température. La sensation et le travail intellectuel ne possèdent donc point, pour lui, d'équivalent mécanique ; ils ne dérivent pas de l'énergie mécanique ou chimique. Ils se révèlent moins encore comme une force, car leur apparition ne s'accompagne point

(1) D'après Ch. Richet (Le travail psychique et la force chimique. *Revue scientifique*, 1886, XII, p. 788. — La pensée et le travail chimique. *Ibid.*, XIII, p. 83. — *Des origines de la chaleur et de la force chez les êtres vivants*, Paris, 1886), la pensée comme le travail intellectuel sont les effets d'une action chimique. Cette manière de voir, comme nous l'avons vu, ne soutient pas la critique.

(2) Gautier. *Revue scientifique*, 11 et 18 décembre 1886, janvier 1887.

d'une perte d'énergie, pas plus qu'ils n'arrivent ostensiblement à en engendrer.

Herzen accuse Gautier d'avoir confondu les perceptions et la pensée, d'avoir confondu le travail intellectuel avec l'état essentiellement différent et temporaire qu'est la conscience. Ce reproche d'Herzen tombe de soi, car les processus de la conscience embrassent et la perception et la pensée.

Les états subjectifs, immédiatement perçus sous la forme d'une série de phénomènes intérieurs, discernables entre eux non seulement par leur intensité, mais encore par leur qualité, permettent aussi la connaissance du monde extérieur ; car aux changements quantitatifs variés de celui-ci, qui se passent objectivement, correspondent toujours des réactions moléculaires définies du tissu nerveux et des phénomènes intérieurs qui les accompagnent aussi déterminés mais qualitativement dissemblables dans les différents cas.

La différence qualitative des phénomènes intérieurs dépend donc, à l'origine, du caractère de la relation qui s'établit entre la réaction extérieure et la nature de l'organisme. Par exemple, aux réactions qui détruisent l'organisme et lui sont, par suite, nuisibles, correspondent des sensations et des représentations mentales désagréables ainsi que des sentiments généraux désagréables ; à celles qui, plus délicates, entretiennent sa prospérité, qui lui sont profitables, répondent des sensations et représentations mentales agréables ainsi que des sentiments généraux de même qualité.

C'est en améliorant dans les centres le métabolisme des cellules nerveuses, que la douceur plus ou moins accusée des influences extérieures produit des sensations, des sentiments et leurs concepts correspondants agréables ; toute influence destructive, nuisible pour l'organisme, modifie les centres différemment et détermine sensations, sentiments, concepts inverses. Cette corrélation fixe et toujours constante entre les états intérieurs ou subjectifs et les influences extérieures, laisse à penser que les décharges des réserves d'énergie des centres nerveux, qui se traduisent en mouvements et actes et sont en connexité non moins précise avec les influences extérieures, ne seront pas identiques dans les deux cas.

Il y aura dans le premier cas une décharge d'énergie qui revêtira la forme de mouvements et actes tendant à prolonger, fortifier, répéter les influences instigatrices de sensations, sentiments, conceptions agréables. Dans le second cas, les décharges d'énergie amèneront des mouvements et actes qui se proposent d'écarter les influences nocives, de diminuer leur force de réaction sur l'organisme, et, en fin de compte, de limiter le plus possible leur retour dans l'avenir.

Il va de soi que la satisfaction des besoins vitaux de l'organisme, étant liée aux sentiments agréables, suscite des actes qui assurent cette satisfaction de la manière la plus complète ; tout trouble des processus biologiques se rattachant à des sentiments désagréables devient d'ordinaire la source de mouvements de défense.

La manière d'agir des êtres organisés à l'égard du milieu ambiant, leur opportunisme, qui commande tout le bien-être possible de l'organisme en des conditions données, s'inspire des rapports qui s'établissent entre les agressions extérieures et les réactions internes de l'organisme.

La nutrition et la multiplication, ces deux processus fondamentaux partout des organismes normaux, se révèlent à nous comme des actes liés à des sensations

agréables et à une cénesthésie agréable ; ceci encore
exhibe l'étroite liaison de la vie et du psychique. D'autre
part il a été prouvé que toutes les sensations agréables
stimulent et excitent le système musculaire, tandis que
les sensations désagréables le dépriment ; on comprend
alors pourquoi les mouvements offensifs s'associent à
des sensations et sentiments agréables, les mouvements
défensifs s'alliant à des sensations et sentiments désa·
gréables. Il est même difficile de s'imaginer que la vie
animale eût été possible ici-bas si la nature n'avait pas
rattaché les fonctions de nutrition et de reproduction à
des états subjectifs agréables. Nous pouvons généraliser
et dire que tout être vivant qui gagne sa subsistance par
un moyen quelconque, possède forcément en une certaine
mesure un psychique qui le guide pour résoudre les problèmes fondamentaux de l'organisme.

Et nous voilà revenu à cette conclusion qu'il existe
entre le psychique, et la vie, la connexion la plus étroite
qu'il soit possible d'imaginer. Nous croyons que la vie et
le psychique constituent partout un tout indissoluble,
produit d'une énorme provision d'énergie accumulée dans
les êtres organisés et, surtout, dans les éléments nerveux.

Par conséquent, bien qu'il soit impossible d'identifier
totalement les manifestations vitales de l'organisme et
celles du psychique, l'ensemble indépendant de la vie tel
qu'il se manifeste dans les êtres organisés, depuis le
plus inférieur jusqu'au plus élevé, est inadmissible et
irréalisable sans le psychique.

Si la vie se maintient à l'état latent ou se manifeste
par des signes minima, tel est le cas de la congélation
ou de la léthargie qui diminuent l'activité vitale, c'est
que le psychique demeure alors aussi ·passagèrement à

l'état latent ; mais la manifestation ouverte de la vie chez l'être organisé se traduit toujours simultanément par le relief de la manœuvre directrice du psychique dont la perte conduit infailliblement l'organisme à sa ruine.

Dans le monde animal, avec le développement des processus biologiques nous rencontrons de pair et constamment les états subjectifs de conscience ; ce sont eux, dans une certaine mesure, les ordonnateurs des relations extérieures de l'organisme vis-à vis de la nature environnante ; ce sont eux qui jugent si l'organisme est en mesure d'user de la provision d'énergie existant en lui pour réagir de la façon la plus pratique contre les influences quelconques agissant du dehors.

Spencer définit l'activité du système nerveux : l'adaptation des rapports internes aux rapports externes. Cette définition, devenue presque courante, ne tient pas compte du double effet de l'activité des êtres organisés ; non seulement ils adaptent les rapports internes aux rapports externes, mais ils transforment les conditions extérieures, autrement dit, ils adaptent comme il convient les rapports externes aux rapports internes.

Comme en outre le système nerveux des organismes supérieurs n'est pas seul à contenir des matériaux propres à développer les phénomènes subjectifs de concert avec les réactions moléculaires, comme le protoplasme des animaux inférieurs privés de système nerveux en renferme également, il est naturel que les premiers rudiments du monde organique aient été le terrain des relations sus-mentionnées.

Il est donc évident que le fond de la question reste immuable, qu'on ait en vue les seuls organismes supérieurs avec leurs appareils nerveux plus ou moins complexes, ou, avec eux, les organismes les plus simples tout à fait dénués de système nerveux et même les végétaux. Il est hors de doute qu'ici aussi toute action de l'organisme sur le milieu qui l'environne repose sur les mêmes réserves d'énergie. Si les êtres inférieurs et les plantes n'en possèdent pas d'appareil de concentration spécial sous la forme de système nerveux, par contre, toutes les parties de ce genre d'organismes développent cette énergie qui, extérieurement, étale les mêmes phénomènes objectifs correspondants, et, intérieurement, produit les phénomènes d'excitation et d'irritabilité caractéristiques de tout être vivant, assimilables, quant à leur nature fondamentale, aux processus d'excitation et aux fonctions réflexes des organismes animaux plus élevés.

CHAPITRE XXX

L'irritabilité et l'amœboïsme des cellules nerveuses.

L'irritabilité des cellules nerveuses peut être aussi prouvée sans contesto

On sait que Nissl a pour la première fois attiré l'attention sur ce fait. Quand on irrite le facial, les cellules de son noyau se colorent par sa méthode avec plus d'intensité que d'habitude. Il a alors paru évident que la coloration de la cellule ou, en propres termes, des corpuscules de Nissl était en corrélation directe avec son irritabilité fonctionnelle.

Par la suite, une légion d'auteurs ont, nous l'avons déjà vu, exécuté des recherches sur le changement subi par les cellules nerveuses sous l'action de l'irritation électrique ou d'autres agents ; on a constaté que, dans ces conditions, les cellules se coloraient d'une façon plus accentuée, qu'elles diminuaient de volume, que leur noyau se déplaçait, enfin que, si l'on prolongeait l'irritation, elles perdaient graduellement leur substance colorable.

Le lien qui rattache les modifications intérieures de la cellule à son irritabilité fonctionnelle est en l'espèce plus que manifeste.

Indépendamment des changements de structure intérieure subis par la cellule, les stimuli qui affluent à cet élément peuvent influer sur sa forme extérieure et sur celle de ses rameaux; toutes ces transformations doivent également être directement reliées au métabolisme ou changements intrà-organiques de la cellule.

La démonstration de l'extrême mobilité de la cellule nerveuse remonte aux recherches de His sur les cellules nerveuses embryonnaires, qui sont susceptibles de se déplacer comme le font les leucocytes, afin de se placer dans les meilleures conditions de subsistance et de nutrition. L'axone ou cylindraxe des cellules nerveuses embryonnaires possèderait même, d'après Lenhossek, le mouvement amœboïde lui permettant de choisir sa direction. R. y. Cajal réduit ce mouvement à la sensibilité de l'axone pour certaines excrétions de cellules sur les parois desquelles il se dirigerait (c'est la chimiotaxie).

Il est vrai que jadis on ne soupçonnait pas que les cellules nerveuses adultes, c'est-à-dire pleinement développées, fussent aussi capables de manifester cette faculté motrice; on admettait simplement le mouvement des cellules nerveuses embryonnaires. Mais les recherches les plus récentes n'ont point laissé de doute sur ce point; la cellule nerveuse développée avec ses rameaux n'est pas un corps inerte, elle manifeste bien l'aptitude à se mouvoir : c'est sa propriété fondamentale.

Déjà nous avons vu que quelques observations plaidaient en faveur de l'amœboïsme cellulaire; sous l'influence de l'exercice et de l'exagération de l'activité fonctionnelle, les rameaux acquièrent un plus grand développement. Maintenant toutes les données scientifiques tendent à accréditer que l'exercice et aussi la nutrition, comme l'activité fonctionnelle, entraînent l'amœboïsme de la cellule nerveuse.

Le premier, en 1890, RABL-BURCKHARDT (1) se prononçait pour la possibilité d'un mouvement amœboïde des dendrites, qui leur permettrait d'entrer en contact physiologique l'une avec l'autre et de se désunir ; il expliquait par là les phénomènes des manifestations normales et pathologiques de la vie psychique, tels, par exemple que le sommeil, l'hypnose et *tutti quanti*. Il supposait que l'activité intellectuelle tenait à un contact temporaire de cellules nerveuses qui cesse pendant le repos.

Nul n'ignore que cet amœboïsme a été observé sur les cellules nerveuses de la Leptodora hialina par WIEDERSHEIM (2). Les mouvements observés chez cet animal diaphane se distinguaient pas leur lenteur; on les suivait en comparant les différents dessins qu'ils produisaient. Il est vrai qu'on a émis des doutes sur la qualité de cellules nerveuses à concéder aux éléments aptes à se mouvoir ; mais il semble que ces doutes ne fussent pas suffisamment justifiés.

Un peu plus tard, DUVAL (3), indépendamment de RABL-BURCKHARDT semble-t-il, regardait comme possibles les mouvements amœboïdes des dendrites ; il émettait une

(1) Rabl-Bürckhardt. Sind die Ganglienzellen ameboid? etc. *Neurol. Centralbl.*, 1890, n° 7.

(2) Wiedersheim. *Anat. Anzeiger*, 1890, t. V, n° 23.

(3) Duval. *Revue scientifique* et Comptes rendus de la Société de biologie, 1895.

hypothèse analogue à celle de Rabl sur l'apparition et la disparition des contacts ; il expliquait ainsi les phénomènes du sommeil normal et pathologique, non moins que d'autres états psychiques. Son hypothèse agrémentée de la chimiotaxie lui fournit l'interprétation de l'action du café, du thé, et autres excitants sur la sphère psychique.

Relevons qu'en ce qui concerne les phénomènes chimiotaxiques, Duval s'appuie sur l'hypothèse de Lépine (1) pour qui la faculté motrice des dendrites dépend de rapides modifications chimiques du protoplasma de la cellule nerveuse ; il en est d'elles comme de la chimiotaxie positive et négative des leucocytes qui se dirigent vers les liquides riches en oxygène et s'éloignent de ceux qui en contiennent peu (Lépine, Rouvier, Lawdowski, etc.) (2).

Nous possédons ensuite toute une catégorie de travaux s'efforçant de prouver l'amœboïsme des cellules nerveuses en diverses conditions. Citons ceux de Demoor, Querton, Stéphanowska, Manouélin (3), Pupin (4), Deyber (5),

---

(1) Lépine. *Revue de médecine*, 1891.

(2) Même observation pour les organismes inférieurs (Demoor).

(3) Manouélin. Société de biologie, 1898. I février.

(4) Pupin. Le neurone et hypothèses histologiques. *Thèse*, Paris, 1896.

(5) Deyber. État actuel de l'amœboïsme nerveux. *Thèse*, Paris, 1898.

Narboutte (1) (de notre laboratoire), Soukhanow et autres (2).

Il en existe d'autres, par exemple ceux de Hegen, Demoor, Duval, Tanzi (3), Schtscherbak (4), qui se consacrent à appliquer cet amœboïsme aux états nerveux physiologiques et pathologiques.

Frankl et Weil taxent, il est vrai, de production artificielle, la mobilité des rameaux cellulaires ; elle tiendrait à l'action des divers réactifs. Sans nier l'importance des réactifs dans la contractilité plus ou moins grande des rameaux, il est impossible de ne pas reconnaître que, si un seul et même procédé de préparation nous fournit, suivant les différents états physiologiques, des corrélations distinctes entre les rameaux en question, il appert que ce n'est pas la manipulation qu'il faut incriminer, qu'il y a là un fait réel.

Pour R. y. Cajal (5), les cellules nerveuses, tout en étant fixées au tissu, ne sont néanmoins pas privées d'une certaine aptitude au mouvement amœboïde ; ce mouve-

---

(1) W. M. Narboutte. Communication aux réunions de la clinique des maladies mentales et nerveuses. *Obozrénié psichiatrii*, 1899, n° 8, 1900, n° 5.

(2) Il n'y a pas longtemps, Welter a pu observer des modifications comparativement rapides de la grandeur du corps et des rameaux des cellules sur le cerveau des grenouilles qu'il faisait dégeler ; mais ces phénomènes peuvent être imputés à des conditions physiques et par suite n'ont pas voie au chapitre en l'espèce.

(3) Tanzi. *Rivista speriment. di freniatria*, XIX, 1, 2, 1893.

(4) Schtscherbak. *Obozrénié psichiatrii*, 1899. Leçons cliniques sur les maladies nerveuses (en russe).

(5) R. y. Cajal. Allg. Betrachtungen über die Morphologie der Nervenzellen. Ber. f. d. inter. med. Congr. in Roma. *Archiv f. Anat. u. Physiolog.*, partie anatomique, 3, 4, 1896.

ment dépend d'un exercice permanent, du renforcement de l'activité fonctionnelle, et aboutit au plus grand développement des collatérales et des ramifications terminales des axones, voire des dendrites insuffisamment développées, et même à la formation de nouvelles dendrites servant de liens nouveaux entre les neurones.

Kœlliker admet l'amœboïsme des cellules nerveuses mais seulement sous la désignation générale de mouvements de croissance (*Wachstumsbewegung*).

De même Tanzi (1), considère le développement et la néoformation de dendrites comme des phénomènes d'hypertrophie physiologique.

Lenhossek nie le développement et la néoformation de rameaux cellulaires ; il n'admet que le perfectionnement de leur structure. Mais il est peu probable que l'on puisse souscrire à cette opinion, si l'on envisage que le développement et la croissance sous l'influence de l'exercice et de l'expérience acquise par le sujet constituent une propriété générale de l'organisme.

D'après Obersteiner (2) et Lagaro (3), le renforcement de l'activité, l'expérience de la vie et l'exercice sont, non la cause, mais la conséquence du développement des dendrites. En d'autres termes, si les dendrites ne se développent pas, pour quelque cause que ce soit, il n'est pas d'exercice qui soit en état d'augmenter leurs dimen-

---

(1) I fatti e le induzioni nell' interna istologia [d. syst. nerv. *Riv. sperim. di frenatria*, 1893.

(2) Obersteiner. Die neueren Forschungen auf dem Gebiete d. Centralennervensystems kritisch belenchtet. *Wien. med. Club. Wien. med. Woch.*, XLV, 12, 1895.

(3) Lugaro. Sulle modificationi delle cellule nervose. *Lo sperim.*, XLIX, 1895.

sions. Cela signifie que les forces intérieures de la cellule sont tout ; les conditions extérieures arrivent à la rescousse en la simple qualité d'adjuvants.

DEMOOR, en dépit de l'opinion de KŒLLIKER et de R. Y. CAJAL, se base sur ses observations personnelles pour professer que le corps de la cellule subit, dans certaines conditions, une modification physiologique de forme.

———————

Les recherches du docteur E. I. PRJIKHODSKI (1) sur la mobilité des cellules et de leurs rameaux méritent à cet égard toute notre attention.

On sait que les diverses formes de cellules procèdent d'une forme primitive ou fondamentale sphéroïdale ; c'est celle-ci que nous rencontrons dans l'œuf. Toute modification de la sphéroïde en une forme polygonale, conoïde, pyramidale, crée des conditions plus favorables à la nutrition, parce qu'elle augmente la surface de la cellule par rapport au volume de son protoplasma. Ainsi s'explique notamment l'importance biologique des dendrites. La cellule nerveuse étant plus que toute autre, apte à régulariser avec indépendance ses échanges nutritifs conformément à sa fonction, dit PRJIKHODSKI, sa forme conique ou pyramidale ne peut être permanente ; quand la forme de la cellule devient plus ou moins arrondie ou s'approche de la sphéroïde, elle perd, par suite de

(1) Prjikhodski. K voprossou o pitatelno-fonkzionalnome mékhanismié nervnoi klietki. (Contribut. à la question du mécanisme nutritivo fonctionnel de la cellule nerveuse) (en russe) (cité d'après le manuscrit de l'auteur.

ce changement de forme, jusqu'au quart de sa surface, et par conséquent, sa facilité d'absorption se trouve fortement limitée.

Au moment où la cellule change ainsi de forme, il existe une autre circonstance qui suspend l'absorption, c'est la contraction de son protoplasma ; par elle, le contenu liquide de la cellule comprimé sort de la cellule au dehors ; la cellule excrétant ne peut absorber. A la phase suivante, de la débilitation du protoplasme, la cellule prend de plus en plus les configurations anguleuses opposées à la forme arrondie ; elle agrandit donc sa surface, apte maintenant à absorber les substances nutritives du milieu extérieur au *prorata* de l'abaissement de la pression intràprotoplasmique qui avait déterminé un tel affaiblissement.

L'alternative continuelle de ces deux phases tient sous sa dépendance la nutrition et avec elle les échanges intrà-cellulaires d'assimilation et de désassimilation.

Il suit de là surabondamment que la nutrition de la cellule nerveuse n'est point un acte passif; c'est indubitablement un phénomène actif dépendant dans une certaine mesure de *l'énergie intérieure de l'élément.*

Les dendrites, en leur qualité de parties du corps de la cellule, doivent, pour l'auteur, jouir de la même faculté d'absorption et d'excrétion ; elles réalisent les rapports particulièrement favorables de la surface au volume du protoplasma et doivent être tenues pour les organes par excellence d'absorption et d'excrétion de la cellule.

On sait encore que la forme des cellules nerveuses change très fortement dans les conditions pathologiques ; il en est de même de celle de leurs rameaux. Leurs corps se rétractent, se compriment ou s'arrondissent ; leurs rameaux se raccourcissent ou se rompent ;

nous voilà *de plano* dans les conditions défavorables de la nutrition. Mais il va de soi que des influences prolongées ne peuvent, pour la mobilité physiologique des cellules et de leur protoplasma, avoir la même valeur que n'importe quelle influence rapide agissant sur leur nutrition. Aussi les expériences de Prjikhodski prennent-elles une importance spéciale ; elles ont démontré que, lorsqu'on réalise les conditions de la mort prompte, la cellule nerveuse subit des changements de forme et de grandeur correspondants, qui dépendent du mouvement, c'est-à-dire de la diminution ou de l'augmentation de l'élasticité de la substance non colorable (hyaloplasme) de cet élément.

Abordons à présent l'étude des *appendices piriformes ou épines terminales* découvertes sur les dendrites des cellules nerveuses. Démontrées aujourd'hui tant par la méthode de Golgi et de R. y. Cajal que par le procédé de coloration de la cellule vivante à l'aide du bleu de mythylène injecté dans l'économie par A. S. Dogiel, R. y Cajal (1), Mayer (2), etc., elles avaient été prises à tort par certains auteurs (Kœlliken, Berkley,, etc.) pour des formations artificielles. Or elles semblent jouer aussi un rôle qui n'est pas à dédaigner dans le contact intercellulaire et la faculté motrice des dendrites. Ces appendices piriformes multiplient sans nul doute essentiellement la surface des dendrites et favorisent simultanément l'établissement de contacts passagers entre les rameaux. Il semble tout naturel qu'en faisant saillie ils

(1) R. y Cajal. *La cellule*, 1891, t. VII.
(2) Mayer. Ueber eine Verbindimgsweise d. Neuronen. *Arch. f. microsc. Anatomie*, XLVI, 1895 ; XLVII, 1896 ; LIV, 1899.

doivent favoriser le contact avec les ramifications terminales de l'axone, et qu'en se cachant ils puissent rom-
pre un contact établi ; du moins les recherches de Sté-
phanoswka sont en faveur de ce mécanisme.

Ils sont extrêmement abondants sur les dendrites des
cellules pyramidales de l'écorce cérébrale, et en particulier sur les rameaux de la pointe des grandes et petites
pyramides dont les sommets s'avancent fort avant dans
la couche externe ou moléculaire, où ils se rencontrent
avec les extrémités des fibres nerveuses d'association qui
y foisonnent.

Les investigations auxquelles a procédé W. N. Narboutte, dans notre laboratoire, sur le sommeil naturel,
confirment également la mobilité des appendices piritor-
mes et leur disparition pendant cet état physiologique.

Demoor (1) les a vus disparaître et a constaté que les
rameaux cellulaires devenaient moniliformes sous l'influence de divers toxiques tels que l'alcool et l'hydrate de
chloral ; au voisinage du vaisseau obturé dans les embo-
lies ; au cours de la faradisation des centres moteurs.
Stéphanowska (2) a obtenu des résultats analogues ;
Monti (3) a enregistré l'aspect moniliforme des rameaux
dans les cas d'obstruction des canaux sanguins (4).

(1) Demoor. La plasticité des neurones. Trav. de l'Institut de
Solvay. Bruxelles, fasc. I, 1896 ; fasc. I, 1898.
(2) Stéphanowska. *Trav. de l'Institut de Solvay*, t. I, fasc. 3,
1897 ; t. III, fasc. 3, 1900.
(3) Monti Sur l'anatomie pathologique des éléments nerveux.
Arch. ital. de biologie, XXIV, I, 1896.
(4) Remarquons que maints auteurs ont rattaché les renflements
moniliformes des dendrites ou état moniliforme à l'action des
appendices piriformes. Pour plusieurs d'entre eux, en même temps
que ces derniers disparaissent sur les dendrites, celles-ci prennent
la forme de chapelets et, inversement, l'apparition des appendices

De ce qui vient d'être exposé il se dégage clairement que la cellule nerveuse est capable d'agir sur le milieu qui l'entoure ; la preuve en est dans la mobilité de son protoplasme, dans les mouvements amœboïdes dont sont susceptibles ses dendrites. Bien donc que les cellules nerveuses ne présentent pas la contractilité des cellules musculaires, les processus nutritifs et les irritations qui lui parviennent déterminent chez elle des réactions nettes.

D'après PRJIKHOSKI « la cellule nerveuse ne se procure pas les substances nutritives directement des vaisseaux ; elle ne les reçoit pas davantage par l'intermédiaire des cellules névrogliques comme le croyait GOLGI. C'est du milieu nutritif, de la lymphe (qui pourrait bien être un plasma sanguin préformé) qui baigne la cellule de tous côtés, qu'elle les reçoit en droite ligne. » Ainsi « la cel-

fait cesser l'aspect moniliforme. Cette relation a été prouvée par les expériences de Berkley et Stéphanowska sur l'écorce cérébrale irritée à l'aide d'un courant galvanique faible. D'autres auteurs comme Duval, Heger et Demoor ont reconnue la même correspondance ; les appendices disparaîtraient quand l'animal est soumis au sommeil narcotique. Lugaro (Nuovi dati e nuovi problemi nella patologia della cellula nervosa. in, Riv. di pathol. ment., 1896, I) les a vus aussi disparaître chez le lapin quand on prolonge le sommeil au chloral et à la morphine. Même constatation de Narboutto pendant le sommeil naturel. En outre, les renflements moniliformes des dendrites s'observent chez les cellules nerveuses embryonnaires, alors qu'il n'existe pas d'appendices piriformes.

Tout en rendant hommage à ces recherches dignes de créance, il est indispensable de noter que la question de ces rapports n'est pas encore scientifiquement résolue, car pour d'autres savants la moniliformité des dendrites est un phénomène pathologique et pourrait bien être d'origine cadavérique ou artificielle.

lule nerveuse, et, par elle, tout le neurone doivent posséder une active aptitude à la nutrition, car seule cette faculté active, qui se développe en elle à un degré quelconque, peut déterminer et expliquer les phases diverses de sa nutrition. »

Mes recherches sur le système nerveux, ainsi que celles qui ont été effectuées dans mon laboratoire (docteur Narboutte et autres) m'obligent de mon côté à proclamer que la faculté de modifier le volume de leur forme dont sont dotées les dendrites aussi bien que le corps de la cellule constitue un important facteur de la nutrition ou métabolisme, non moins que de la fonction de la cellule nerveuse.

CHAPITRE XXXI

L'importance des stimuli dans le métabolisme et la nutrition de la cellule nerveuse.

Toutes les recherches montrent que, de même que la condition *sine qua non* d'un métabolisme constant ce sont les phénomènes extérieurs quels qu'ils soient, de même la régularité des échanges de l'assimilation et de la désassimillation n'est possible dans la cellule nerveuse que par la continuité des stimuli qui lui parviennent c'est-à-dire par un apport constant d'énergie.

En effet sectionne-t-on une racine nerveuse motrice constituée par des fibres nerveuses qui représentent en fait les rameaux des cellules nerveuses de la moelle, on voit immédiatement se produire, outre la dégénérescence ascendante de la fibre dont la preuve n'est plus à faire, des modifications de la cellule ; en son centre apparaît une menue fragmentation de sa substance colorable. Ce processus s'étend ensuite à tout le corps de l'élément ainsi qu'à ses dendrites ; en même temps le corps de la cellule se gonfle et son noyau se déplace vers la périphérie. Après ce premier stade, connu sous le nom de chromatolyse ou chromolyse, si la cellule ne se rétablit, elle dégénère et finit par se détruire. On observe à peu près la même chose après les amputations dans les cellules de la moelle au niveau des membres amputés. Ces changements dans la composition de la cellule s'expliquent certainement par la perte de ses excitations naturelles qui normalement montent par les neurones les plus proches ; c'est la réalisation de ce qu'on observe dans l'atrophie secondaire des cellules nerveuses.

Le métabolisme régulier de la cellule nerveuse et sa nutrition sont donc évidemment intimement associés à sa fonction qui n'est raisonnablement possible que s'il existe un afflux continu d'énergie.

La substance du protoplasma vivant de la cellule nerveuse, dont les composantes complexes n'ont l'une pour l'autre qu'une affinité faible, offre un équilibre chimique fort instable, en oscillation constante ; on conçoit donc que les influences insensibles qui se pressent du dehors par les conducteurs nerveux soumettent déjà la nutrition de la cellule aux balancements qui correspondent à la désassimilation et à l'assimilation.

D'autre part, l'irritabilité étant une fonction de la cellule nerveuse et la fonction ne pouvant pas ne pas être en étroite relation avec le métabolisme, il est naturel que la cellule qui fonctionne se doive créer à elle-même des conditions de nutrition plus favorables, qu'elle doive se donner de préférence la forme en rapport avec la phase d'absorption. Ce n'est que sous l'influence de la fatigue, quand elle est gorgée de produits exigeant l'élimination, que la cellule a recours à la phase d'excrétion et prend la forme contractée.

Il s'en suit que la cellule n'en agit pas avec les irritations spécifiques d'une manière identique ; son allure dépend de la force de ces dernières. Ce sont les irritations modérées et à alternance fréquente qui correspondent le mieux aux conditions de sa nutrition et entretiennent sa phase d'absorption ; les irritations plus compliquées et plus touffues, en provoquant la fatigue, transforment la phase d'absorption en phase excrétoire. Les irritations encore plus accusées l'épuisent si vite, qu'elles déchaînent presque tout d'un coup la phase d'excrétion : elles contractent la cellule et ses rameaux ; ceci nous explique les phénomènes de dépression qui arrivent alors (1).

En tous cas, la réaction ou irritabilité se ramène à une modification définie des échanges intrà-organiques, et affecte par conséquent avec eux une étroite corrélation.

Рајкиорски estime que toute cellule, et, par dessus tout, la cellule nerveuse, réagit rapidement à toute irritation en renforçant son processus d'assimilation et désassimilation ; cette exagération du métabolisme doit tenir sous sa dépendance les promptes nutations de la phase

(1) Ramon y Cajal admet aussi une mobilité particulière des cellules de la névroglie. Pour lui, elles pourraient retirer et étendre leurs rameaux et modifier leur forme ; la névroglie ne serait donc pas un tissu purement passif formant les chevrons des éléments nerveux ; il serait doué aussi d'activité. Sa principale fonction consisterait à isoler les cellules nerveuses, mais elle serait capable de séparer et de rétablir les contacts entre celles-ci. Une substance spéciale excrétée par la cellule nerveuse en activité déterminerait la contraction de la cellule névroglique. Ajoutons que cette théorie reste jusqu'ici unique dans la science, et, partant, nous ne pouvons nous étayer sur elle.

d'absorption et de celle d'excrétion qui entraînent le changement de forme de l'élément. Le changement de forme. expression de l'activité de la fonction nutritive, tient lui-même à l'indépendance des mouvements du protoplasma cellulaire.

Pour nous, sans nier que, dans certaines conditions, il se puisse effectuer des modifications comparativement rapides de la cellule, nous pensons cependant que son activité ordinaire se traduit plutôt par des fluctuations lentes entre les phases en question. Toutes les observations connues militent expressément en faveur de la lenteur des mouvements du protoplasma cellulaire dans les circonstances normales.

RÉSUMÉ GÉNÉRAL ET CONCLUSION

Nous avons vu que l'irritabilité de la matière vivante se résume en la manifestation extérieure de décharges d'énergie, qui s'accompagne d'un genre particulier d'états intérieurs ou subjectifs.

Ces états internes, sous la forme de sens intime plus ou moins général, non différencié, sont très certainement déjà naturels aux végétaux et aux organismes les plus simples, privés de système nerveux ; sous celle de sens intime différencié, d'aperceptions sensorielles compliquées greffées sur lui, développées par voie de différenciations successives, et poussées jusqu'aux processus conscients supérieurs, ils relèvent d'organismes plus complexes, de ceux chez lesquels, grâce à la division du travail entre les divers tissus, toutes ces manifestations subjectives sont le lot exclusif du système nerveux.

On avoue communément une telle intimité entre la sensation de soi et l'irritabilité quand celle-ci se manifeste extérieurement par le mouvement que, d'ancienne date, on s'est habitué à envisager l'irritabilité comme synonyme de sensibilité. En tout cas, la réaction particulière aux irritations extérieures par laquelle s'exprime l'irritabilité de l'organisme vivant est en corrélation si étroite avec les manifestations intérieures ou subjectives qu'elle en est inséparable littéralement, et qu'elle devient pour certains (les matérialistes) la cause, pour d'autres (les spiritualistes), la conséquence de ces dernières.

Nous ne partageons ni l'une ni l'autre de ces manières de voir.

Si les processus vitaux en général représentent un genre spécial de mouvement moléculaire intérieur (1), qui aboutit à des unités vivantes de composition chimique plus complexe ou biomolécules ; nous savons, d'autre part, que la vie est indissolublement liée à la subjectivité. L'irritabilité, fût-ce de l'organisme le plus simple, n'entre évidemment pas en jeu sans une réaction subjective ; or, comme le simple mouvement moléculaire n'est, en sa qualité de mouvement mécanique, en aucun cas, identifiable à un mouvement psychique, nous n'avons plus qu'à reconnaître que le subjectif ou conscience est tout droit le résultat de cette tension particulière de l'énergie, rencontrée par nous dans les corps organisés vivants, qui nous fait défaut dans les corps de la nature inanimée.

Cl. Bernard avait déjà dit: « La sensibilité est, jusqu'à un certain degré, le point de départ de la vie ; elle représente le phénomène primordial le plus capital, d'où proviennent tous les autres, qu'ils ressortissent à l'ordre physiologique ou à l'ordre intellectuel et moral. »

À notre avis, le point de départ de la vie réside, d'une part dans l'irritabilité, de l'autre dans la sensation générale de la personnalité qui l'accompagne, qui forme la

(1) Voyez l'ouvrage de L. K. Popow. (*Jizn/ kak dvijénié.* (Le mouvement en tant que vie). Saint-Pétersbourg, 1882.

base de l'impulsion et détermine aussi un certain sentiment de besoin.

Voilà pourquoi l'irritabilité et la sensation autopersonnelle, le sens intime, se découvrent partout où la vie
brûle, ne serait-ce qu'à ses premières lueurs, et, par conséquent, aussi chez les organismes rudimentaires tels
que l'amibe, la vampirella spirogyra qui usent de procédés si compliqués pour découvrir leur nourriture que les
mouvements de ces organismes microscopiques ressemblent à cet égard, d'une manière frappante, aux actes des
êtres supérieurs conscients (TZENKOWSKI).

Il nous faut noter que quelques auteurs, partis de
l'idée que rien ne se crée de rien, en arrivent à conclure
à l'existence, dans les éléments physico-chimiques de
l'organisme, de fonctions psychiques. Ecoutons plutôt
BOURDEAUX : « Si l'appareil nerveux est le principal agent
dans le domaine des manifestations psychiques, ce serait
une erreur de supposer qu'en dehors lui règne une inconscience absolue. En ce cas la naissance des phénomènes psychiques au sein de la substance nerveuse serait
quelque chose de sans exemple, de sans cause ; il en faut
chercher l'explication rationnelle dans les propriétés
analogues des éléments organiques. En fait, le système
nerveux ne crée pas l'énergie ; il ne fait que l'élaborer en
collaboration avec d'autres éléments, il la transforme et
la distribue, la répartit. Ce n'est pas de lui qu'il extrait
les forces, qu'il dispense et met en action. Elles apparaissent à ses côtés ; pour en trouver l'origine, il faut
redescendre d'un échelon. » On lit plus loin : « Il s'en
faut de beaucoup que la sensibilité constitue l'attribut

exclusif de la substance nerveuse ; elle se révèle, bien au contraire, comme la propriété de toute la matière vivante. Ce sont, il est vrai, les petites cellules nerveuses qui la manifestent avec le maximum de netteté, de vigueur, de persévérance ; mais leur haute impressionnabilité ne dépasse pas la portée d'un cas particulier dans l'ordre fort général des choses. Chaque petite cellule de l'organisme, quelles qu'en soient la nature et la composition, la forme et la fonction, doit posséder quelque genre de sensibilité ; rien déjà que parce qu'elle vit. » (BOURDEAUX, *loc. cit.*, p. 48.)

Telles sont les réflexions qui poussent BOURDEAUX à dire ailleurs : « L'âme, comme la vie, se trouvent partout dans les êtres animés. » Bien avant lui d'autres auteurs avaient émis des opinions semblables. MANS n'avait-il pas écrit : « Il n'y a pas que le cerveau qui pense, c'est l'homme entier ». (Fisitch. osnowa doukha. Substratum physique de l'âme.)

En vertu des mêmes principes, certains auteurs sont arrivés à l'idée du *panpsychisme.* « Quelques-uns des matérialistes les plus profonds, par exemple DIDEROT et CABANIS, voyant nettement l'impossibilité de tirer ce qui pense de ce qui ne pense pas, et de faire de la pensée quelque accident, quelque résultante de combinaisons en voyage, ont avancé que la pensée sous l'aspect de la sensibilité, est la propriété essentielle de la matière, qu'elle lui est inhérente de toute éternité au même titre que la pesanteur, le mouvement, l'impénétrabilité » (P. JANET).

FOUILLÉ soutient des opinions pareilles : « Les éléments de la vie psychique, dit-il, doivent exister dans ceux de la matière en apparence inerte ; aux plus basses ébauches de la vie physiologique doivent correspondre les éléments les plus modestes de la vie intellectuelle. » Il dit

ensuite : « On peut simultanément croire et à la mécani-
cité universelle et à la pansensibilité. En conséquence, il
est nécessaire de voir en tout radical matériel quelqu'état
de conscience à des degrés divers ; ici il aura la forme
d'une substance robuste et bien bâtie, là, celle d'un faible
bruit se perdant parmi les autres, car nulle part il n'y a
de silence absolu. » Bourdeaux renchérit : « Ces ébauches
de la raison, cachée dans les éléments des choses, sont la
seule explication rationnelle de l'éclosion des âmes conscientes chez les types supérieurs ; il ne serait en effet pas
possible de concevoir qu'il ait pu, en n'importe quel
agrégat complexe, se manifester une propriété qui
n'existât absolument point dans ses intégrantes ; qui n'y
offre même pas la perspective de la possibilité. La conscience étant en nous, il est indispensable qu'il y en ait
des germes jusque dans les parcelles les plus minuscules
qui servent à constituer notre « *Moi* ». Elles doivent posséder, à titre de possibilité, toutes les facultés qui se développent par la suite dans les organismes complexes. »
(Bourdeaux, *loc. cit.*, p. 59-60.

Des principes identiques ont inspiré d'autres auteurs.
Pour Henkel, par exemple, il serait impossible de comprendre la vie universelle et sa présence dans certains
agrégats, si elle ne se manifestait pas également dans
leurs parties intégrantes. Il déclare, en conséquence, que
les atomes posséderaient tous les attributs de la vie : la
sensibilité, l'attraction, la force de répulsion et la volonté.

Eh bien ! toutes ces opinions méritent au même degré
d'être taxées de fantaisies désordonnées d'une imagination vagabonde.

Il n'existe en tout cas pas d'argument logique qui impose l'existence positive du psychisme dans la matière

inerte, pas plus qu'il n'y a de raisons d'incorporer à la
matière des phénomènes biologiques. Mais, comme la vie
et le psychisme sont des dérivés de l'énergie et non de la
matière, nous croyons que ce n'est pas la matière, que
c'est l'énergie qui doit contenir à l'état *potentiel* ce
qui, à la suite des transformations congrues, forme la
base de la vie et du psychisme.

La vie et le psychisme sont donc pour nous tout simplement des dérivés de l'énergie. Toutes ses manifestations
matérielles, de même que toutes ses manifestations psychiques, sont redevables de leur genèse à l'énergie, à
l'énergie seule. Grâce au lien intime et indissoluble des
phénomènes intérieurs ou subjectifs et du métabolisme,
lien qui consiste en ce que les conditions propices aux
échanges intràorganiques s'accompagnent d'une aperception sensible intime agréable, tandis qu'il se passe
l'inverse à l'occasion des conditions défavorables au métabolisme, ces phénomènes intérieurs que nous appelons
psychiques sont les déterminants internes de tous les
besoins en général, dits vitaux, et les stimulants des mouvements extérieurs de l'organisme.

Nous avons constaté que dans le monde des êtres rudimentaires, la chose ne va probablement pas plus loin
qu'un sens intime plus ou moins différencié, qu'une
cénesthésie vague, qui résout les problèmes les plus
urgents de l'organisme, c'est-à-dire l'entretien de son
existence. Dans les organismes compliqués, le développement du système nerveux et de phénomènes intérieurs
plus différenciés aboutit au processus complexe de la
pensée qui fixe non pas seulement les relations les plus
proches, déjà notablement plus compliquées, de l'organisme avec le milieu ambiant, mais en outre les rapports

semblables de ses congénères et même de leurs descendants à venir.

Voici au reste une remarque qui nous contraint à
avouer que la vie et le psychisme sont des dérivés de
l'énergie en certaines conditions, et non de la matière.
Non seulement jusqu'à présent personne n'a réussi à
tirer la conscience de la matière, mais l'intelligence
humaine est incapable de comprendre le passage de la
matière à la conscience ou esprit ; d'autant que *la matière dans notre concept se rattache à l'idée de lenteur,
tandis qu'au concept du psychisme se lie la représentation mentale de l'activité comme au concept de l'énergie en général.*

Quoi qu'il en soit, il est un fait que nous sommes en
mesure de constater. Le subjectif ou conscience se joint
aux processus moléculaires dans lesquels la tension de
l'énergie atteint le maximum. En vérité, il y a bien des
raisons de croire que la conscience des organismes supérieurs s'associe à un état de tension particulière de
l'activité des centres. On sait que nous rencontrons dans
ces derniers une forme de milieu particulière qui se distingue par une complexité de composition telle qu'il n'en
existe nulle part dans le monde extérieur. Cette complexité de composition chimique qui, en phosphites
d'albumine, dont abonde surtout la substance grise du
cerveau, atteint une limite assez élevée, tient sous sa
dépendance dans les centres comme en un accumulateur
d'un genre à part, l'agglomération d'énormes provisions
d'énergie. On sait aussi que tous les processus psychiques conscients complexes aboutissent à l'état de fatigue,
tandis que l'activité automatique ou inconsciente est
toujours bien moins fatigante. D'autre part les processus
psychiques devenus habituels et n'exigeant pas de ten-

sion intellectuelle perdent une notable quotité de leur subjectivité. Pareillement les processus nerveux qui s'accompagnent d'un rapide dégagement d'énergie, tels les réflexes et les actes moteurs en général, ne sont conscients qu'à un infime degré quand ils le sont.

Nous en concluerons donc que la conscience est le résultat d'une tension colossale de l'énergie qui se relie aux transformations correspondantes en biomolécules de la substance cérébrale. Les décharges d'énergie au sein du tissu nerveux qui forment la base du courant nerveux, se traduisent, avons-nous vu, par des réactions électro-chimiques; mais ces réactions ne constituent que les manifestations extérieures de l'énergie; eh bien, la face intérieure de ces processus, ce sont les phénomènes subjectifs ou bien ce que l'on désigne sous le nom de sensation de soi qui représente la forme élémentaire de la conscience.

Le psychique avec sa conscience est ainsi le résultat d'une tension spéciale de l'énergie. Il s'en suit que la question de la nature du psychique, absolument désobstruée de toutes les opinions mécanico-matérialistes, contracte des liens étroits avec celle de la nature de l'énergie et avec les conditions qui entraînent sa tension spéciale.

D'autre part, tous les phénomènes fondamentaux de la vie que nous avons examinés, que nous avons découverts dans les êtres organisés, tels que métabolisme, croissance, et multiplication, se trouvant liés les uns aux autres de la manière le plus intime, la plus intestine, deviennent également le résultat de la manifestation de l'énergie.

Cette énergie qui, sans interruption, assure le mouvement de la biomolécule, qui détermine métabolisme, croissance et multiplication dans un système déterminé ap-

polé par nous organisme, qui tient sous sa dépendance
son irritabilité base de sa motilité, est simultanément la
cause, force nous est de le répéter, des phénomènes intérieurs préposés au psychisme.

Dans les organismes simples l'énergie se manifeste par
toutes leurs parties; le psychique élémentaire est donc
lié à tous les processus biologiques. Dans les organismes
plus compliqués, à tissus et organes divers différenciés,
l'énergie a pour foyer d'accumulation le système nerveux
qui concentre les fonctions psychiques et règle tous les
processus vitaux de l'organisme complexe; on sait en
effet que les manifestations biologiques de tissus subalternes tels qu'épithéliums, muscles et squelette ne sont
entretenues que par l'intermédiaire du système nerveux.
Enfin chez les êtres d'une organisation encore plus élevée, quelques parties du système nerveux comme fibres
nerveuses, ganglions périphériques, moelle épinière,
sont elles-mêmes les servantes d'autres centres du cerveau supérieurs ; ceux-ci sont les accumulateurs capitaux
de l'énergie et en répandent l'influence sur l'organisme
entier y compris les portions inférieures du système nerveux.

Il apparaît clairement maintenant que l'énergie forme
la base à la fois de la vie et du psychique, que la nature
nous les a donnés intimement unis, et que le développement du cerveau lui-même dans la série des êtres organisés résulte directement de l'activité de cette énergie.
Le rôle de cet organe ne saurait donc être rabaissé à un
simple mécanisme spécialement chargé, comme le pensent d'autres auteurs, de la manifestation de l'énergie
qualifiée de psychique.

———

Que si à présent quelqu'un avait l'intention de demander : *d'où vient* dans le psychique le *conscient* si indispensable à l'indépendance de la vie des organismes, nous lui répondrions : La solution définitive de cette question se rattache étroitement à l'élucidation de celle de la nature de l'énergie en général.

Pour nous, nous n'avons aucune raison de soutenir que l'énergie, en tant que principe actif, soit, de son essence ou de sa nature, un phénomène exclusivement matériel, car l'oscillation des particules de la matière, admise par nous, par laquelle s'exprime l'action de l'énergie, et que nous identifions souvent absolument, ce en quoi nous avons tort, à l'énergie même, cette oscillation n'en est que l'expression, non l'essence. Notre analyse ne nous permet de découvrir quoi que ce soit d'exclusivement matériel dans la nature de l'énergie ; j'entends par nature non sa manifestation, mais son essence. Par conséquent, le terme d'*énergies physiques* ne saurait comporter qu'une *acception conventionnelle*.

C'est, je pense, à un commerce constant avec le monde matériel que nous devons notre penchant à affubler d'un sens strictement matériel des concepts comme celui de l'énergie ; la spéculation scientifique en souffre sans aucun doute à notre avis.

Cependant, quelque effort que nous fassions pour nous représenter la manifestation de l'énergie dans le monde ambiant à la lumière de la physique contemporaine, nous n'arrivons à nous imaginer autre chose qu'un milieu actif dans lequel la conception du matériel ne nous débarrasse pas de celle de l'agent primitif ou force. Or cet agent ou force est déjà dans notre représentation mentale quelque chose d'immatériel ; l'énergie ne peut donc être, de son essence, seulement une grandeur physique ; elle embrasse aussi l'immatériel *ou psychique à l'état poten-*

tiel. Sans doute il ne s'agit pas là des états subjectifs ou
de conscience ; il s'agit de l'état latent qui, servi par les
conditions conformes de pair avec les processus matériels, peut devenir l'élément du monde subjectif lequel
forme la particularité si caractéristique du psychique de
l'ensemble des organismes.

L'énergie, suivant nous, comprise comme nous venons
de l'expliquer, tout en ne présentant dans sa nature rien
du tout de physique ou de matériel, engendre le développement des phénomènes physiques du monde qui nous
entoure ; quand les conditions le veulent, et ces conditions sont précisément celles que nous offrent les êtres
organisés, elle donne l'impulsion au développement non
des seuls phénomènes physiques, mais aussi des phénomènes psychiques.

Bref l'énergie, qui constitue la base des modifications physico-chimiques du protoplasma des animaux inférieurs et de
la substance nerveuse des animaux supérieurs, contribue
également au développement des phénomènes, psychiques.

Il faut par conséquent chercher la cause fondamentale
des corrélations constantes ou parallélisme des phénomènes physiques et des phénomènes psychiques des
centres nerveux dans la nature de l'énergie en général ;
une et invariable dans le monde entier, elle ne présente
dans son essence, quoi que ce soit d'exclusivement physique ; elle contient par contre quelque autre ingrédient à
l'état potentiel susceptible, quand les conditions y correspondent, de faire les fonds du psychique.

Il est assez piquant d'être obligé de reconnaître que
l'énergie envisagée, dans son sens physique, comme une
espèce de mouvement des atomes ou des molécules qui

commande à l'aptitude au travail, n'est, de par son essence ou nature, pas quelque chose d'exclusivement matériel.

Nous ne connaissons dans l'énergie, ou, plus exactement, nous n'y avons jusqu'ici supposé qu'une force externe ou physique, celle qui prend la forme de mouvement atomique ou moléculaire. Nous n'avons pas agité la question de sa nature interne ; nous ne nous sommes pas demandé sur quoi repose le mouvement des molécules ou des atomes. C'est cette base ou essence de l'énergie que nous ne pouvons nous imaginer exclusivement sous la forme d'un substratum physique ou matériel.

On peut conventionnellement taxer de force cette essence, cette source première de l'énergie, mais à la condition de séparer rigoureusement ce concept de la force, de celui de l'énergie, qui sont fréquemment confondus. Mais, de quelque nom que nous désignions la base de l'énergie, que nous la qualifiions de force ou de X, ce qui au fond est tout à fait la même chose, nous devons avouer que, derrière le mouvement des particules de matière que nous tenons pour la manifestation de l'énergie, il y a quelque chose encore qui ne peut être inclus dans le concept de la matière.

Ce quelque chose, cet X n'a pas non plus l'allure du psychique pris dans l'acception de conscience ; mais il est évident que cet X, qui se trouve déjà au-delà des limites du monde matériel, contient aussi à l'état potentiel le psychique qui, dans certaines conditions, peut surgir de l'énergie, ainsi qu'on l'observe chez tous les êtres organisés en général, et, en particulier, dans les centres nerveux des animaux supérieurs.

TABLE DES MATIÈRES

Pages

Préface de l'auteur.   v

CHAPITRE PREMIER. — Opinions philosophiques sur la
nature de l'activité mentale   1

CHAPITRE II. — Rapports réciproques du monde psychique
et du monde physique. Parallélisme psychophysique   21

CHAPITRE III. — La théorie de l'énergie en physique. -
Conception de l'énergie psychique   32

CHAPITRE IV. — La conscience et le matérialisme. . .   54

CHAPITRE V. — Les phénomènes psychiques considérés
comme la résultante de la manifestation de l'é-
nergie   60

CHAPITRE VI. — Relations avec le psychique de la loi de
la conservation de l'énergie   71

CHAPITRE VII. — Le psychique des organismes élémentaires   89

CHAPITRE VIII. — La sensibilité des végétaux. . . .   102

CHAPITRE IX. — L'indépendance des mouvements dans le
monde animal et dans le monde végétal. . .   110

CHAPITRE X. — L'intervention de l'énergie dans l'explication des processus biologiques   115

CHAPITRE XI. — Les manières de voir des mécaniciens
sur les processus biologiques   122

20.

Chapitre XII. — Insuffisance des opinions mécaniques sur la vie 130

Chapitre XIII. — La biomolécule considérée comme fondement de la matière vivante. 147

Chapitre XIV. — Echanges intra-organiques et irritabilité, envisagés comme propriétés fondamentales de la matière vivante 155

Chapitre XV. — Rapports mutuels du psychique et de la vie 158

Chapitre XVI. — La théorie de l'évolution et celle de la sélection 173

Chapitre XVII. — La portée dans l'évolution des forces intérieures de l'organisme et la notion de la sélection psychique 182

Chapitre XVIII. — L'activité de l'organisme vis-à-vis du milieu ambiant 192

Chapitre XIX. — La transmission héréditaire des caractères acquis 202

Chapitre XX. — L'importance de l'énergie électrique dans la nature et dans l'organisme 210

Chapitre XXI. — La nature du courant nerveux. . . 220

Chapitre XXII. — Les oscillations électriques dans les nerfs 233

Chapitre XXIII. — Rapport de l'oscillation électronégative avec l'état actif du nerf 239

Chapitre XXIV. — Les phénomènes électriques dans le système nerveux central 250

Chapitre XXV. — Eléments physiques de la conductibilité de la fibre nerveuse. 266

Chapitre XXVI. — Le substractum chimique de l'incitation des éléments cellulaires 282

Chapitre XXVII. — La théorie des décharges nerveuses. 295

Chapitre XXVIII. — Les sources de l'énergie des centres nerveux 303

Chapitre XXIX.—Le psychique et la vie envisagés comme conséquence de l'énergie 308

Chapitre XXX. — L'irritabilité et l'amœboïsme des cellules nerveuses 316

Chapitre XXXI. — L'importance des stimuli dans le métabolisme et la nutrition de la cellule nerveuse 328

Résumé général et Conclusion 333

ERRATA

Page 106, ligne 1, au lieu de : lentemement, lisez : lentement.

Page 132, ligne 8, au lieu de : Loew, lisez : Loeb.

Page 178, note 2, au lieu de : Harnmann, lisez : Hartmann.

Page 259, ligne 14, au lieu de : sension, lisez : tension.

Page 280, note, au lieu de : aoutchnoe, lisez : Naoutchnoe.

Page 324, ligne 19, au lieu de : mythylène, lisez : méthylène.

IMPRIMERIE F. DEVERDUN, BUZANÇAIS (INDRE)

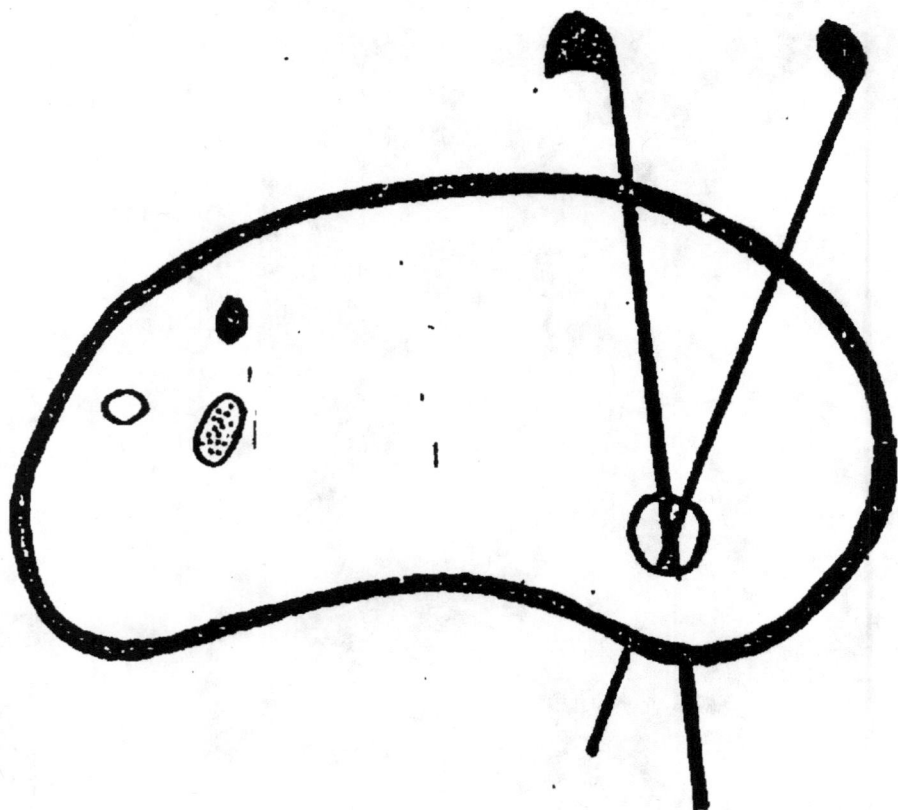

ORIGINAL EN COULEUR
NF Z 43-120-8

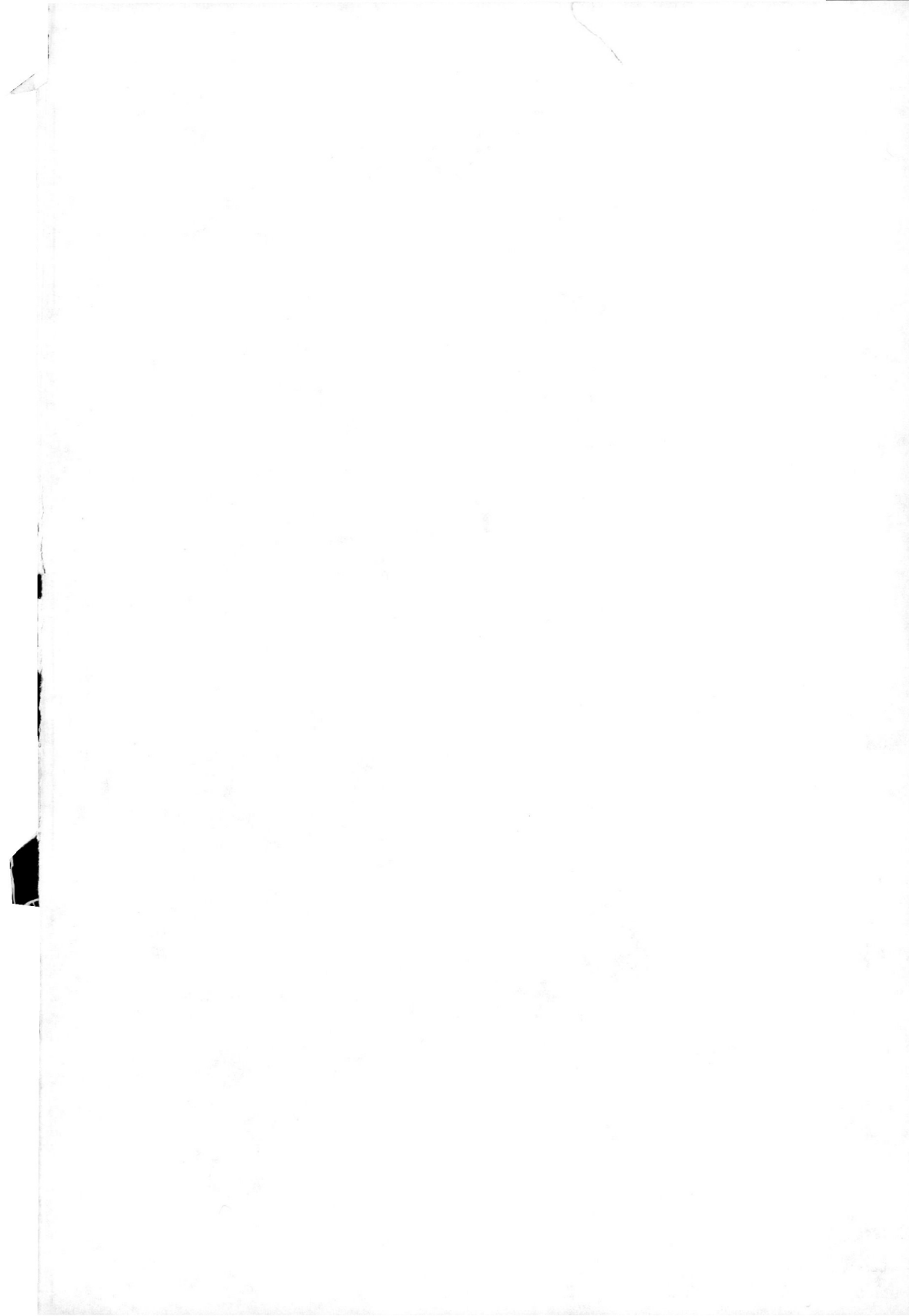

www.ingramcontent.com/pod-product-compliance
Lightning Source LLC
Chambersburg PA
CBHW052113270326
41928CB00010BA/1806